河北省社会科学基金项目（项目批准号：HB20XW004）
“突发公共卫生事件中的流言传播机制研究”

流言传播机制分析

——数理模型视角下的综合研究

沙笑慧　董　昭　魏冰心　著

中国纺织出版社有限公司

内 容 提 要

当前，流言传播已成为社会稳定的一大挑战。本书深入研究了流言传播机制，借助数理模型，从定量角度全面分析了流言传播现象。通过采用新闻传播学和社会心理学等多学科的理论和方法，详细探讨了数理模型中各参数的含义，并结合数理模型分析的结果，揭示了流言传播的内在因素及其对社会的影响。

本书的研究结果对于深入理解流言传播现象、探索流言传播机制以及制订相应的应对策略具有重要意义。通过多个学科视角的综合分析，读者可以获得对流言传播的全面认识，并为相关领域的研究和实践提供参考。

图书在版编目（CIP）数据

流言传播机制分析：数理模型视角下的综合研究 / 沙笑慧，董昭，魏冰心著. -- 北京：中国纺织出版社有限公司，2023.12

ISBN 978-7-5229-1271-4

Ⅰ. ①流… Ⅱ. ①沙… ②董… ③魏… Ⅲ. ①舆论－社会管理－研究－中国 Ⅳ. ①C912.63

中国国家版本馆 CIP 数据核字（2023）第 243568 号

责任编辑：宗 静 张艺伟　　特约编辑：曹昌虹
责任校对：高 涵　　责任印制：王艳丽

中国纺织出版社有限公司出版发行
地址：北京市朝阳区百子湾东里 A407 号楼　邮政编码：100124
销售电话：010—67004422　传真：010—87155801
http://www.c-textilep.com
中国纺织出版社天猫旗舰店
官方微博 http://weibo.com/2119887771
三河市宏盛印务有限公司印刷　各地新华书店经销
2023 年 12 月第 1 版第 1 次印刷
开本：710 × 1000　1/16　印张：13.75
字数：270 千字　定价：78.00 元

前言

PREFACE

随着社会信息化的快速发展，流言传播已成为影响社会稳定的重大挑战。特别是在突发公共卫生事件等重要场合，流言往往会给公众带来巨大的困扰和危害。本书作者深入研究了流言传播机制，并在数理模型视角下进行了全面的综合分析，通过采用新闻传播学和社会心理学等多学科的理论和方法，详细探讨了数理模型中各参数的含义，并结合数理模型分析出的结果，揭示流言传播的内在因素及其对社会的影响。

第1章介绍流言的定义及研究方法，明确了本书的研究对象，为读者提供了全书的框架和内在逻辑概览。特别强调了数理模型在流言研究中的应用优势，为后续章节奠定了基础。

第2章从新闻传播学的视角出发，探讨了流言传播与社会关系的相互影响、心理学因素以及符号载体的作用。同时，从传播材料的视角分析了流言的信息属性和传播类型，包括自我传播、人际传播、群体传播、组织传播、大众传播和网络传播，为后续利用数理模型来分析流言传播拟定了理论框架。

第3章基于社会心理学，研究流言传播中的个人和群体心理动因，章节涉及自我意识、社会认知以及社会影响理论对流言传播的影响。此外，还分析了受众理论和信息传播模型在流言传播中的应用，为数理模型中各参量赋予了现实的含义。

第4章利用传染病微分模型对流言传播进行深入分析。通过研究基本传染病模型（如SI、SIS、SIR模型）下的流言传播行为，本章探讨了非终身免疫、病毒变异等因素对流言传播的影响，指出了传染病模型在流言研究中的优势和局限性。

第5章使用复杂网络模型分析流言传播，讨论了复杂网络模型在传染病模型中的应用及网络结构对流言传播的影响，研究了信息嬗变和反对信息如何影响流言的传播，并进行了蒙特卡洛模拟（Monte Carlo）。本章揭示了复杂网络模型在流言传播分析中的优势和发展潜力。

本书的研究结果对于深入理解流言传播现象、探索流言传播机制以及制订相应应对策略具有重要意义。通过多学科视角综合分析，希望能为读者获得对流言传播的全面认识提供帮助，为相关领域的研究和实践提供有益参考。为了方便读者查询资料，书中出现的外国人名多采用英文原名。同时，在脚注中，我们简要介绍了这些人物的中文译名和生平，希望提供更全面的信息服务。

本书为河北省社会科学基金项目（项目批准号：HB20XW004）“突发公共卫生事件中的流言传播机制研究”研究成果，由项目负责人沙笑慧总体设计和统稿，项目组成员董昭、魏冰心、沈洁、刘卫欣、张星参与研究，并承担了相应的资料收集、数据处理、书稿撰写等工作，在此对他们的辛勤努力和付出表示感谢。本书在撰写过程中，得到了专家、学者的帮助和指导，在此表示诚挚的谢意。由于作者水平所限，书中所涉及的内容难免有疏漏之处，敬请广大读者朋友们批评、指正！

沙笑慧

2023年8月

目录
CONTENTS

第 1 章

流言定义及其研究概述

1.1 流言的定义

流言、谣言以及有科学依据的“正确”信息都属于传播材料。在《现代汉语词典》中，“流言”指没有根据的话（多指背后议论、污蔑或挑拨的话）；“谣言”则指没有事实根据的消息。从这些定义来看，二者非常相似，但相比之下流言多关注微观领域，而谣言关注的领域更大一些。在新闻传播领域，一些学者认为流言和谣言的区别也体现在此方面。重庆交通大学王绮等学者认为流言和谣言虽然都具有“诋毁”特征和负面色彩，但也有区别；他们从针对性、真实性和传播行为对此进行了分析。流言针对多指向“个人领域”，较少侵入公众事务，其出现情景更为具体；谣言则多针对社会公众事务，目的是在扰乱公共事务或攻击公共人物中获得利益。在真实性方面，谣言以“捏造”为主要特征，流言则侧重于“流传”，部分流言还有事实依据。在传播行为方面，谣言是“点对面”的大规模传播，而流言由于是针对个人领域，其传播多带有“点对点”性质。在上述定义下，王绮等学者认为谣言的破坏范围和力度要远远大于流言。除谣言和流言外，王绮等学者还对“传言”进行了分析，指出该类信息的“生产者”往往因年代久远而不明，一般无特定对象的恶意，并且其传播过程没有人刻意控制，甚至一些传言随着时间变迁，最终被证明是事实。

中国传媒大学的李智老师从传播学的角度将谣言、流言以及传说统称为“反事实、非科学”的社会话语，指出这类信息都“经非正式渠道流传、未被（完全）证实而又显得有用且可信的消息陈述”。李智老师的研究说明，谣言（rumor）和流言（gossip）的概念在汉语和英语语境中有明显区别，但由于二者的亲缘性，一些文献并未区分。不过，李智老师从传播情境、传播功能和传播内容上对其进行了区分，他指出谣言产生在“危险而令人恐惧的情境之中”，此处的“令人恐惧”是指出于意义含糊不清，情况不明令人产生恐惧，人们有安全的需求，此时谣言的出现改善了信息不充分的状态，在一定程度上消除了不确定性。所以，谣言产生过程是“赋予意义含糊的事情以更为明确的意义的过程”。深圳大学周裕琼教授也有类似看法，其将“谣言”描述为未经官方证实却在民间广为流传的对现实世界的假设，它可以作为一种工具性说法，帮助人们解决当前模糊而重要的情境。与这些看法类似，李智老师也将流言发生的情境定义在微观领域，指出流言的产生过程就是“赋予意义单调乏味的人际关系或社会关系更为丰富意义的过程”。在此定义下，谣言和流言分别传播着宏观和微观层面的内容，实现着不同的功能。

对于流言和谣言的区别，部分学者也有不同看法。海南医学院人文社科部刘玉梅老师辨析了传言、流言和谣言的区别，她指出传言是“提不出确切证据而传播的一种特定消息”，该定义与王绮等学者对传言的描述非常相似。传言内容可能正确也可能不正确。流言是内容不真实的传言；谣言是流言的一种，其是恶意的攻击。这与清华大学刘建明教授对谣言的定义很接近，他认为谣言是“地地道道地捏造事实，编造谎言，蛊惑人心”。按集合论的语言，可以得知谣言是流言的真子集，流言又是传言的真子集。暨南大学范以锦老师等学者在《“流言”≠“谣言”》一文中指出，“流言是一种信源不明、无法得到确认的消息或言论”，一般产生于社会环境高度不确定，正规传播没有起到应有作用时。他们还指出流言中“既可能包含错误信息，也可能包含正面信息”。对于谣言，范老师等学者指出其是流言的一种，并指出“只有有阴谋的虚假的流言才能称为谣言”，谣言作为流言的真子集，与其他流言相比有两个重要特征，即虚假性和阴谋性。此处，流言的定义类似于李智老师、刘玉梅老师对传言的定义，仅表示没有确切根据的言论，并没有明显的褒贬色彩；谣言则与刘玉梅老师所定义的谣言有相同之处，带有明显的感情色彩。

由于对流言和谣言等词语的理解不同，对同一英文术语rumor（英式英语作rumour）也就有不同的翻译。根据不同的理解，这一单词被翻译为传言、流言或谣言，而李智老师更倾向于翻译成谣言，而将 gossip 翻译成流言（此处的流言更类似于“流言蜚语”中流言的含义）。在英文语境中，rumor 和 gossip 有一定区别，gossip 多指非正式地谈论别人私人生活的消息、闲言碎语之意；rumor 则不局限于私人生活。在该语境下，这两个单词通常不会混淆。就对社会影响程度而言，rumor 显然更重要一些，因此在传播学研究领域针对 rumor 的研究更加普遍；中文文献中所谈论的流言、谣言甚至传言一般也都是指对它的翻译。单词 rumor 在《牛津词典》中定义为“a piece of information, or a story, that people talk about, but that may not be true”，在《柯林斯词典》中定义为“a story or a piece of information that may or may not be true, but that people are talking about ”。从中可以看出，rumor 一词的原意并不表明其传递的信息一定是正确或虚假的，仅说明其可能是错误的，并且是群众传说（而非官方）的消息。河北农业大学外语学院韩久全老师等学者认为 rumor 更相当于汉语语境中的传言。他们从语言学角度分析了流言和谣言的区别和联系。汉语中“流言”一词最早出现在《尚书》中，“武王既丧，管叔及其群弟乃流言于国曰，公（指周公旦）将不利于孺子（指年幼的成王）”。南宋学者蔡沈认为流言指“无根之言，如水之流自彼而止此也”；白居易根据该史料，在其放言五首中写道“周公恐惧流言日”，此处的“流言”显然不是描述私人领域的事件，而是指公共事件。“谣”则有不同定义，先秦时期其一般指民间流传、没有乐器伴奏的歌，“曲合乐为歌，徒歌为谣”，该含义流传至今，比如“民谣”中的“谣”即为此意。《离骚》中写道，“众女嫉余之蛾眉兮，谣诼谓余以善淫”；东汉王逸在《楚辞章句》中指出，“谣，谓毁也；诼，尤谮也”，那么此处“谣”便有诋毁之意。不过，古代“谣言”一词也有歌谣、传说之意，如《后汉书》评论名臣杜诗时，写道“诗守南楚，民作谣言”。这里的谣言更像是内容没有根据的童谣，其带有一定的感情中性色彩，甚至含有一定的褒义。

由于谣言也可以作感情色彩偏中性的解释，故一些学者将 rumor 翻译为谣言，并使用谣言描述“针对宏观社会无确切根据的信息”。在语言发展过程中，谣言的另一个含义即“捏造的消息”逐渐占据了主流，一般人提及“谣言”很容易联想到其贬义。武汉大学的王润老师据此认为将 rumor 翻译为“谣言”不是很妥当，因为英文语境下学术界使用 rumor 更强调的是所传播信息的不确定性而并非虚假，更非“捏造”。其建议对依据不明确的信息，在无法判断其褒贬时以“流言”相称。

由于流言、谣言所描述的内容均属于无确切根据的信息，部分学者在研究这类信息时也并不区分其含义，如中国传媒大学隋岩老师等学者在研究流言、谣言传播风险时，将二者并列称为“谣言、流言”，并不加区分。上海大学的程中兴老师也认为将流言和谣言区分开来是不妥当的，一个原因在于“谣言”在古代语境中是中性词，而“流言”在当代语境中有时也具有贬义，某些学者从词性上将其区分依据并不充分；另一个原因在于，现实生活中无法区分无根据的消息是有意捏造的“谣言”，还是无意的“流言”。此外，将rumor一词做两种翻译不利于交流。据此，程老师将其研究对象称为“谣言、流言”。一些学者则直接使用“流言”一词来描述这类无根据的信息，如哈尔滨师范大学姜波老师的《“科学”流言的特征、危害与应对》中未区分“流言”与“谣言”。

本书所研究的对象主要是指无根据非官方的消息。在一些突发事件中，如突发公共卫生事件，一开始很难有科学的非正式非官方消息。这类消息在现代汉语中用偏中性的“传言”形容比较恰当，但其难以传神地反映这类消息的“无序”流动性特征，故本书使用“流言”来描述这类消息，目的是突出其“无依据”这一特征，取“无根之言，如水之流自彼而止此也”之意。此处的“流言”并不专指私人事件，而更多指社会公众话题，其含义类似于“流言四起”“周公恐惧流言日”中的“流言”。使用该词也并不包含对所描述消息真实性的评价，换言之，流言可能是真的，也可能是假的，只是是否有充分的依据而已；即使是假的，也可能是传播者或接受者无意中制造的；其定义与英文单词rumor类似。对于“出于一定目的，故意捏造的消息”，本书将其称为“谣言”。此处对谣言、流言的定义类似于范以锦老师所给定义，即谣言是流言的真子集，流言又是消息的真子集。

1.2 研究方法概述

本书以流言为研究对象，特别关注其在人群中传播的行为。流言作为一种信息，其传播依赖于人与人之间的交流。人们在相互交流的过程中传播信息，只有当某一信息被接收后，才有可能被传播到其他人。因此，人与人之间的关系和组织形式决定了信息传播的形态。一般而言，人与人之间的联系很少是单向的，通常是双向的甚至是多向的。因此，人们之间的联系可以被视为一个社会关系网，类似于水流在河网或电流电网中传播。这意味着信息传播可以从网络动力学的角度来研究。在本书中，社交网络被视为一个复杂的网络结构，参与信息传播的个体可看作网络中的节点。节点状态（如是否接受所接触的信息等）的变化可以被视为信息的一种动力学传播。值得注意的是，这里的社交网络并非仅指狭义上的电子社交网络，而是指人们的社会关系网，是一种涵盖了所有社交行为的抽象结构。基于这种抽象结构，我们可以建立数学模型，从定量的角度来研究流言的传播行为。

利用数理模型研究流言的传播由来已久。1964年，美国西储大学研究传播的图书馆学教授W.Goffman和该校医学院教授V. Newill撰文指出了信息传播和传染病传播的相似性，将传染病模型推广到信息传播领域。剑桥大学统计实验室的Daley和Kendall等学者进一步发展了Goffman等学者的研究成果，其将不同人们对流言的态度和人们对传染病的反应进行了类比，如传染病传播中的易感者对应没有听说过流言的人，感染者则对应流言的传播者，而不再传播流言的人则对应传染病模型中的死者、隔离者或者康复者。这就是著名的D-K模型。早期的数理模型多在数学层面对流言传播的行为做出数学层面的描述，虽然这两者本质上很近似，但很难反映流言传播的全貌；此外，由于受到算力和算法的限制，很多时候这些模型也难以得到充分计算，应用受到限制。计算科学和计算机技术的进步促进了流言数理模型的发展。1991年，印度马哈里希达亚南德大学的Goswamy等学者提出了随机模型来研究流言的传播，此时，该模型已可以设定参数获得各种状态人数占比随时间的变化关系。计算技术的发展使能够定量分析和预测的数理模型在流言传播中的研究愈加重要。进入21世纪，物理学领域中的一些研究成果，如Potts模型、Ising模型等热力学模型也被用于流言研究。自然科学成果的植入使流言数理模型方面的研究有了更多的理论资源，计算技术的发展让定量计算数理模型成为可能，网络通信的普及令流言定量分析和预测成为迫切需要的同时，也为完善数理模型提供了大量的数据。正是学科的融合和科技的进步，让针对流言这一社会学科领域的数理模型的有效应用成为可能。

经过数十年，特别是近二十年的发展，针对流言的数理模型已有很多成果。由于这类模型研究涉及学科很多，并且考虑到学术论文篇幅等因素的限制，这类研究多侧重于理论的介绍或者抽象的模型结果分析。这更多只能看作对某个数学题的解答，而非针对流言的系统性分析。为解决此问题，本书将不同视角下的研究方法融合，赋予数理模型中的参量及其结果更符合社会学科，特别是新闻传播学和与之相关的社会心理学意义。也就是说，让抽象的模型更加具象化，更适合流言传播研究的需要。

第2章

新闻传播学视角下的流言传播

数理视角下的流言传播可以看作是网络动力学的一个应用特例，但这只是对流言传播行为的一个抽象描述，并未反映流言产生、传播及其对人们产生不同影响的深层因素。为使数理模型更具有现实意义，我们将在本章从传播学的视角探讨流言传播。随着报纸、无线电广播、电视等传媒技术的发展，20世纪初，传播学诞生在西方发达国家。该学科的诞生有着很强的政治因素，一方面源于政府对外宣传的需要，另一方面也与一些国家选举政治有密切的关联——选举政治要求竞选人游说选民才能获得选票，而这必然依靠媒体才能让更多的选民了解竞选人的主张。因此，如何更有效地利用传播手段，传播内容与受众倾向到底有何关系等学术问题也促使了传播学的诞生。经济的发展是传播学诞生的又一重要因素，经济的发展客观上促进了民众收入、增加了受教育程度，使他们能够购买报纸、无线电收音机、电视机等传媒产品；而以广告业为代表的传媒行业的发展也为投资人带来了丰厚的利益，这类似于当前所说的“流量经济”。利益的诱惑和收入的增加促使了新闻传播业的快速发展，也在学术上促使了传播学的诞生和发展。除政治、经济因素外，新闻传播业的发展对社会各个方面的影响也是传播学兴起的一个动力，信息传播常常可以对社会风俗习惯等方面产生影响，如“双十一”购物节的产生，便是互联网时代信息传播的产物。与此同时，社会学、政治学等传统学科的发展以及信息论、控制论等新兴学科的兴起也为传播学的诞生和兴起创造了条件。流言的产生、传播也有其经济、社会以及政治因素，应用传播学的知识看待、分析这个过程及其影响，可以更清楚地认知在自媒体、互联网时代下流言产生的原因及其阻断方法。基于此，本章将首先介绍传播学的基础知识，包括传播学的定义及传播材料、类型、媒介、受众、效果等，并在此基础上逐一分析流言的产生、传播及其效果。

2.1 概述

传播学的研究对象是“传播”，生产生活中，“传播”一词的含义有很多种，如疾病的传播、电子计算机病毒的传播、信息的交流传播等。流言的传播在信息交流传播的范畴内，但即使在同一个小范围内，传播也包含动物之间信息的传播、人类之间信息的传播等不同含义。在传播学中，对传播的定义尽管存在一定争议，但还是集中于狭义上的传播定义，即人类之间信息的传递。本节先介绍学者对“传播”这一概念的定义和理解，然后据此对流言传播的特点进行分析。

2.1.1 传播的定义

如前所述，在传播学领域，传播特指“人类之间信息的传递”，并且更多指的是社会学方面信息的传播，而不是疾病等生物学层面的传播。这种传播活动的主体是人，传播对象是信息。中国传媒大学在胡正荣等学者认为传播学意义上的传播是指“人的一种行为和一种过程，它的主体是人，它的客体是信息，因此传播就是人使信息流动的过程”。“传播”在汉语中的意思含有“信息发布”的意思，而且其原始含义中有“信息的单向传递”之意，即信息发布者向受众发布信息，而缺乏受众感受和双方的交流。但在传播学领域中，其对应的英文单词为communication，该单词的前缀com-含有“共同、公有”及“交流、交换”之意。单词communication除含有狭义上的单向传递信息的特点外，还含有交际、通信等含义，这些含义表明了传播学中传播的一个特点，即除了信息的单向流动外，还含有传播者和被传播者的交流和影响。

传播除了信息流动的特征外，传播学领域的其他学者对此还有其他理解。美国社会学家Cooley❶指出，人类社会体制机制存在和发展的原因就在于信息在空间上的传递和在时间上的保存。这从一个侧面说明了传播的作用，即传播将私有领域的信息变成了共享信息。传播的这个特征对维系人类社会的运转具有重要意义，美国学者W. Schramm、W. Porter❷在《传播学概论》中就指出，“社会是各种关系的总和，整个社会共享某种信息”，信息传播本身没有意义，人们往其中注入了意义。这说明传播与社会的结构、人与人之间的关系、人与组织（社会）之间的影响等密切相关。美国学者Gerbner❸指出，传播就是通过信息进行的社会相互作用，这突出了传播与社会关系的影响。传播是人的行为和活动，传播的效果还取决于人的心理。美国实验心理学家Hovland❹研究了心理因素对传播效果的影响，提出了“说服理论”，指出传播者的可信度、信息的说服力以及被传播者所处的环境对传播效果均有影响。传播效果与人们心理之间的关联也是传播的一个特点。信息载体形式也决定了传播的行为，信息是一个抽象的概念，只有附着在一定载体（如语言、手势、文字等）上才能传播出去。在传播学领域，这些载体可称为“符号”，因此依赖于“符号”也是传播另一特点。

2.1.2 流言传播与社会关系的相互影响

上述不同理解从不同侧面反映了传播的特点。流言传播是信息流动过程的一个特例，它使在个人制作的私有领域信息转化为在一定群体内的共享信息。传统的机构传播者对于一般的流言由于其审查和规避机制具有一定的免疫力，如学术期刊的同行评议规定、我国图书期刊等新闻出版单位的三审三校制度一般可以限制不符合科学精神、公序良俗的言论发表，这使传统条件下流言的传播范围受到了一定限制。技术的进步为共享信息提供了便利，网络媒体让个人也享受到传统媒体传播信息的条件，但审查制度却不够完善。个人受教育程度、成长环境、心理素质及身体状态均不相同，相较于传统媒体工作者的从业门槛，低门槛甚至零

---

❶ 查尔斯·库利（Charles H. Cooley, 1864—1929），美国社会学家，提出了“镜中我”的概念来说明自我意识的建立。

❷ 威尔伯·施拉姆（Wilbur L. Schramm, 1907—1987），美国传播学者，建立了第一个大学传播学研究机构，被誉为“传播学之父”；威廉·波特（William E. Porter, 1919—1999），施拉姆教授的同事，密歇根大学新闻学教授。

❸ 乔治·葛本纳（George Gerbner，1919—2005），美籍匈牙利裔传播学者，涵化理论的提出者。

❹ 卡尔·霍夫兰德（Carl I. Hovland, 1912—1961），美国心理学家，“说服研究”的创始人之一，由于供职于耶鲁大学，这一著名理论又被称为“耶鲁研究”。

门槛让自媒体平台所传播的信息良莠不齐，流言也就在有意或无意中产生、传播，甚至个人臆想也在这种情况下迅速转化为共享信息。

流言在一定程度上维系了某些团体的运作，这反映了传播与社会关系的相互影响。英国学者Max Gluckman[1]指出，“流言蜚语是一个由文化决定并进行传递的过程……有助于维系群体的统一、道德和历史”。流言的产生和传播常常和社会组织结构有关，而流言和社会关系相互影响。一些流言有时会产生比较坏的影响，对社会稳定产生了破坏，关于其中的具体机制，本书将结合传播类型和传播效果等内容对其进行详细讲解。

2.1.3 流言传播的心理学因素

传播和人们的心理密切关联。Hovland认为，“传播是某个人传递刺激以影响另一些人行为的过程”，其提出的“态度—说服”模型认为态度改变的过程就是传播者通过一定的传播方式和内容组织形式，将特定内容传递给传播对象的过程。态度的改变则与信息传递的四要素，即传播者（说服者）、传递信息的说服力（说服信息）、被传播者所处环境（说服情景）、被传递对象本身的状态（说服对象）有关，前三者是外因，“说服对象”是内因。

关于流言传播的心理学因素，“饭圈”“粉圈”等异化了的“粉丝”（特指英文fans所代表群体 ，而非食物）群体较具有代表意义。团体成员由于对某些或某个明星的崇拜造就了其心理认同，甚至是盲目追随。这种情况下明星或者与其相关的所谓“意见领袖”的言论往往会产生非常大的传播效应，一些不当的言行甚至会对正在构建人生观、世界观的青少年群体产生负面影响。依据Hovland的“态度—说服”模型，明星以及与之有关的“意见领袖”很符合“说服者”的形象。从信息接收者的角度看，湖南大学李悦等人对粉丝群体极化进行了研究，发现高度群体认同、盲目从众心理使这些人更容易接受符合自身预期的与明星有关的信息。也正因为高度的认同，加上一些社交软件特有的推送算法模式，使粉丝群体难以在网络平台上接收到其他方面的信息，从而形成“信息茧房”。这种特殊的传播环境，更加剧了和明星有关的信息包括毫无根据的流言的传播。需要注意的是，“粉圈”中的流言可能是负面的，该团体借这类负面流言形成一种悲情

[1] 赫尔曼·马克斯·格拉克曼（Herman Max Gluckman，1911—1975），英国和南非社会人类学家，以对非洲法律和政治的文化和社会层面的分析而闻名。

效应。李悦等人在进行访谈时有受访者表示，“他们（指粉丝团体组织者）只要在自己首页上发布黑粉攻击偶像的截图，再发布一些‘偶像那么优秀，怎么能忍受他被无端攻击’的言论，我们就会去反击”，以此来维系着团体的运作。

流言传播不仅与有一定组织形式的团体有关，有时也客观上起到了将本不属于团体的个体团聚在一起的作用，这也可以通过“态度—说服”模型来解释，具体影响因子分析涉及心理学、社会心理学等方面的知识，关于此方面的内容，本书将在后文详细讲解。

2.1.4 流言传播的符号载体

传播依赖于“符号”这个载体，流言传播同样也具有“符号”特征。自媒体平台审查机制的不完善，导致很多流言披着“科学”的外衣传播，或真或假的科学语言便成了这些流言传播的符号，如“螃蟹和柿子不能同时吃”等2017年“十大‘科学’流言终结榜”上的流言，无不打着科学的旗号，宣传伪科学的内容。尽管2017年便对这些流言进行了辟谣，但在2022年依然有自媒体平台对其相关内容（或稍加改造）进行传播。这些平台借用科学术语，还利用国内信息差，将这些流言再次传播。科学在普通民众眼中具有权威性，而不同的渠道又带有一点所谓的客观性，这样包装下的“符号”便具有很强的迷惑性。

在传播学中，“符号”可以指语言、文字、肢体语言、图片等信息载体，在一些特定环境中，很多原本不具备传递信息的符号也可以传递特定的信息，甚至是流言蜚语。澳门大学吴枚教授在主题为“符号竞争”的研究成果中认为，现代舆论信息本质上是“符号”。由于“先入为主”惯性的存在，信息作为一个“符号产品”，不断影响接收者心理承受能力乃至思维方式。关于流言传播的这一特征，我们将在后文结合传播的材料进行详细讲解。

2.2 传播材料视角下的流言传播

信息就是传播的材料，流言是信息的一种，它便是传播的材料之一。Schramm、Porter在其著作《传播学概论》中指出，传播之所以有别于其他事件，正是因为传播以信息为内容。传播事件虽具体目的不同，但本质都是传送、分享和加工信息。本章先对信息的性质进行讨论，然后介绍噪声、信息冗余等与信息密切相关的概念，之后对信息所附着的符号、代码的性质，并以此为依据对流言的性质、符号代码特征进行分析。

2.2.1 信息的性质

传播学主要研究的是社会信息，即人们在社会交往中所传递出的信息。要了解信息的性质，我们有必要对信息做一个定义。“信息”一词应用范围非常广泛，如新闻、数据可以称为信息，考古发现的资料也可以称为信息，甚至流言蜚语也能称为信息。在传播学领域，信息的定义类似于信息论中的信息，即美国数学家、信息论创始人C. Shannon[1]给出的定义——凡是能减少情况不确定性的东西都叫信息。信息的种类很多，如中性氢21厘米谱线传递出的远古宇宙物理信息，脱氧核糖核酸（DNA）传递出的生物信息，石器时代留下的壁画传递出的原始人类生存的社会信息等。这些信息无不具有减少不确定性的特点，如法国拉斯科洞窟壁画中出现了马、牛的形象，这就回答了当时的原始人类是否已经驯养大型牲畜的问题；宇宙微波背景辐射证明了宇宙大爆炸理论的正确性，在一定程度上结束了不同学派关于宇宙起源的争执；在司法鉴定领域，DNA序列传递的生物信息，让无数家庭确认或否认了眼前的青年是不是自己的孩子。

信息的来源叫信源，如早期宇宙大爆炸这一现象就是微波背景辐射的信源，DNA的碱基对序列可以看作是遗传信息的信源。在社会环境中，人们的社会活动是信源，如果一个社会陷入停滞，那么这种社会活动蕴含的信息量也比较少，因为只需要少量的信息便可将这样的社会描述清楚。相反地，高度变革的社会蕴含的信息量往往十分丰富，因为这样的社会环境需要更多的信息来消除其高度的不确定性。高度的不确定性意味着信息源的变化十分剧烈，因此胡正荣老师等认为信息源来自变动，表达的是一种差异。

信息具有六大特点，即客观性、普遍性、表达性、载体性、流动性及共享性。信息的客观性是指信息是客观存在的，是不以某些或某个人的意志为转移的。无论个人注意与否，每天都会有大量信息产生。随着人们交流的频繁，社会

[1] 克劳德·香农（Claude E. Shannon, 1916—2001），美国数学家、电气工程师，被誉为“信息论之父”。

信息的产生量是巨大的，个人或团体难以对其进行限制或封锁。

信息具有普遍性。无论是城市、乡村，还是旷野、闹市，信息无处不在。对于社会信息而言，只要人有社会活动，就有信息产生，那么只要是有人的地方，有人交往的地方就会有信息产生、传播。在现代通信技术高度发达的今天，人们之间的交流更加频繁，从传统的会面交流、通信交流，到近代的电话、电报交流，再到现今社会的网络沟通、自媒体宣传。信息的传播不仅普遍存在，而且对单一信息而言，其传播范围和传播速度也较之以往更大。

信息具有表达性，即信息能够通过某种形式表达出来，如生物遗传信息可以通过蛋白质等表达出来，早期人类的狩猎活动通过壁画表达出来。社会信息也能够以某种形式表达出来，如潜藏在人们心中的思想、主观的看法可以通过语言、文字甚至行动表达出来，国家的政策可以通过文件表达出来，这些思想、看法、政策本身就是信息。

信息的载体性说明信息必须通过一定的载体才能表达出来。信息的表达性表明信息具备表示出来的能力，而信息的载体性则说明了信息表达的具体途径。信息和载体不可分离，如前文所述，信息是一个抽象概念，本非实体，只有附着在一定载体上才可以表达、传播。能够作为信息载体的物体很多，如红绿灯便可作为交通通行信息的载体，文字、图画可以作为表达作者内心思想的载体。信息的表达性和载体性说明信息能够表达且可以通过工具表达出来。

信息具有流动性，这是信息作为传播材料的基础。信息可以通过一定路径从信源传递给接收者。在信息学领域，接收者被称为“信宿”，如新闻广播行业中，广播电视台就可认为是信源，听众、观众就是信宿，新闻、广告等信息通过广播电视台传递给听众、观众。信息的流动可以是双向的，信源发出信息后，信宿可以对其进行反馈，此时信源、信宿的角色互换。此外，信息的流动性还表现在信宿在接收到信息之后，会变成新的信源，对信息进行传播。

信息具有共享性，这一性质是信息有别于物质的重要特征。对于实体物质而言，其不具备共享特征，比如一份报纸，若某人拿了则另一个人不能同时拥有它；但信息则不然，比如该份报纸所传达的信息，所有看到报纸的人（甚至没看过报纸的人也可以通过别人转述得知）都能知道，一个人掌握了信息，并不影响其他人对它的掌握。信息的流动性和共享性使其在传播过程中有类似传染病的特征，由于细菌、病毒等致病微生物可以大规模复制的特征，使其也拥有类似共享性的特征。正因为二者之间的相似性，我们才可以利用传染病模型对信息传播进行数理分析。

2.2.2 噪声、信息冗余

信息在传递过程中容易被其他信息干扰，这些干扰信息在信息科学领域被命名为“噪声”，而原本要传递的信息被称为“信号”。传播学借用了该术语，用以指附着在所要传播的信息（即“信号”）上，但不能起到减少不确定性的信息。例如，药品说明书的目的是让医生、患者掌握药品的作用、用量以及可能存在的副作用。根据《化学药品和治疗用生物制品说明书规范细则》（国食药监注〔2006〕202号）的规定，对于常使用的西药等化学药品和治疗用生物制品，除上述信息外，还需写明成分、药代动力学、药理毒理、临床试验等多条信息。这些信息大量使用了专业术语，有些成分中还标明了其分子结构式。对于医师和药师而言，这些标注是非常必要的，起到了对药品说明、指导用药的作用；但对于大多数患者而言，在使用药品，特别是非处方药时，很可能根本看不懂这些信息，它们并没有起到传递信息、减少不确定性的作用。当然这类噪声对于接收者而言只是没有起到传递信息的作用，但并没有有害作用，在信道容量大时，传递这类信息也并无不妥。噪声有时还可能对传播目的起到相反的作用。噪声是从传播目的角度来定义的，从传播目的外的其他角度看，它可能就是有用的信息。

有的噪声是从信源处产生的，有的噪声是在传播过程中产生的，即噪声来自信源外部。现代通信技术的发展使人们获取信息的途径多元化，自媒体的兴起也使信源变得多样化。每一条信息都有可能有不同的解读，而有些解读很容易影响传播目的的达成。2022年5月3日，据多家媒体消息报道，某企业领导因涉嫌利用网络从事危害国家安全活动而被依法采取刑事强制措施。由于没有其他辅助信息，该消息一经发布，便引起公众猜测和担忧，导致某知名同姓企业家旗下公司港股开盘暴跌9%，一些科技型企业的股票也受到牵连。这些不正确的解读在传播者看来就是噪声，它削弱了传播的目的，影响甚至异化了传播效果。

为消除噪声的影响，传播者会在传播信息时引入“冗余信息”，是指意义重复的用以消除不确定性和纠错的那部分信息。以上述事件为例，在上述信息发布不久，《环球时报》就发出补充信息，指出企业家的姓名为三个字而不是两个字，并给出其出生年份及其工作单位。就其传播目的而言，对当事人的姓名进行补充说明就已经将两者区别开来，将出生年份和工作单位等信息去掉完全不影响传播目的，但这类“冗余信息”的加入可以更明确地表达信息，也便于受众理解信息，从而更容易达到传播目的。

2.2.3 信息传播与信息论、控制论和系统论

传播学的发展离不开信息学科的发展。这门学科的进步一方面为传播学的诞生提供了有效的传播工具，如广播、电视、网络、移动通信工具等。另一方面，信息论、控制论、系统论等“老三论”的一些概念也被传播学引用，如信源、信宿、噪声等概念。这些被引用的概念有助于在数理层面建立传播学模型，本节将介绍“老三论”与传播学的关系，并从传播学视角看待数理模型及其意义。

首先，我们探讨信息传播与信息论的关系。Shannon等人开创性地定义了信息，为了对信息进行定量的描述，他们引入了“信息熵”的概念，利用概率模型对信息进行了定量的度量，并以此为基础建立了信息论（information theory），成功解决了信息处理和传输中的一系列理论问题。信息熵的定义如下：

$$H(X)=-\sum_{x\in X}p(x)\log\left[p(x)\right] \qquad (2\text{–}1)$$

式中：X为一个离散的随机变量，其为一系列可能发生的事件x的集合；

$p(x)$为事件x出现的概率。

由式（2–1）可以看出，当这些事件均匀分布的时候，$H(X)$较大，而发生事件确定时，设只会有事件x_0发生，则$p(x_0)=1$，$H(X)=0$。这说明熵增加时，事件的不确定性增加；而有足够信息时，一些事件的可能性被排除，熵减小。在统计物理学中，熵体现了系统的无序性，熵减少说明系统变得整齐有序，这再次说明信息的性质之一就是消除系统的不确定性，使其整齐有序。

信息的传播就是一个通信过程，按照Shannon的观点，其过程可表述为：信源发出信息，经编码后通过“信道”传输给接收者（信宿），其经译码器译码后得到原信息。此处的“信道”是指经编码后的信息传输给信宿的通道。信道容量指理论上信息传输速率的最大值，由于物理条件的限制和噪声的干扰信道的容量总是有限的。信息只能在低于信道容量时才能有效可靠地传输，当其传输速率高于信道容量时，会发生信息丢失，造成失真。信源发出的信息中有大量冗余信息，考虑到信道容量的有限性，为保证信息准确传递，其需要经过编码才能传输，即在传输信息之前对按一定规则对其进行压缩，去掉部分或全部冗余信息。

待信宿接收信号时，再通过译码器对编码信息进行解码，从而复原出信源信息。除信源编码外，还有信道编码。如前所述，噪声会影响信息的传播，为抵御噪声的影响，需要有一定信息冗余度，信道编码便是增加信息的冗余度，即使需传递的信息出现了一些错误，这些冗余信息也可被用以纠错，因此这些信息也被称为“纠错码”。信道编码和信源编码作用相反，在通信领域有时会把二者统一在一起，设计编码方式，此被称为“信道编码”。

除信息论外，控制论（cybernetics）和系统论对传播学也有很大的启发；三者俗称“老三论”，其构成了传播学理论的基石。传播学从控制论中引入了“反馈”的概念。反馈这一概念最早由N. Wiener❶提出，意指控制系统发出信息后，接收方将其作用结果返回，并对下一步信息发送产生影响，从而实现控制目的。控制论的作用对象也是信息，但与信息论不同，控制论主张信息是双向的，其研究信息提取、传播、处理、存储和利用等问题着眼于达到控制目的；而信息论则侧重于信息的有效传输，即信宿最大限度、最准确接收到信源的信息。

Wiener建立的控制论对传播学影响很大。政治传播学的创始人、美国学者K. Deutsch❷利用控制论的原理和方法研究政策制定过程，发现从控制论的角度看，所有的组织都是由信息传播维系在一起。决策被视为政治活动中心，政策制定后信息的传播和反馈促使决策者不断调整自己的政策，从而使整个组织体系适应社会环境。这和生物体的神经系统很相似。Wiener的控制论并不涉及具体信息的处理方式，而是从更高层级来描述“信息”和“反馈”行为，这使该理论使用范围很广。

美国学者W. Schramm则是将控制论用于研究一般意义上的传播学。信息具有共享性，人们具有处理信息以及与他人分享信息的能力，但这样的信息并非直接转述，而是经过了一定的加工。这种过程涉及复杂的心理、生理过程，一般研究者也无须了解其具体过程，但能够通过某人对信息的外在反应推知其信息加工行为，即可以把信息接收者当作“黑箱”，对于研究者而言，只需要知道“输入—输出”关系即可。Wiener的控制论也是将受控者当作“黑箱”来看待，只分析其“输入—输出”关系，而并不关心其内部运行机制。因为这种相似性，Schramm将控制论用于传播学研究。由于人们可以对信息进行加工，所以在社会

❶ 诺伯特·维纳（Norbert Wiener, 1894—1964），美国著名应用数学家，控制论创始人。
❷ 卡尔·多伊奇（Karl W. Deutsch,1912—1992），捷克裔美国政治学家、社会学家，在社会、政治学领域引入了系统论、定量分析、模型研究等方法。

信息传播过程中，信宿并不单纯是被动接收，而是有“反馈”，信息传播的双向性能够对信源下一步发送信息产生影响，从而影响整个系统的信息流动。

系统论（systems theory）诞生于20世纪中叶，以L. von Bertalanffy❶创立的一般系统论为代表。Bertanlanffy在研究生物体时对当时的“还原论”路线（即按生物体的组成，从组织到细胞再到分子进行研究）表示不满，认为这种方法并未揭示生命的真相。他主张将生物体看作一个系统，在整体上进行研究，来揭示其运动规律。此处的系统是指按一定方式连接并构成整体的各个因素。系统论认为系统整体的特点、功能和行为不是构成系统各部分简单相加，而是由其形成机制、各部分之间的相互关系共同决定。

应用系统论的目的是让“整体大于部分之和”。实际上，也会出现构成整体的各要素互不关联甚至相互掣肘的情形，比如足球比赛中的“内讧”事件，常常会造成“纸面实力”占优的队伍反而输球的局面，2010年由球星组成的法国国家队便因此兵败南非。

系统论诞生后对传播学的一个重要影响就是让后者在研究方法上更加关注所研究对象的整体性、系统性。传播学中的传播材料是社会信息，研究应用在社会系统中，故研究传播活动，不能仅仅局限于微观细节，而是要站在整个系统的角度进行研究。特别是在网络传播更加迅速的今天，信息的传播在某种程度上已经突破了时空的限制。某地发生的事件可能很快传到全球，这在过去是不可想象的，而“互联网是有记忆的”，人们很容易利用搜索引擎找到相关资料，这种特性也使传播者在传递信息时还要考虑该信息可能对以后产生的影响。

美国学者H. Lasswell❷首先从结构角度考察传播，其在1948年出版的《社会传播的结构与功能》一书中指出，应该把传播行为看作与社会进程关联的完整过程，任何过程都可从结构和功能两个角度进行分析。在此基础上，他还提出了“5W”传播模式，即传播过程可描述为“谁（Who）—说什么（says What）—何种渠道（in Which channel）—产生何种效果（with What effect）”。Lasswell还指出传播过程受到各种因素的控制，每一个传播环节都和其他环节相互作用，并受环境的相互作用。Lasswell虽然没有直接指出“系统”一词，但其从社会结构和功能角度看待传播，证明其已经受到系统论的影响。20世纪60年代中期，美国学

❶ 卡尔·路德维希·冯·贝塔朗菲（Karl Ludwig von Bertalanffy, 1901—1972），奥地利生物学家，一般系统论的创始人。

❷ 哈罗德·拉斯韦尔（Harold D. Lasswell, 1902—1978），美国社会学界泰斗，传播学奠基人之一。

者M. DeFleur[1]通过对传播系统在美国社会中的作用进行研究，指出传播系统与政治、经济等系统以及受众之间的关系。这是第一次在理论上将传播系统当作社会环境中的一个开放子系统进行研究。美国学者S. Littlejohn[2]引入“整体大于部分之和”的观点，并从系统的视角来重新认识传播学。

我国在20世纪80年代开始将系统论引入传播学研究当中。复旦大学俞璟璐教授等人在20世纪80年代总结了美国传播学系统研究的理论成果，指出传播是一个开放性动态系统，并总结了传播所具备的系统性特征。第一，传播系统具有稳定性特征，其可被视为传播者（信源）借助符号将信息通过一定途径（信道）传给接收者（信宿）的相对稳定架构。这一性质和信息论中所述的传播方式（信源—信道—信宿）密切相关。第二，传播过程中的各环节、因素有机联系在一起，一个因素或环节发生变化，其他也会发生变化，这和控制论中的“反馈”相关，在此机制下信源和信宿彼此制约，角色可以相互转化。第三，传播是信源、信宿双方发出的信息不断调节的动态过程，这也与“反馈”有关。第四，传播是以符号交流的过程，符号在一定社会环境和历史背景下具有公认的确定的意义；符号的产生可能是无序的，但要达到约定俗成的程度，“无序”便变成了“有序”，进而变成维持正常交往的工具。第五，传播具有多层次性，它是在不同条件、范围的情况下进行的：从传播范围看，传播可分为大众传播、组织传播、亲身传播、团体传播等；从目的和内容角度看，传播可分为政治、文化、体育、经济传播等。每个层次的传播都能看作一个相对独立但开放的子系统。第六，传播是信息在网络上的双向交流过程，人在社会交往中本身就处在关系网中，除了个人之外，不同信息的传播也导致了不同网络（圈子），不仅网络内部，而且网络之间也存在交流，如体育信息圈内部有交流，而体育圈和政治、经济的发展也存在着联系。由于信息传播具有系统性特征，因此对其进行研究不能看作一个节点或一条信息的孤立行为，而是要站在系统角度、从整体出发进行研究。

进入21世纪，由于信息技术的发展，以及新媒体、自媒体等传播方式的兴起，系统论在传播学中的研究得到了新的发展。美国北卡莱罗那大学的N. Roman等人利用世界体系理论（world systems theory）研究了社交媒体和传统媒体（英美地区报纸）对社会信息的报道，其发现在政治体系完善、经济基础较好的国家，人们更容易接受社交媒体发布的信息，带来的一个影响就是传统媒体（如华盛顿

[1] 梅尔文·德弗勒（Melvin L. DeFleur, 1923—2017），美籍波兰裔传播学、社会心理学家。
[2] 斯蒂芬·李特约翰（Stephen W. Littlejohn），美国新墨西哥大学教授，传播学研究者。

邮报）也开始关注社交媒体。这也说明了信息传播受到社会环境和技术水平的制约，并能影响社会环境。中国地质大学（武汉）的孔德轩等人以系统论为理论基底和方法论，对微博的科学传播进行了结构分析，指出微博不再是单一娱乐工具，而是一个多维度媒介平台，对传播科学知识具有重要作用。中国传媒大学任玉达利用社会系统理论研究群体传播问题，其发现群体传播系统是一个开放的非线性系统，具有自组织性和他组织性，受到社会环境的影响，解释了由一件小事引发群体事件的原因。

2.2.4 论信息传播的数理模型

如前所述，信息有流动性和共享性，而病毒、细菌等传染病载体由于其可大量复制，一定程度上也呈现出信息的共享特征，故从这个角度看，传染病模型可以用于对信息传播的分析。而信息论、控制论和系统论则进一步为数理模型在传播学视角下的分析应用提供了理论基础。

信息论表明信息在信道容量容许的情况下是可以完整、准确地从信源传递给信宿的，这就是信息传播中SIR、SIS、SIRS等传染病模型中S–I过程（已感染者传染给易感者）的理论基础[1]。此时信息传播就如同传染病感染者将病毒及其症状传递给另一被感染者一样。信息论还指出，信息在传递过程中会受到信道容量的影响，这类似于传染病传播过程中的管控措施，这在传染病模型中直接体现在感染概率α上。此外，由于噪声、信道容量的影响，信息在传染过程中还会发生“变异”，类似于病毒、细菌的“变异”，这就为SIVR模型提供了理论依据。

控制论对传播学的重要影响是引入了“反馈”的概念，在控制论视角下，信息的传播是双向的、非线性的，信宿对信息会有响应。当信宿接收信息时，其可成为新的信源，但此时传播的信息是经过其理解、加工后的信息，并不一定是原信源想要传递的信息，即信息发生了变异。从这个角度看，控制论说明了信息变异的来源。节点对信息有不同的反馈，为SHIR、SIR、SEIR、SIHR等模型中不同类型的节点提供了理论支撑，R、E、H等不同节点反映了其对同一信息的不同理解和反馈。与传染病不同的是，节点可能对接收到的观点持反对意见，并将其传播，这种负反馈机制是传染病模型在传播学领域应用时面临的新问题。

[1] “S”指易感者，即未接触流言的人；“I”指感染者，即被流言影响且传播流言的人；“R”指康复者，即不再传播流言的人。有关模型的具体含义请参考第4章。

系统论从整体角度来分析、看待问题。著名科学家钱学森先生认为“（控制论、信息论、系统论）实在说，只有一论，即系统论”。系统论认为信息是在一个复杂网络系统中传播的，节点具有普遍联系性。信息的可传播性以及传播系统的复杂网络特征为基于复杂网络动力学的数理模型在传播学中的应用提供了理论基础。由于传播系统的普遍联系性，利用非马尔可夫链❶描述信息的传播会更符合实际，因此目前很多关于复杂系统动力学的研究均基于非马尔可夫链展开。但由于非马尔可夫链的复杂性，马尔可夫链在信息传播中也有重要应用，考虑到节点的“遗忘”机制（其实也是对时间的一种反馈），对节点影响最大的时期是当前，而非历史，因此，基于马尔可夫链的网络动力学也是对实际传播的近似研究。由于信息传播有很多实例，究竟用何模型更准确，完全可以用实例从系统角度来校正，这不仅可以发现更适用于描述某一实例的模型，而且更能从模型比较中发现新的信息。例如，若基于马尔可夫链的模型失效而基于非马尔可夫链的模型成功，则说明历史信息起着重要的作用。

系统论还认为传播系统是一个开放的子系统，其与政治系统、经济系统、体育文化系统等密切关联，甚至其内部子系统之间也存在关联，这一性质为建立耦合网络动力学模型分析信息传播事件提供了理论依据。为深刻分析某一事件，有时需要建立包含多个网络的耦合网络模型，如在传染病流行时，将传染病传播网络模型和信息传播网络模型耦合在一起分析，可以发现传染病传播程度和网络信息传播之间的关系，有助于监测舆情。

很多情况下，信息传播只是一个手段，由于传播系统的开放特征以及与其他系统的关联特征，传播目的往往在于其他系统目标的实现。如某些网络新媒体、自媒体在一些社会活动中传递了很多消息，但这些消息如何有效传递对于一些人或机构来说仅是手段而非目的，获取政治、经济上的权益才是目的。这具有很强的指导意义，建立信息传播数理模型的一个功能在于从数值上定量分析能否达到传播目的。从系统论角度给定传播目的（如政治、经济权益等）后，则可根据该目标对模型进行优化，从而得到符合目的的参数设定，即为调整、优化传播模式提供参考。

信息论、控制论、系统论从信息理论上分析了传播学材料——信息在传播中的性质，这再次说明基于传染病的数理模型在描述在包括流言在内的信息传播的

❶ 马尔可夫（Markov）过程指事件只跟前一个时刻有关，具体含义参看第4章相关说明。

有效性，特别是系统论还指出传播系统与其他系统的广泛联系，这为用社会学、政治学、心理学等知识分析传播现象提供了理论依据。

2.2.5 信息传播与符号的关系

信息的传播与“符号”密不可分，前文已经就流言的符号特征进行了初步讲解，一些流言在传播时会引入符号特征，给参与者以道德上的满足。此处将对符号进行进一步讲解。符号是一种象征，可指代其他事物、事件。作为载体，符号起到了传播信息的作用，有时还可传递重大意义。美国学者C. Peirce❶认为符号结构包含三个元素：符号形体、对象和解释项，其中“符号形体”是符号中可感知的部分，即其本身的物质结构，即符号的能指部分；“对象”是符号所指代的事物；“解释项”则指符号所引发的意义、思想，这两个元素即符号的所指部分。

符号的含义非常广泛，语言、文字、绘画、手势等都可作为符号，大体可分为语言符号和非语言符号两类。语言是人类传递信息的主要符号，儿童在掌握其他简单行为技能之前就已经掌握了语言技能。美国麻省理工学院语言学家A. N. Chomsky❷认为儿童带着某种天赋来到人间，这种天赋让人类儿童较之其他生物更容易掌握一种语言。语言符号包括语言和文字、乐谱等；其中口头语言是一切符号的基础，是人类维系社会关系的保障。在留声机发明之前，口头语言必须通过面对面交流才能传播信息，这具有共时性；但在口口相传模式下，信息失真可能性极大。文字的出现使信息的传播突破了时空的限制，有了文字，过去的思想、文化才能较为完整地传承下来。相较于语言，文字属于间接描述事件，形成文字的过程中由于主客观条件的限制，如金文时期的书写成本、避讳的要求等，某些历史事件可能会被歪曲或省略，这使一些信息在流传中出现失真或不同的解读。

很大一部分社会信息也通过非语言符号传播，美国学者R. Birdwhistell❸估计两人当面交流时，非语言传播占65%。不过相较于语言符号，非语言符号有其局

❶ 查尔斯·皮尔斯（Charles S. Peirce, 1839—1914），美国哲学家、逻辑学家、数学家，被誉为“实用主义之父”。

❷ 艾弗拉姆·乔姆斯基（Avram N. Chomsky, 1928 至今），美国语言学家、哲学家、认知科学家、社会批判和政治活动家，被一些人誉为“现代语言学之父”。

❸ 雷·博怀斯特尔（Ray L. Birdwhistell, 1918—1994），美国人类学家，肢体语言学的创始人。

限性，对于抽象的事物（如人内心的思想）其难以表达。非语言符号常常受到社会环境的限制，其含义在不同社会环境中有时具有不同的含义。美国语言学家E. Sapir❶认为非语言符号是“一套精致的代码”，虽然不能用文字写出、“无人通晓”，但人人都能意会。正因为能够“意会”，非语言符号或会因不同解读而呈现出不同信息，流言也可能因此而产生。

符号作为现代传播学的研究重点之一，指代性是其基本特征。符号用来指代事物，但被指代的事物和符号本身并无必然联系，这只是约定俗成的一种联系。比如车子本来是指一种交通工具，但随着Chelsea（切尔西）的粤语音译“车路士”的出现以及网络文化的流行，车子也被用来指代切尔西足球俱乐部，车迷也不仅指赛车爱好者，在足球领域也特指切尔西球迷；又如11月11日这天本身并不特殊，但校园亚文化赋予其“光棍节”的含义，随着电商的不断发展，又赋予其“购物节”的意义。

符号具有社会共有性，符号的指代性至少在一个团体是共有的，是被大家认可的，否则符号将失去其传递信息的意义。符号的这个特征与社会环境密切相连，如以前说起“粉丝”，一般人都认为是一种食物，而现在则在很多语境中指英文Fans的音译。符号共有性体现为符号的辞典意义和引申意义，一般而言，辞典意义是被更广泛社会范围接受的含义，而引申意义多为更小范围的团体所知，比如上述“粉丝”的两种含义均已被《现代汉语词典》收录，具有辞典意义，而“真正的粉丝”在一些群体中则具有特别的引申意义。

符号具有发展性。符号的含义在不断发展当中，特别是随着网络、自媒体、新媒体的兴起以及网络管控的增强，一些符号被不断赋予新的含义，同时一些符号的原有含义也在淡化。以“gg”为例，在网络刚刚兴起的时候，其作为“哥哥”的拼音代称，用来称呼男性网友。现在随着网络的发展，这个含义逐渐淡化，取而代之的是“Good Game”的代称，而且含义也从最初的表达友好变成了失败的嘲讽或自嘲。

俞璟璐等人在总结传播系统性特征时指出符号的产生可能是无序的，在符号发展过程中，其引申意义的产生也可能是无序的，如“躺平”“破防”等网络流行词，其引申意义的产生便具有偶然性，也许只是某个网友偶然发帖，引起了部分人的共鸣，便赋予了这些词新的含义，并将其迅速传开。由于引申意义诞生的

❶ 爱德华·萨丕尔（Edward Sapir, 1884—1939），美国语言学家、人类学家，美国语言学学科发展的标志性人物之一。

偶然性以及传播的时空限制，同一个符号可能对于不同人具有不同含义，如“卧龙凤雏”一词原意具有褒义，而现在却有贬义在其中。由符号含义不同引起的误会，很可能会成为流言的来源。

2.2.6 流言的信息属性——从传播材料的视角看流言

首先，我们从信息的作用即环境变动时消除不确定性来分析流言产生的原因。流言是流言传播的材料，它是一种信息。按信息的定义，流言可以起到减少不确定性的作用，尽管其提供的信息往往不符合事实。这类信息的产生也源于变动，或是出于有目的的心理活动而编造、散布的谣言，或是源于无特定目的的所发布的信息（即一般意义上的流言）。

一般意义上的流言多产生于个人或社会环境发生剧烈变化的时候，人们很容易在心理上产生巨大波动，“情郁于中自然要发之于外”，于是便将自己的经历和猜测表达出来。需要注意的是，在网络和自媒体时代之前，这类信息的传播也就是口口相传，传播速度和传播范围有限；而在网络时代，传播速度和传播范围则得到极大提升，特别是现在一些平台基于兴趣、地域的算法，更容易将志趣相投的人们聚集在一起。由于单个流言的产生与个人心理状态有关联，其发生多具有偶然性。这类流言难以避免，但一般情况下也很难造成很大的危害。

谣言的产生有时带有故意的性质，环境的剧烈变化为其产生创造了条件。这类谣言的产生带有目的性和必然性，只要有事件发生（即变化），它便会被人为炮制出来，此时社会环境的变化只是外因和条件，当事人的目的才是内因。因此，从消除谣言危害的角度看，关键是让当事人改变自身想法或阻止其制造谣言。

除环境变化是流言产生的原因外，噪声也是流言产生的原因之一。信息在传播过程中往往会受到噪声的干扰。关于信息的传播过程，从信息论的角度看，信息经信源、信道编码后，由信道传递给信宿，经信道、信源解码后被信宿接收。从控制论的角度看，信宿接收了信息之后，会对信息进行理解、加工，如果是其感兴趣的信息，则信宿便可成为新的信源，有时其在反馈过程中，也在向外传播。在过去，信息便通过人们口口相传的途径向外传播，即使是在现代，网络转载、评论等也是类似于“口口相传”的传播模式。

对信息传播的解读类似于物理学中波传播的Huygens原理[1]，即波源（信源）向外传递振动（信息），波场中的点（信宿）受振动后形成次波源，次波源（新的信源，此处仿照次波源被称为“次信源”）再向外传递振动。在波的传播中，波场中的点受迫振动，振动频率和波源一致，其向外传递的振动也与波源一致，这种情况类似于信宿全面、准确地向外传递了原信源发出的信息。物理学中，波也会被物质吸收、调制，此时次波源发出的波往往含有波源中没有的频率，如Raman散射[2]，光波被物质吸收后与物质内部分子相互作用，发出的散射光含有其分子信息，而这些信息是原光波中所没有的。信息传播也与此类似，接收者（信宿）收到信息后，受自身文化水平、社会环境等因素的限制，在其加工、理解这些信息的过程中，未必能够对信息进行完整、全面的解读，有时会嵌入自己不准确的理解，这种理解就是噪声，某些情况下，这可能成为流言的来源。

“5G辐射危害人体健康”是2019年流传甚广的一个科学流言。辐射是一个科学术语，指电磁能量脱离场源向外传播的现象，温度高于绝对零度的物体都在向外辐射能量。在对5G信号进行描述时，一般会引入“辐射”这一术语来说明其信号传播过程。对于非专业人士而言，其对辐射的理解多限于“电离辐射”，即放射性物体发出的γ射线或医疗、材料领域所用X射线等波长很短的电磁波的辐射，它们光子能量很高，容易使人体DNA发生变异，对身体健康危害很大，因此在医院、发射源存放处常常挂有“小心电离辐射”的标识。也正因为该标识广为大众所熟悉，人们很容易把一般的辐射和“电离辐射”等价。在接收到5G等无线电波通信介绍的信息时，也容易将“辐射”误解为“电离辐射”，这种误解就形成了噪声，甚至一些“捕风捉影”的说法也会被安在5G身上，形成流言。从这个事例中可以看出，消除流言危害的途径之一在于宣传时提高信息冗余度，比如加强对辐射的解释；另一种途径便是提升人口素质，科学素养提高之后，人们便会减少对信息的误读。

还有一种噪声的产生则带有故意的性质，关于它产生的部分原因在前文中已经说明：信息传播过程中，别有用心者可以故意对信息进行加工、误读，从而实现某些目的，如经济目的等。对于经济目的的谣言，如舆论所不齿的“标题党”，其将流传的信息断章取义，加上夸张的标题来吸引流量。制止这类流言的关键是

---

[1] 克里斯蒂安·惠更斯（Christiaan Huygens, 1629—1695），荷兰物理学家、数学家，光波动学说奠基人之一。Huygens原理是描述光波传播的基本原理，其将波的传播看作是振动的依次传播。

[2] 拉曼（Raman）散射，这一现象由印度科学家拉曼首先发现，属于光散射的一种，常用于材料检测领域。

提高新闻从业人员的素质，防止其恶意竞争、无底线竞争，而消除这种故意制造的噪声一个有效措施就是提高惩戒力度，给别有用心者以震慑。除了由于不同的解读产生的流言之外，信源所发出的信息中的噪声也是流言产生的原因。消除这种噪声则需要信息发布者和监管者对所发布的信息进行合规审查，有时甚至需要在小范围内试发布，避免因信源处噪声而出现流言。

除上述产生流言的因素外，对符号的不同解读也是流言产生的原因之一。符号在一定时空范围内具有特定的意义，脱离了语境、脱离了时空范围，很容易对符号有不同的解读，这就有可能造成流言。从信息论的角度看，对符号的不同解读本质是一种对信息的解码过程，误读也是噪声的一种。相对于一般的信息编码而言，符号涉及的范围更广。例如，文字是一种典型的语言符号，但翻译时很难用一个词将另一语言的某一词的含义表达清楚，更何况多次转译。又如传播学一词，汉语中的“传播”很难把英文中的communication中的交流含义表述清楚。因此翻译过程中的误读也是流言的一个来源。

非语言符号因与社会环境高度相关，不同的解读更容易造成流言的传播。因其“人人都能意会”的特点，在不同环境下就可“意会”出不同的信息，在特定目的的推动下，一些另类解读就会传播开来，由此导致流言的产生，特别是对不同地区的风俗习惯的不了解，更容易产生一些流言。2022年国际足联卡塔尔世界杯1/4决赛，摩洛哥国家足球队1：0战胜葡萄牙首次挺进“四强”。一些自媒体在描述摩洛哥球员赛后跪地动作时，声称“摩洛哥球员集体跪拜太感动”“直接跪在球迷面前，他们双膝跪地，头伏在草坪上，非常虔诚地感谢这些来到现场的球迷”。然而，这里面存在误读，球员赛后跪地动作其实代表着球员的信仰。自媒体从业者不了解该地区的风俗，更不理解其跪拜的象征意义，仅从本身生活环境推断（在中国，跪拜几乎是最高礼节），才做出了如此误读。不过，随着人们受教育程度的提高以及互联网技术的发展，各国各地区文化交流日渐频繁，这类流言的产生因素正在日渐削弱。

2.2.7 从信息的性质看流言的传播

信息具有流动性和共享性，这是信息能够传播的基础。如前所述，社会信息的传播如Huygens原理所描述的光波一样，由一个人（信源）传递给另一个人或一群人（信宿），而这些信宿又作为新的信源（次信源）再次向外传播。但和光波不同，信宿接收信息是需要解码的，即其需要按自己的理解去了解所接收信息的内容。这和通信领域研究的信息不同，通信领域中由信源传递给信宿的信息可以按一定规则编码和解码，噪声、传递的信息量都可定量计算；而此处的解码、编码与接收者有很大关系，噪声、传递的信息量也很难给出精确值。此时的信息传递类似于传染病传播，传递的效果与信宿（宿主）本身条件有很大关系，但也与后者有区别，传染病由一个宿主传递到另一个宿主时，病原体几乎不会变异，但社会信息则不然，由于不同人对同一信息的理解不同，其存在很大的变异可能性。若以Huygens原理来看待流言的传播，则核心在于分析流言的产生，因为一个新的信息产生对一个人来说就是一次变动，流言传播上的每一个节点都可以被看作是流言的制造者。但Huygens模型只能从宏观上展示流言的传播，无法具体说明受众为何接收、相信并传播流言。接下来从信息的性质出发对流言传播做进一步说明。

流言是一种信息，信息的作用就是消除不确定性。当面对一个陌生事物时，感兴趣的人自然要想了解它，或消除恐惧，或满足好奇心。如5G刚刚推出时，很多人自然想知道其是否对人有害，这时，从其传播方式“辐射”中解读出的对人体健康有害的流言便起到了消除不确定性的作用，尽管其加深了人们对5G的顾虑且不是科学的，但人们出于“消除恐惧”的目的接收并传播了它。

流行性疾病的预防和治疗更是与人们日常生活息息相关，关于这方面的流言更多。从科学角度看，一种预防措施是否安全有效，需要经过严格的程序进行检验。对于暴发性传染病而言，履行这些工作的时间不足，于是有科学根据的信息必然要落后于流言的传播。在消除信息不确定方面，流言填补了科学信息的空白，得以广泛传播。

人们为何要相信并传播流言？从信息的性质看，流言可以填补信息的空白，在一个变动的环境中，人们需要信息来消除不确定性，有时只有流言来满足这一要求。准确的信息由于严谨性、合法性需要，其产生和传播往往没有无根据的流言快，或者其内容含有术语，很难为专业人士理解。由于科学杂志上的论文需要经同行评议等一系列程序，出于学术严谨性的考虑，其从准备到发表需要较长时间，并且非专业人士可能很难看懂学术文章，从传播材料的角度看，这类信息对于他们相当于“噪声”。此时，即使有科学证据也抵不过捕风捉影的流言。

在自媒体高度发达的今天，每个人都是信息源。由于每个人自身文化水平、所处环境的不同，对于一些流言有些人并不觉得其有错，反而觉得其正确。事实上，有些流言只需要有一定的受教育程度就可辨别其错误。因此，抵御流言传播的一个关键是提高人们的知识文化水平。另外，对于涉及较高专业知识要求的流言，还需要专业人士用通俗的语言及时将真实信息传递给大家。中国科学家和中国媒体在宣传科学防治传染病上做了不懈的努力，为消除流言的影响做出了重要贡献。还有一种纯粹用来满足好奇心的流言，比如某些明星的绯闻等，若对社会无危害，则不必管它，因为治理成本可能要远大于其危害，其流行的终结要依赖于环境的变化（如明星过气）和人们素质的提高（尊重他人隐私等）。

人们为何要传播流言？从传播材料——流言的信息属性角度看，任何传播节点都有反馈机制，在接收到信息之后，其会对该信息有所反馈，这个反馈既指向信源，也指向其所处网络的其他节点，从而形成信息的传播。对于具体的人而言，流言传播的原因如同制造流言的原因，具有复杂的心理、经济因素，比如人们愿意分享治疗疾病方面的信息来帮助别人，尽管其未必科学。

从信息的性质来看，流言之所以传播往往是因为其起到了消除不确定性的作用，相较于科学有据的信息，这类信息往往时效性更强，更贴合受众的感受（即噪声更小）。由于受众知识水平、思想观念限制，科学有据信息往往曲高和寡。不过，单纯从信息性质视角很难分析清楚流言产生的文化、心理原因，关于此方面的内容，本书后文将做详细讲解。

2.2.8 论流言、谣言及有根据的消息

在本书语境下，谣言是故意捏造的流言，它是流言的真子集；流言是缺乏确切依据的信息，它是传播材料——信息的真子集；而有根据的消息则是流言在信息这个全集的补集。从直观的角度看，谣言和一般的流言，以及流言和有根据的消息，其传播行为应该不同；但从信息属性的角度看，三者都有一个共同的特征，即均可起到减少不确定性的作用。按照本书所述的Huygens模型，信息的传播先由信源传递给其他人（信宿），这些人（次信源）再将接收到的信息传递给其他人。对于一个普通人而言，受学识、经历、意愿和环境的限制，他很难对所接收到的所有信息进行有效判别，谣言、流言和有根据消息这三种信息在他看来可能没有本质差别。从最初信息发布者（信源）的角度看，三者在发布动机上有一定区别；但从一般接受者（信宿、次信源）的角度看，三者几乎没有区别。

以人类起源的研究为例，当前世界有进化论和特创论两种观点。进化论是对

“物种起源的一种猜测而提出的一种假说”，认为生物物种由少数共同祖先，经过长时间自然选择过程后演化而成。特创论则认为地球上一切物种都是上帝有目的地在一定时期内创造出来的。对一个普通人来说，两种观点的内容都是通过书本或口口相传等形式学习到的，他既没有条件去研究化石、基因、胚胎学上的进化论证据，也没有机会去验证上帝是否存在。所以，深究起来这些观点对个人而言都没有确切的依据，即使书本上的依据可能无法复现，或者有很多别的解释，或者超出了接收者的理解范围。人们为什么会相信其中一个观点而摒弃另一个？是教育让他接受了书本上的观点，至于该观点到底有无确切依据，反倒是次要的。在信息传播时，有无确切依据并非决定其传播行为的关键，传播链条上大部分节点是不会也没条件深究这一点的。

对于突发公共卫生事件时的信息更是如此，由于涉及专业知识，此时普通人不会也没有条件判断其是否有确切依据。一般人对接收到的信息是否选择相信，主要依据看是否为官方信息。在官方信息缺失时，某些网络博主或者接收者认为的其他权威的信息就填补了这个空白，相信权威其实省去了个人做调查验证信息是否正确的麻烦；当权威信息都消失时，人们只能根据自身经验来判断，在专业知识不足时，依靠的就是周围的人是否相信或者抱着宁可信其有不可信其无的态度。但对于一些官方网站和媒体而言，其读者、粉丝数量难以跟网络博主相比，官方信息混杂在流言当中，对于普通人来说很不容易分辨。

当信息传递到一定阶段时，单纯从信息本身的性质来说，谣言、一般流言及有根据的信息的传播行为应该没有差别，因为次信源对待他们的态度受其本身条件和周围环境的影响，而非仅仅受其内容影响，更无从探究发布该信息的目的。故在传播过程中，仅由传播内容影响信息的传播。至于最初发布信息的目的，更是很难对此时的信息传播行为产生影响。从这个角度看，本书所列的数理模型不仅对一般流言适用，对有根据的消息和故意捏造的谣言也同样适用。

2.3 传播类型视角下的流言传播

社会信息依据其传播内容、传播目的、传播手段，可分为不同类型，不同的传播类型下，信息传递的方式也有所不同。在前互联网时代，流言的传播多以口口相传的方式传播，而在自媒体、互联网技术高度发达的今天，流言完全可以通过“一对多”的形式传播。不同的传播类型需要不同的具体理论来对其分析，本章将介绍人类传播现象的不同类型，并在此基础上研究流言传播行为，同时进一步回答上章提出的问题——人们为何会相信流言并传播它。

信息传播的具体方式纷繁芜杂，为更简洁、清楚地研究它们就需要对其进行分类。为何传播行为可以分类？Schramm认为“研究传播就是研究人的行为”，不同社会结构下的人、同一社会结构不同层次的人传递信息的方式也有所不同，“研究信息传播路径就是研究路径两端人们的传播关系”。胡正荣老师认为传播与社会关系是同构的，有什么样的社会关系类型就有什么样的传播类型。科学技术的发展、生产力水平的提高为信息传播提供了很多新的路径，换言之，信息传播的类型也逐渐丰富开来。在文字出现之前，信息传播只能依赖一对一或者一对少数人的口口相传，传播类型相对简单；文字出现之后，一对多的传播、跨时空的传播成为可能；活字印刷术、文艺复兴以及工业革命的成功，报纸、广播、电视的出现，使信息经过机构转发后可以借助媒介广泛传播；网络技术的发达又使个人可以不依赖机构便可向大众发布信息。

在传播学领域，根据传播参与者的数量、信息流动的方式 、是否借助媒介以及组织化专业化的程度等要素，一般将人类的传播行为分为五种类型：自我传播（内向传播）、人际传播、群体传播、组织传播、大众传播。近年来，由于网络平台和自媒体的兴起，有学者将网络传播列为一种新的传播类型。

2.3.1 自我传播

自我传播又叫作内向传播、人内传播、内在传播，是发生在个人身上的信息交流方式，由个人接收信息并自行进行信息处理的活动。此类信息的信源和信宿都是一个节点，故自我传播的本质是人们的心理活动和外在表现，对它的研究属于心理学范畴。按控制论观点，传播节点只有接收并理解信息才能对其有所反馈并向外传播；按照Huygens模型，此时信息才能向外传播。自我传播是其他传播方式的基础，是人类最原始的一种传播方式，将其了解清楚，有助于回答人为何会反馈信息这一问题。

自我传播之所以能够实现，与人的生理机制密不可分。从某种意义上看，人本身可以比作一个信息系统。人的感官系统相当于信息接收装置，在信息系统中相当于信源和信源编码器；神经系统相当于传输装置，即信道；而大脑则相当于信宿和译码器。人的面部、身体等器官还相当于控制系统的动作装置，能够执行大脑的指令，对所接收到的信息进行反馈，输出反馈信息。这只是在生理层面描述自我传播的过程，事实上不仅是人，其他生物也有类似的机能。人类的自我传播不仅是生理的活动，也是意识和思维的活动，后者是人类区别于其他生物的根本特征，这种活动大概包含以下形式。

一是感觉和知觉，即感知行为。感觉是人通过视觉、听觉、触觉、嗅觉等对外在信息进行接收的过程，这些信息是碎片化的、分立的；知觉是在感觉基础上对分立的事物信息进行综合，在综合的过程中也融入了自身主观的判断。

二是记忆，这是对过去的感知、思考以及意识在头脑中的沉淀。人所记忆的东西有表象记忆，如过去见过的人物形象，也有抽象记忆，如语言、符号和现实物体的对应关系。记忆在理解信息方面扮演着重要角色，人们往往会依据过去的经验对所接收到的信息进行分析。感知和记忆不独为人类所有，脊髓动物甚至无脊椎动物都有记忆，并能将符号和实体行为进行关联，比如以 I. Pavlov[1] 的狗为代表的条件反射实验，就反映了动物记忆行为。

三是思维，这是人和其他生物的区别。思维是对客观世界的概括认知，是对其内在属性、规律的认识。人类可以形成“概念”，对事物的共同特点进行抽象总结，对其特征和本质属性进行认识；人类可以进行“判断”，对各事物之间的联系和发展关系进行断定，做出行为决策；人类还可进行“推理”，在判断的基础上，从已知事物关系、属性等出发，对未知事物进行分析，这是一种创造性的思维活动。人们的思维活动会随着社会环境的变化而变化。互联网情况下的思维和非互联网时代就有区别，互联网时代需要考虑自己言行的传播力度，而非互联网时代只需控制几个传播节点便可以了。涉及公共卫生事件的思维更是与自身经历、所处环境有关。无知产生偏见，客观环境使一些人的意识产生了偏差，那在“信息茧房”算法背景下更加剧了这种“偏差”；根治该“病症”的办法在于破除信息茧房，用更多的事实和正常的逻辑来提高人的思辨能力。

四是想象。想象是一种比较高级的自我传播形式，它是对头脑中的旧有形象进行加工后形成的新形象，想象连接了过去、现在和未来。跟思维不同，想象虽然根植于事实，但却超越现实；思维中的“推理”“判断”等行为和现实有密切

---

[1] 伊万・巴甫洛夫（Ivan P. Pavlov, Иван Петрович Павлов, 1849—1936），俄罗斯著名生物学家、医生，1904 年诺贝尔医学或生理学奖获得者。

的逻辑关联，而想象是根植于现实、在头脑中的再创造，它和现实没有直接关系，更谈不上有逻辑关联。

除以上四种形式外，人的情绪和情感也是自我传播的一种形式，这使人对事物的看法和体验带有强烈的主观性，并贯穿于自我传播从感知到想象的全过程。不同的情绪和情感导致人们对同一信息的判断可能不同，这也是流言产生的原因之一。

需要说明的是，自我传播由于信源和信宿（受众）都是同一个节点，有些学者认为此时“传播”概念并不成立。自我传播其实是一种心理活动，研究该活动的任务属于心理学范畴。也有学者认为自我传播也具有鲜明的社会性和明确的互动机制，并通过G. H. Mead[1]的“主我与客我”以及H. Blumer[2]的“自我互动”等理论加以阐明。这种看法认为人的心理定势是在社会环境中形成的，“自我传播”这样一种心理活动具有鲜明的社会性和明确的互动机制。本书以Mead和Blumer等人的观点来探讨人为何会对外界信息有感受和加工。

Blumer的“自我互动”理论认为人能够自我互动，人在认识外界事物的同时也将自身当作认识对象。这种认识是社会互动的内在化，在具体实施中，人会按照其所理解的社会关系修正或加强自我认知。换言之，自我传播具有社会性。美国社会心理学家G. Mead认为“自我”（self）是必须在社会活动中形成的，传播者与自己在头脑中“对话”，“旨在辨别清楚周围的人和事物”。其提出了“主我”（I，英文“我”的主格形式）和“客我”（me，英文“我”的宾格形式）的概念，并以此为喻说明“思维无非是推理的过程，是我所称的‘主我’与‘客我’之间的一种对话的继续”。这一观点形象反映了接收者在接收信息时的心理活动。除了即时的反应外，人还会自我反思。内省过程中，人会在头脑中出现事物形象，分析、推断自己的行为和别人的反应，甚至会想象一些生活中未出现过的场景，进行模拟演练。形象地说，此时在人的头脑中存在着“主我”和“客我”的对话和辩论，如同现实世界中的辩论一样，头脑中的辩论往往也会对接收的信息产生新的认识、补充和解读。因为人的这种心理活动与相关社会经验、知识积累密不可分，Mead认为该过程也是社会过程，是对接收信息和过去知识在现实环境下

---

[1] 乔治·米德（George H. Mead, 1863—1931），美国哲学家、社会学家与心理学家，社会心理学创始人之一。

[2] 赫伯特·布鲁默（Herbert G. Blumer, 1900—1987），美国社会学家，符号互动论研究者，C.H.Mead的合作者和助手。

的再解释、再创造过程。

由以上分析可以看出，自我传播看似信源和信宿是同一个节点，但其过程与社会环境、接收者的社会经验和知识储备密切相关。自我传播不是对接收信息的简单复制，它融入了接收者的认知、解释和创造，显然，当接收者将其加工后的信息再传播后，原信息可能发生嬗变，流言也会因此而产生。

2.3.2 人际传播

人际传播是人与人之间的信息传播活动，是由两个或多个个体系统相互关联组成的信息传播系统。人与人之间的广泛联系，使这种信息传播系统不断扩大。在文字出现之前的社会中，信息一般只能通过口口相传的形式传播，此时，人际传播几乎是信息向外传播的唯一途径。按信息传播的Huygens模型，接收信息的节点只有在有意愿、有条件向外反馈信息时，才会成为次信源，信息才能传播开来。人际传播一个重要研究任务便是探讨人们传播的动机，即人们为何要向外传递信息。

人际传播有三个重要特征，即直接性、随意性和私密性。直接性指人和人之间的交流一般都是双方直接传递信息，较少经过第三人；随意性指相较于大众传播等其他传播形式而言，人际传播较少受规则约束；私密性指双方交流时场景私密，具体内容一般很少为第三人得知，这也是人际传播的一个重要特征。人际传播的这三个特征与其传播动机、传播效果密切关联。

人为何向外传递信息？一个重要原因便是人有自身的需求。Maslow[1]的需求理论告诉我们，人的需求是有层次的，从生理需求、安全需求、社交需求、尊重需要到自我实现依次递增，高级需求需要在低级需求满足之后才出现。自身条件、周围环境的变化都会在一定层面上影响人的生理和心理需求。比如，处于饥饿状态的人在没有其他办法的情况下只能向他人乞讨，此时便需要向外界传递“我要吃饭”的信息，有时还会传递“我为什么会要饭”的信息，以此希望得到对方的回应。从此角度来看，人际传播的首要动机和目的是获取信息。又如发生公共卫生事件时，人们的生理、安全保障受到很大威胁，此时他们也需要向外传递“我这里安全吗”“该怎么办”之类的信息，希望获取能让自己生活受到保

[1] 亚伯拉罕·马斯洛（Abraham H. Maslow, 1908—1970），美国心理学家，著名的需求层次理论创立者。

障的信息。在低层次需求得到满足之后，人们会提出较高层次的需求。社交需求是人们向外传播信息的一个重要原因，社交需求又叫作“归属和爱的需求”。人是生活在社会中的人，与他人关系的维系不仅关系着人的基本生存需求、安全需求，也在满足人的情感需求。美国学者M. E. Roloff[1]提出了人际传播社会交换论，其认为人际传播是一种交换活动，交换对象为物品、金钱、服务、信息、地位和爱。照此观点，两个人之间的社交其实就是交换、共享信息满足归属和爱的需求。除了社交需求外，“尊重”和“自我实现”的需要也是人际传播的一个原因。人们为满足这些需求，就需要自我认知和相互认知，而这些认知就是建立在社会环境中，通过与他人的互动实现的。美国学者C. H. Cooley提出了“镜中我”的概念，即人们通过其他人对自己的评价、认知来想象构建自我，显然此时构建自我需要与他人交流方能获得必要的信息。基于此，人们需要在社交活动中共享信息，建立沟通，满足自身的需求。

基于Maslow的需求理论和Roloff的社会交换论，中国传媒大学胡正荣老师等人就人际传播的动机做了总结，即认识自我，建立人际关系，掌握周围情况、获取信息以及情感沟通。不过，生活是复杂的，人传播消息的动机也是复杂的，上述总结也不能涵盖异常动机，特别是涉及流言制造者时，其动机往往比较特殊，这需要具体问题具体分析。

2.3.3 群体传播

顾名思义，群体传播是指信息在群体中传播、互动，人际传播是指两个人之间的传播，群体传播则是信息在一个群体中流动。人际传播并不必然导致群体传播，有些信息由于无人感兴趣等原因只在两个或少数几个人之间交流，但有些信息则随着其扩散、嬗变为群体传播。本节首先给出群体的定义，然后介绍学界对其传播行为和特征的研究情况。

群体是人类社会性的体现，其含义十分广泛。Cooley从社会学角度将群体划分为初级群体（首属群体）、参考群体和偶然群体。初级群体指以亲密面对面结合、联合和合作为特征的群体，其特征体现在规模小、互动性强、成员互动在时间上具有持久和稳定性，典型的代表就是家庭。参考群体指个体虽然不属于某一

[1] 迈克尔·罗洛夫（Michael E. Roloff），美国传播学者，美国西北大学传播学教授。

群体，但却以该群体的标准评价和要求自己，此时该群体被称作“参考群体”。偶然群体是指由于某一共同关注或某一共同利益偶然聚合在一起的群体，群体成员之间可能互不认识，也未必在所有利益诉求上一致，更无统一组织，只是因为某一特定关注或利益聚合在一起，形成群体。这类群体由于事先无组织、无特征，平时很难观测到，在面临某一问题时，特别是社会突发事件时，却临时聚集起来，这很容易对决策者形成舆论压力，甚至酿成群体性事件，对社会稳定造成一定影响。群体传播主要是研究偶然群体中的传播，它是维系该群体存在的重要机制。

个人为何要加入群体？中国人民大学郭庆光老师认为群体对个体成员具有重要意义：第一，群体可以满足个人需求，“人多力量大”，影响也大，个人诉求可以借助群体的力量得以满足。第二，群体可以为个体提供信息来源和社会安全感，由于个人的信源是有限的，且群体成员都有着相同的诉求和共同利益，群体的相关信源要比个人信源多得多，此外，从众心理也使个体成员具有更多安全感。第三，群体为个体提供了个人表现的舞台，为“自我实现”提供了更有效的手段。群体传播是比人际传播范围更大的传播，更能满足一些人“自我实现”等较高层次的需求。

偶然群体是一个非组织化、非正式的团体，群体传播“将共同目标和协作意愿加以连接和实现”，从而形成“群体意识和群体结构”，维系着群体生存和发展。群体意识是群体成员共有的意识，其包含群体目标、群体感情和归属意识等。群体信息的流量和流向对其形态具有重要作用，信息流量大、群体成员互动和交流充分，群体目标和群体规范的合意性越高；群体信息流向越倾向于互动，则民主讨论成分越多，而越倾向于从少数人（如群主、知名博主）向多数人单向流动，这些少数信源的影响力就越大。需要指出的是，群体意识是基于自愿而非强制，是心理认同而非规则强制实现的结果；不同群体心理认同不同，其稳定性也不同。

群体内部的传播活动会使传播者和受众感受到群体压力。群体压力是指“群体中多数的意见会对成员个人意见或少数派意见产生压力”。关于此，美国社会心理学家K. Lewin[1]将物理学中“场”的概念移植到传播学、社会心理学领域。物理学中“场”具有弥散特征并对“场”中的某些物体具有某种作用，以电场为

[1] 库尔特·卢因（Kurt Z. Lewin, 1890—1947），美国心理学家，现代社会心理学、组织心理学和应用心理学创始人，群体动力学研究的开创者。

例，其弥散在空间中无法触摸却对带电物体有力的作用。群体讨论的氛围、群体领袖的意见甚至一些投票的结果都会对其成员，特别是不甚了解情况缺乏主见的成员产生影响，左右其观点、决策。由于缺乏组织性，群体活动一般是以“少数服从多数”为原则的。生活经验告诉我们，一般情况下多数人的决策安全性高于少数人，基于此，个体一般会对多数人的意见持信任态度，郭建光老师称为“信息压力”。此外，人也有趋同心理，他们希望与群体意见保持一致，以免被排挤、孤立。在网络时代，由于人们多是通过网络交流，群体的“多数意见”未必是群体中真正多数人的意见，或许仅仅是未删帖子的多数意见，即一人可能以不同角色发布多个帖子，也可能有意控制帖子的类型，将不同意见的帖子有选择地删掉，但其营造的“场”（氛围）会左右网络群体中个体的观点。群体领袖的意见在一些群体中也会影响其个体，此处所说的群体领袖是指群体中被认为有权威的人士。这种群体就是因关注这些群体领袖而形成的，对他们观点的信赖是维系这类群体存在的心理纽带，此时群体领袖的意见会起到一般群体中“多数人意见”的作用，形成对个体和少数意见的群体压力。

群体传播有时会导致群体事件的发生，这类事件在一些学者看来属于集合行为，是一种非正常的群体行为。集合行为的发生有三个必要条件，即结构性压力、触发性事件以及流言横行导致正常社会传播功能减弱等。结构性压力指社会环境让人们普遍存在焦虑、不安、不满等情绪。触发性事件是集合行为发生的导火索，在结构性压力的大环境下，突发事件往往会让群体行为爆发。社会传播功能减弱，人们普遍不相信官方渠道的传播，而选择相信流言，相关信息在流言助推下的嬗变、异化，更加剧了人们负面情绪的积累，最终导致群体事件爆发。

集合行为中的群体传播机制具有特殊性，此时其传播不仅有信息内容的传播，也有情绪情感的传播。群体暗示和群体感染是上述传播的主要机制。暗示是一种间接传递信息的方式，需要信宿（受众）对信源发出的信息进行解码方能理解其中含义。在正常环境中，人们会通过理性思考判断这些暗示是否合理，但此时群体暗示形成的氛围使人们判断力下降，有时甚至丧失理性，盲目相信所传递的信息。群体感染是指在暗示机制的作用下，情绪、行为或观念等以异常速度在人群中蔓延。除此之外，群体事件中的“匿名性”（因为往往是一群人在行动，现有技术很难掌握某个人的行为）和“法不责众”的心理也会加剧其中非理性行为的发生。

集合行为的主要信息来源便是流言。美国心理学家G. Allport[1]认为，在一个社会中流言的通量（R）与问题重要性（i）和所涉证据暧昧程度（a）成正比：

$$R=i \times a \tag{2-2}$$

式中：R为借用的物理学等自然科学的概念，此处指单位时间内传播的流言数量。

问题重要性是针对受众而言的，越是与其利益相关、符合其兴趣的信息越重要，而所涉证据暧昧程度是指证据的不确定性，如果现有信息无法消除其不确定性，人们便会找其他信息。在集合行为要发生和发生时，由于群体暗示和群体感染的机制，情绪和情感使流言呈现快速增加的态势。此外，受群体中“匿名性”的影响，人们会认为不必为其所传播的信息负责，于是在非理性情绪等情况影响下，信息也会发生嬗变，甚至出现“回流”（回到最初发布人那里）现象。除受情绪变化而改造、产生的流言外，此时也会有一些人出于某种目的炮制谣言，混淆事实，挑动情绪，让群体行为变得更加非理性。

2.3.4　组织传播

在社会学领域，“组织”可以被理解为“结构秩序严密的团体”，与一般群体的区别在于，组织存在一个管理主体。组织具有存在专业化部门分工和岗位分工，组织系统存在阶层或等级制的特征。组织传播是以组织为主体的传播活动，和群体传播相似，信息都在人群中传播，但与偶然群体中的传播不同，组织信息传播呈现系统性、结构性等特点。

组织传播分为组织内传播和组织外传播。组织内传播指信息在组织内部的流动，其为协调组织内部运作、维护组织统一的重要手段，与群体传播类似，都在一个群体之中传播，但与偶然群体不同，组织具有高度的稳定性和分工。依据组织行为的需要，信息存在不同的流向，具体可分为从上级到下级（上行）、从下级到上级（下行）以及同级之间（横向）等几种类型。对于一条信息，群体中的成员可以选择不相信，可以提出反驳意见，甚至可以因此退出该群体；但组织内的成员无论相信或不相信，都必须接受该信息。尽管组织也存在退出机制，也可以提出反对意见，但组织内的纪律、规定使这样做的代价要远远高于一般的群体。

上海社科院魏永征老师指出，组织传播以组织的强制力为保证，传播内容、

---

[1] 高尔顿·奥尔波特（Gordon W. Allport, 1897—1967），美国心理学家，人格心理学创始人之一。

信息载体、传播者（信源）和被传播者（信宿）都要符合一定规范。与人际传播不同，组织内即使两人之间谈话也仅仅是作为特定角色进行信息传递，而并非自由地交流。信息在松散的群体中流动时，人们往往会根据自己的理解对信息进行不同的解读，并将它们加入信息中进行再传播。组织内的信息则不然，其传播内容具有严肃性，一般多以公告、通知等书面形式传达，组织内各节点一般仅起到执行或传递的作用，即使加以解读，也是建立在组织目标的基础上解读。换言之，群体传播中信息往往会发生嬗变，而组织内传播信息则不容易发生这种情况。此外，组织内信息传递可以限定范围，比如有些信息只让特定的人知道。组织传播的上述特点都是为了保证组织传播目标的实现。

组织外传播是组织传播的另一方面，指组织与外部的信息交流，分为信息输入和信息输出。信息输入是指组织为实现其目的而从外部收集和处理信息的活动。有些企业或政府机构进行的舆情监测、调研统计等工作就是一种信息输入活动，根据信息收集处理结果，组织管理者依据组织目标制定或调整决策。理论上讲，组织与外部的任何活动都带有信息输出的性质。“桃李不言，下自成蹊”，组织的一些活动虽没有刻意向外传递信息，却可起到传递信息的作用。本书所述的组织信息输出一般指组织有目的的对外信息输出活动，如宣传、展示或谈判中的信息输出，除语言文字外，组织的标识（如企业Logo、旗帜）也是一种信息输出形式。

从数理角度看，信息传播所涉的节点可以看作一个复杂网络。组织的行为都是为了组织目标的实现，体现了组织整体的意志（一般以组织内“管理者”为主）。在组织的活动中，其成员以组织内身份进行的行为只是组织整体行为的一部分。组织外传播所传递的信息及对接收信息的反应也是以组织形式整体呈现的，因此，在传播网络中，与以个人身份参与的人一样，组织作为一个整体本质上也是网络的一个节点。与个人节点相比，第一，这类节点影响力大，由于所占资源多、传播专业性强，无论是内容还是传播方式上，组织类节点都远强于个人节点；在传播网络中，这类节点的邻接节点一般也远高于个人节点，故其所发布信息的传播力度要远高于个人节点。第二，这类节点对所发出信息的修饰和所接收信息的加工和反馈都有很强的目的性，而个人节点所发信息尽管有时候有一定目的，但受情绪、知识经验积累和周围环境影响，所反馈信息很多时候也带有一定随意性。第三,一些以机构名义的节点较个人具有更高的权威性和专业性，如国家卫生健康委以官方账号所发布的信息较一般医护人员的个人账号发布的信息具有更高的权威性，更容易被受众接受。

在前互联网时代，只有掌握或租用了报纸、广播和电视等传媒的组织才能够将自己的信息发出，并且还会受到审核；一般的组织只能通过办会、贴海报、发广告等形式对外宣传自己。因此组织传播所造成的后果可控。而现在，如同个人节点一样，组织节点同样可以相对自由地在网络上宣传自己的观点，同时高度的专业化使组织节点可以在网络上更有效地传递信息。

组织和一般群体之间可以相互转化。一般群体成员由于某一爱好或某种诉求联系在一起，如果出现结构和分工，其便具有了组织特征，如朋友间合伙开公司，球迷们成立球迷协会等。反之，组织由于某种原因解散，但其成员因背景相似或诉求相同仍可形成松散的群体，如同学群，尽管毕业后班级这一组织解散，但成员由于相同的教育经历仍然在一起联系。

组织传播、群体传播之间也可以转化。当一般群体有了一定组织性之后，其传播便带有组织传播性质；当组织被解散后，其留下的沟通工具变成了信息群体传播的平台。在自媒体时代，群体传播中的一些节点可能是有组织的，甚至是个人节点转化的。比如，个人单独运营的自媒体账号在有了合伙人之后，便有了一定的组织性，此时其向外的信息传递就变成了组织外传播。有些组织还具有临时性质，如个人临时雇佣“水军”对自己的网店进行宣传，这种集体行为显然与群体传播中的无组织性有明显区别，但其稳定性显然不如长期正规存在的组织。如前所述，此时的信息传播对于一般的网上个体而言类似于群体传播，因为该个体节点认为其他节点和其一样都是自由自愿发表意见的，“水军”形成的群体压力对一般个体会发挥作用。如果有个别组织出于某种目的炮制谣言，则由于传播专业性、组织分工性强等原因，其造成的危害要远远强于个体节点，专业性“水军”形成的所谓舆论压力甚至可能对决策者造成影响。

2.3.5 大众传播

互联网时代以前，大众传播是最主要的一种传播方式，正是报纸、广播、电视等传播媒介的出现，以及大众传播的广泛普及才促使了现代传播学的诞生。大众传播也是现代传播学最主要的研究内容。从大众传播的定义、特征，到传播者、受众及其依赖的传播媒介，都是传播学研究的重点。大众传播是职业机构通过专业技术和产业化手段以社会大众为传播对象进行的大规模信息生产和传播活动。广义的大众传播应当包括电影制作、出版等文化活动，本书所重点探讨的大众传播指的是新闻传播机构进行的传播活动。

与其他传播类型相比，大众传播需要记者、编辑等专业化的工作者和先进的技术手段，在一些存在新闻传播特许经营的地方，大众传播机构还拥有新闻发布和传播的特许经营权（这一般是自媒体、个人所不具备的）。大众传媒机构成立的目的就是传播，这与非职业化的组织传播有明显区别，其在传播上的专业性更强。一般组织的传播活动可能只是为了宣传组织本身，并非以此为经营主业，而大众传播行为则是连续不断的，其所传播的信息对大众传播机构而言不仅是一种文化，也是一种商品，以传播为其主业。大众传播的受众范围很广，可以跨越地域和阶层，受众既是所传播信息的信宿，也是传播机构的客户，是其生存的保障。传播机构必须受到受众的欢迎和信赖，方能生存和发展。

大众传播的信息传递路径是“一对多”，其属于单向性很强的传播活动，一般受众的反馈是零散的、间接的，时效性差，有时甚至需要传媒机构专门调研才能获得反馈信息。大众传播受众的广泛性、传播机构的职业性等特征使其在社会上具有广泛影响力，特别是在前互联网时代，只有职业化的传播机构才能将信息快速、准确地传向整个社会。正因如此，大众传播受制度约束。技术的先进性、人员的职业化、组织的专业化、受众的广泛性以及制度化的约束，是大众传播有别于其他传播方式的主要特征。前四者使大众传媒的影响力远远高于其他传播方式，而制度化的约束则使大众传媒更好地维护其所在社会的社会制度。

不同的社会制度对大众传媒机构的约束机制也不尽相同。本书旨在探讨不同约束下大众传媒机构（媒介）的行为，为分析互联网时代流言的产生和传播打下基础。首先介绍“自由主义媒介规范理论”，该理论反映了资产阶级自由主义观点，其认为人人有出版自由且无须特别许可，媒体有权批评政府和官员（人身攻击除外），新闻出版不应接受第三方审查、出版内容不能受到强制以及在涉及观点、意见等问题上，“真理”和“谬误”的传播必须同时得到保障。在所谓“出版自由”的原则下，当前西方发达国家的媒介机构多为市场化的私营机构，尽管会存在政府的审查（一般为涉及国家安全的内容），但更多管理为事后监管，这给了媒介机构传播报道很大的自由度。需要说明的是，资本主义国家这种对待大众传媒的态度是和资产阶级的利益相吻合的，其所谓的“新闻自由”“出版自由”保障的不是最广大人民的根本利益，而是在维护资产阶级特别是垄断资产阶级的整体利益。因此为了维护资产阶级整体利益，现在西方国家一般不对传媒机构进行过多管制。

除涉及国家安全、个人隐私等法律法规方面的制约外，“社会责任理论”“受众参与理论”也相继出现，从而为“媒体自律”提供理论依据。媒体在享受自由权利的同时应当对社会履行相应的义务，社会责任理论要求媒体所传递的信息应该符合真实、客观、公正等专业标准，媒体必须在法律和道德范围内自我约束。“受众参与理论”又称“民主参与理论”，其认为弱势群体也有知情权、传播权以及对媒体的使用权等，媒体应当为弱势群体提供服务，此处的“弱势”是相对于垄断性大媒体而言。该理论的核心观点为多元、双向互动、传播关系的平等性。

上述各理论的提出与社会环境的变化密切相关。在资产阶级革命和自由资本主义时代，媒体机构一般都比较弱小，整个传媒行业还处于发展阶段，此时提出的“自由主义媒介规范理论”减少了媒体运营的限制，有助于该行业的发展。随着广播电视及高速印刷技术的进步和垄断性传媒机构的形成，普通人和中小企业难以再介入传媒行业，利润、个人好恶等因素可能使这些传媒机构传播的信息不利于社会稳定，于是“社会责任理论”相应诞生，为媒体机构的自我约束和立法机构的立法提供了理论依据。随着技术的进一步发展，广播、电视和印刷技术的成本也可为普通中小企业承担，互联网技术的出现和发展使中小型组织甚至个人也能够参与到大众传播中来，于是“民主参与理论”相应诞生。

在我国，大众传播活动必须与社会主义制度相适应。新闻传播事业必须由中国共产党领导，新闻传播媒体机构必须体现党性原则。长期以来，我国的大众传播事业，特别是新闻传播事业实行社会主义公有制，以确保人民掌握传播媒介和传播资源。我国的公立传媒机构在人民心中是权威信息的象征，具有极高的信誉。

1978年，传媒机构开始以“事业单位，企业化管理”的运营方式开展活动，在保持事业单位属性、宣传功能不变的情况下，在经济体制上实行自负盈亏的企业化运作，追求经济和宣传的二元目标。此时传媒机构就有了双重身份，一方面是“党和人民的喉舌”，另一方面是市场主体。随着改革开放的深入，传媒机构开始将“采编”和“经营”分开，前者保持事业单位属性，负责内容采编；后者则按市场要求组成企业。20世纪90年代后，随着社会主义市场经济的建立，一些传媒机构开始集团化运作，广州报业集团、光明报业集团等传媒集团应运而生。2001年，《关于深化新闻出版广播影视业改革的若干意见》发布，提出以资本和业务为纽带组建跨区域的传媒集团，并允许这些集团在系统内部以股份等形式融资。2003年，文化企业和文化事业分离改革试点，在国有事业单位体制下，将经营性产业改造成企业，并试点下属子报等有选择地转制为企业，一些专业类报刊则直接转型为企业。2011年，党的十七届六中全会颁布《中央关于深化文化体制改革若干重大决定》，“鼓励有实力的文化企业跨地区、跨行业、跨所有制兼并重组”。中国特色社会主义建设进入新时代后，传媒体制进一步深化改革，通过进一步兼并重组、资产证券化，一些非公有制资本进入传媒领域。通过人事制度改革，国有传媒机构从“双轨化”逐步过渡到“以岗定人”“按岗定薪”等企业化的人事制度。在社会主义市场经济下，一些传媒集团取得了很大的成功，而一些传媒机构，特别是市县级机构则由于政府补贴的不足、本身运营不善等问题在经济上陷入困境。我国参与市场竞争的媒体在一定程度上都需要引起受众的关注，只有受到足够多的受众喜欢，市场化的媒体机构才能生存下去。

报纸、广播、电视的普及使大众传播成为影响社会的重要媒介，很多学者对其功能进行了研究。美国政治学家、传播学家H. Lasswell长期研究战争期间的宣传工作，第二次世界大战后其总结并指出了传播的三种社会功能，即环境监视（让人了解周围环境，降低不确定性）、社会协调（沟通协调社会各个组成部分）以及社会遗产传承功能（将前人经验和智慧传承下去，在人类社会形成积累和创新）。这其实是一切传播活动的功能，而大众传播表现得更加突出。1959年，美国学者C. Wright[1]在《大众传播：功能的探讨》一书中对Lasswell的“三功能”说法进行了补充，并加入了娱乐功能，指出大众传播中有相当一部分内容是为了满足人类精神需要。Schramm总结了Wright和Lasswell等人的观点，将上述功能重新划分为政治功能、一般社会功能，并加入了传播的经济功能。Schramm指出，在政治领域，监视、协调和社会遗产传承功能可以具体为收集情报、协调（解释情报，制定、宣传、执行政策）、传承法律习俗等功能；在经济领域，上述功能可以具体为提供经济资讯（广告）、解释资讯、制订并执行相应计划；在一般社会功能方面，其表现为传递社会规范、协调公众意愿，以及社会规范和角色的传承，同时还提供娱乐休闲功能。胡正荣老师在上述学者的基础上，对大众传播的一般功能进行了以下总结。

第一，传递信息。大众传媒起到了“社会雷达”的作用，对外寻求和发布资讯，而受众则接收这些资讯，以消除周围环境或其关心事件的不确定性。大众传

[1] 查尔斯·赖特（Charles R. Wright, 1927—2017），美国新闻传播学者，大众传媒功能学说研究者。

媒通过该功能不仅能够在政治上实现宣传效果，在经济上也可通过发布广告、解读相关经济信息来获取收益。

第二，引导舆论。大众传媒通过其强大的信息加工和传播能力在社会上形成合力，宣传和解释事件、观点和政策，形成舆论引导。在政治层面，很多政策的执行需要民众的理解和支持，在经济层面，舆论引导对于企业具有非常重要的意义。如果舆论主张某企业产品非常有效，则该企业可能将获取大量利润。

第三，教育大众。Schramm将该用途称为“传授”，教师传授知识、书籍传播知识都具有教育的色彩。一部分专业的传媒机构也在做这方面事情，比如各种专业化的学术类报纸杂志（如物理学报、新闻学报等），其主要目的为传递知识；英国广播公司BBC的每日英语听力，对外传授英语知识；中央电视台（CCTV）的纪录片频道，向大家介绍自然、历史等知识。2003年“非典”期间，一些电视台开播“空中课堂”，更是在紧急时期起到了教育的作用。

第四，娱乐功能。大众传媒在娱乐方面的投入巨大，娱乐可以为传媒吸引大量受众。20世纪50年代的香港报纸，如《明报》等，大多会连载一些武侠小说，借以吸引读者，扩大报纸销量。娱乐也是广播电视传媒的重要内容，评书、电视剧的播放都在实现着传媒的娱乐功能。Schramm在发现美国商业电视、广播、报纸、杂志几乎都在提供娱乐信息后，指出上述大众传媒的目的是让人愉悦而非启迪教化。他还引述英国学者W. Stephenson[1]的论述，指出大众传媒存在泛娱乐化倾向。在激烈的市场竞争中，大众传媒的泛娱乐化几乎是必然的，“曲高和寡”、过于严肃的传媒难以获得社会绝大多数受众的欢迎，从心理上讲，很多人都希望有更多时间休息娱乐，在追求利润和宣传效果的情况下，传媒也希望自己的受众越多越好，于是相当一部分传媒机构在传播内容和方式上更加娱乐化。

电视、广播等传媒节目丰富多彩的形式以及传播的便利性，使肤浅化、娱乐化的信息泛滥，人们日益沉浸其中。这类负面作用被P. Lazarsfeld[2]、R. Merton[3]等学者称为“麻醉作用”，形象地描述了在娱乐化影响下，人们沉溺于表层、娱乐化信息中而失去社会行动力，只满足于被动知识积累的情形。这种情形在网络时

[1] 威廉·斯蒂芬森（William Stephenson, 1902—1989），英国心理学家、物理学家，以研究Q方法而闻名，先后入职芝加哥大学、密苏里大学，其著作*Play Theory of Mass Communications*指出了大众传媒的娱乐化功能。

[2] 保罗·拉扎斯菲尔德（Paul F. Lazarsfeld, 1901—1976），博士论文涉及爱因斯坦相对论，博士毕业后逐步将其兴趣转向社会学领域，20世纪30年代赴美，为著名实证社会学家。

[3] 罗伯特·莫顿（Robert K. Merton, 1910—2003），被誉为现代社会学奠基人之一。

代尤甚。

大众传媒的泛娱乐化倾向使某些媒体所传递信息的真实性被大打折扣，并且这种情况也广为大众所知，但即便如此，在市场竞争中，这些媒体依然可以生存发展。以足球领域为例，在涉及球员转会、续约等问题时，英国媒体《太阳报》经常给出一些“据说”“据传”等捕风捉影的信息，而且之后的事态发展多证明这些猜测是不对的。然而，人们仍然对《太阳报》青睐有加，因为这些信息可以成为球迷茶余饭后的谈资，起到了愉悦身心的作用。

需要说明的是，传播的上述功能并不是单一的，在进行教育时也可以加入一些幽默风趣的内容，同时起到娱乐的作用，比如中央电视台的《诗词大会》《百家讲坛》，将文化、历史等内容和娱乐休闲性形式结合，起到了很好的传播效果；在影视作品或文学作品中植入广告，既起到了娱乐作用，又可将经济信息向外传递。如前所述，娱乐化信息是很吸引受众的，于是在市场竞争中，大众传媒向泛娱乐化发展。除此之外，教育类内容也可以和思想性内容结合，比如一些革命文学作品，在教育群众的同时也起到了宣传革命思想的作用。一些传媒机构在对待新闻信息的时候也会有所取舍和编排，在传递信息的同时，也可起到引领舆论的作用。传媒机构实现这些功能的一个关键在于如何取舍、整合所收集到的信息，下节将对大众传播的“把关人”模式进行探讨。

2.3.6 大众传播的“把关人”模式

媒介机构会接收到大量信息，但由于资源以及制度、价值观等因素的限制，不是所有信息都会发出的。有些媒体在报道严肃信息时会淡化其娱乐性，而有些媒体就很少报道“据说”“据传”等未经证实的信息。比如英国广播公司BBC在涉及球员转会、续约等问题时就依据“可信”的信息来源，其报道的相关消息基本可以认为是准确的，这与《太阳报》等媒体形成了明显对比。大众传播需要对其接收的信息并选择合适的内容和播出方式。C. Lewin提出了信息流动过程中的“把关人”（Gatekeeper）概念，即信息在传播过程中会经过各种“关卡”，“把关人”会根据法律法规、习俗、媒体性质以及个人意见决定这些信息是否可以进一步传播以及传播的形式、内容等。Lewin的学生D. Wright将把关人的概念进一步引入新闻传播领域，指出只有被把关人选中的新闻才能被受众所知。美国学者J. McNelly对其进行了进一步修正，指出信息不止一次经过把关人才到受众，而且把关人对信息并不是简单取舍而是经过了修改，最后，当新闻到达受众后，受众再次传播时也会对其进行取舍修改，即受众会再次扮演把关人角色。不同性质的媒介机构，对把关人的具体要求也不同。

对于学术类期刊而言，其编辑、审稿人就是把关人，他们根据期刊的主题、学术的道德规范要求、文章的真实性和创新性等决定其是否发表，以及修改到何种程度才能发表，在发表前，美工、编辑还有可能对文章格式进行微调，使之更符合期刊要求。正是这种严谨的工作使学术类期刊具有很高的权威性。在突发公共卫生事件中，会有各种各样的流言产生，判断其是否符合事实的一个标准就是看其内容是否在权威学术类期刊上发表。不过也正是因为学术类期刊对“把关人”要求较高，其所发表的内容大多也是为了同行之间的交流，缺乏专业背景的人士可能不注意也看不懂这些内容，一些断章取义式的解读可能也会成为某些流言的来源。

对于专业新闻传播机构而言，其编辑、记者等就是把关人。由于不同媒体的定位不同，对消息的取舍修改标准也不同。美国学者W. Gieber发现，是传播机构的规章制度而并非编辑、记者等人的个人意见在新闻信息取舍修改时起主要作用。J. Galtung、M. Ruge等人则将取舍标准聚焦在“新闻价值”上，并将取舍因素总结为时间跨度、重要性、明晰度、文化相关性、一致性、奇特性、连续性、总体报道平衡性以及社会价值观这九种类型。越出乎意料、越新奇的消息就越具有新闻价值，越能吸引受众的关注，这些因素也体现了社会环境对把关人决策的影响。除上述因素外，经济等因素也有重要影响。

美国传播学家M. DeFleur将大众传播当作一个整体，放在社会系统中进行分析。不同层次受众的反应反映了传播效果，也直接或间接影响了媒介传播内容和方式。媒介系统需要广告、订阅量来保证收入，这需要其所传播信息的内容和形式能满足中上阶层需求，因为这种阶层有消费能力和潜在消费意愿。媒介系统也需要满足文化程度、收入不高的中低阶层需求，尽管这种阶层很难直接给媒介系统带来收益，但其人口众多，形成的舆论力量能够使其他社会系统成员给媒体带来压力。此外，社会风俗习惯、文化价值取向（这些也多取决于人口众多的中低阶层）、政治权力要求等因素都会影响媒介系统对把关人的抉择。

总之，把关人必须遵从传媒机构自身要求和发展策略，从政治权力要求、社会风俗习惯、文化价值取向出发，认真分析受众的偏好和行为，仔细对比不同信息内容，做出取舍修改，编排传播形式，使传媒机构的利益最大化。

我国出版行业实行三审三校的审校制度，即出版单位在内容编辑环节履行初审、复审和终审三道程序，并由专职校对人员专业校对不低于三个校次，以保证选题内容符合政策法规、舆论导向和出版规范。网络信息发布也有类似规定，人民日报社等主流传播机构在网络、纸媒等全媒体平台均落实审校制度；一些政府机关也制定了政府、政务公开信息发布三审三校等制度，要求相关信息“审后再发”，确保发布信息准确、严肃、及时和权威。对于网络媒体也有类似制度，国家制定了《中华人民共和国网络安全法》等法律，国家互联网信息办公室等管理机构发布《互联网群组信息服务管理规定》《互联网跟帖评论服务管理规定》相关规范，自媒体运营平台也有社区公约，来规范互联网信息的发布，但这类规定多适用于事后监管，有时会让相关信息流入公有行业，具体影响将在下文中详细讨论。

三审三校制度保证了发布信息的权威性，但可能会因为审校人员个人因素、审校具体制度和审校时间等影响，主流媒体在应对某些事件，特别是突发事件时，偶尔会发布的信息不够及时准确，这或许会导致流言的产生和传播。若编审校核或者更高层级的把关人站位不高、意识不强、业务水平较差，则主流媒体依然可能缺位（特别是在突发事件中），甚至传递误导性信息。需要说明的是，这只是在学术上进行的假设性探讨。另需说明的是，经过二十年的发展，特别是进入新时代之后，我国主流传媒在党中央的领导下，有效履行了使命，维护了党和政府的形象和自身的权威性。

2.3.7 网络传播

网络传播是网络普及之后出现的一种与传统传播方式有明显区别的新型传播方式。传播与社会关系具有同构性质，生产力一定要有合适的生产关系与之适应。计算机网络的发展使传播形态也发生了变化，各种媒体平台不断涌现，快速发展的网络社交形态给人们提供了更便利的传播方式，足不出户便可将信息发往世界各地，也可以很便捷地接受来自世界各地的信息。电子计算机、智能手机、网络通信技术的发展也使网络通信成本迅速降低。

中国互联网络信息中心发布的报告显示，截至2022年6月，中国网民规模为10.51亿，互联网普及率为74.4%，人均上网时长29.5小时/周，手机上网占比为99.6%；短视频、即时通信、网络新闻、网络直播的用户规模分别为9.62亿、

10.27亿、7.88亿、7.16亿。上述资料表明，互联网在中国已十分普及，手机上网远远超过台式机等上网方式，其便利性使人们能够随时随地上网，而无须特别准备专用的上网工具。一些研究网络传播的成果从早期数据出发，认为“中国互联网用户大多数仍然生活在城市里”“计算机普及率有南北和东西的差距”“上网用户多是年轻人”。现在的统计数据表明互联网用户已然没有太大的地域差别（中国城市化率超过70%，当然上网用户也是城市多），手机及应用软件的用户友好性使早期计算机上网的技术壁垒几乎消除。网络传播的受众是绝大部分成年人，并且分布在社会各个阶层，而并非年轻人、城市人群的专属。网络用户除受众的角色外，也几乎都可以传播者的身份存在，因为即使是一个文化程度较低的人，也可以很方便地使用短视频、即时通信等相关软件，接收并对外发布信息。网络用户的这一特点使网络传播具有从自我传播、人际传播、群体传播到组织传播、大众传播的特征。

网络上查找资料十分便捷，而且近些年发展的人工智能（AI）等相关技术和应用的便捷性如同传统工具一样，让人们的思考、记忆范围最大限度地扩展。Mead认为“思维无非是推理的过程”，是“主我”和“客我”之间的对话，网络为这种“对话”提供了大量的“经验和知识积累”。与网络出现之前的读书和写日记一样，上网查询资料的过程会加深自我认知。除此之外，随着人工智能技术的发展，聊天工具更让“主我”和“客我”的对话具象化。这时对网络的利用其实是自我传播过程中对工具的应用，此时的网络传播带有自我传播的特征。值得一提的是，网络知识探寻的便利性和信息定向投送的相关算法有时可能会让固有的想法变得更加偏执。大连大学陆雪等人指出微博用户存在“信息茧房”效应，即用户只会接收他们喜欢的信息，长此以往，会让其本身拘束于茧房内一样。陆雪等人发现微博运营方会根据个人兴趣和态度定向推送信息，获得信息具有高度同质化。这种情况下产生的协同效应，让个体对输入信息的加工更加偏执化，认知也可能出现极端化。

网络通信也使网络传播具有人际传播、群体传播和组织传播的特点。前网络时代的人际传播只能通过口口相传或通信、电话等方式实现，而网络拓展了人际交流方式，无论多远，网络即时通信软件可以让信息迅速传播开来。中国网民人均上网时长达29.5小时/周，这表明网络在相当一部分中国人日常社交活动中已占据主要地位。现实社会已经在某种程度上“复刻”到了网上，网络的群组功能可让具有相同诉求的人聚集在一起。网络出现前的群体传播还带有地域特征，因为通信条件的限制，不在一地的人很难聚合在一起，即使在一地，没有大规模广播、布告或长期的酝酿，大家也很难形成一个偶然群体。网络的超地域特征可使群体传播呈现超地域性的特征，定向投送算法、搜索功能也使用户很容易发现志同道合的人，这都使群体传播在网络时代变得更加容易，人们也更容易受到网络群体所形成的群体压力。网络传播也使组织传播脱离前网络时代的实体特征、地域特征，组织内传播变得更加隐蔽，很多时候组织成员相互之间甚至没见过面，但网络将其联系在一起，并且可以按各自不同的分工在组织内活动。不过由于和实体的组织（一般需要经过有关部门备案）有区别，这类传播的内容一般不如传统组织内传播的严肃性强，而且对于其传播信息的把控也不如传统组织把控性好。

网络传播在很多方面也符合大众传播的定义。从传播范围看，网络的普及性使网络传播受众范围基本覆盖社会各阶层中的大部分人士，网络传播的传播对象可以是社会大众。从职业化角度来看，当前已经有一些以直播、网络新闻、短视频博主等为职业的人士，甚至有些网络传播者就是专业化的机构。从技术手段看，原来专业传播机构才有的录像、剪辑等工具已经随着技术的发展变得十分平价和便捷，有时只需较少的费用便可购买到类似服务，这些都让网络传播者可以提供内容、形式不亚于专业传播机构的传播材料。综上，一些网络传播形式完全符合大众传播的定义。正因如此，有关大众传播内容、受众、传播者的传播理论在原则上也应该适用于网络传播。现在网络传播从业人员收入的主要方式是通过其传播内容吸引受众，或者通过付费传播、打赏等方式获取利益，或者在有大量受众的情况下通过广告、流量分成等形式获得收入。无论哪种方式，传播内容即商品，传播内容和实行必须贴合受众需要才能生存和发展。这种盈利模式与传统大众传媒机构是类似的。

网络便捷的交流沟通了不同地域、不同阶层的人群，它的出现和普及让信息交流跨越时空，足不出户便可了解各种各样的信息，享受到以前无法想象的服务。网络传播的便捷性、广泛连通性等特征，使传统媒介的功能不断增强。

第一，传播信息功能。网络传播方式已经取代了传统大众传媒方式的“社会雷达”作用，一些网络传播机构和个人通过网络发布资讯供人们了解。比传统大众传播更具有优势的是，网络发布和接收信息可以具有即时性和社区性质，更贴合人们的需求，这是电视、广播、报纸等传统媒体所不具备的，人们可以随身携带一个随时提供或查询更新消息的手机，却不会带着一个电视或者一份报纸。正是由于网络传播信息的便利性和多样性，一大批网络科技公司得以诞生和发展。当前，足不出户便可享受到快递、外卖等各种服务，这种信息收集和传递是传统传播方式难以拥有的。自媒体平台和搜索热词也可以为相关机构提供当前社会的热点信息，甚至比原来的线下调查更准确，因为网络覆盖了大部分人。

第二，网络的舆论引导功能。传媒机构可以根据网络的热点信息做好舆论引导工作，但如前所述，由于网络的便利性和低门槛的特点，专业传媒机构的角色更多地被“网络大V”（拥有非常多“粉丝”的账号）扮演。网络大V可通过制造或有选择性地转发一些信息来制造热议引导舆论。当前相当一部分网民通过网络热搜来寻找当前舆论热点，有关机构和自媒体平台可以依法依规采取措施，比如将流言信息及相关讨论话题撤出“热搜榜”，从而控制负面舆情传播。另外，也可采取“置顶”等方式，将正能量信息放在热搜榜前列，对舆论进行引导。

第三，网络的教育功能。付费的线上教育早已形成产业链。传统的专业学术类报刊也均开辟网络版，可以说最新的科技信息是通过网络而非其他途径传播，网络授课如今已成为居家学习的必备手段。在社交媒体上，也有不少教程、录像等资料可以用于技能培训、课程教学。例如，中共中央宣传部开发了一款名为“学习强国”的手机软件，供广大党员群众学习党中央的政策。

第四，网络的娱乐功能。当前网络的一个重要功能就是休闲娱乐，从网络游戏到视听节目，从小说故事到体育文艺，网络的这种功能让人身心愉悦。如前所述，市场化竞争的网络传播机构和个人所面临的环境其实和若干年前商业化大众传媒机构类似，甚至还没有后者的技术壁垒，所以为追求利润和传播效果，网络传播在其诞生之初就有“泛娱乐化”倾向。

综上所述，网络传播不仅在形式上涵盖了传统的传播方式，而且功能上也可以实现传统传播的功能。广泛的参与、便捷的应用、实时有效的互动、丰富有趣的内容等特征让网络传播成为当前最重要的传播方式。

网络的诞生和普及给人们生活带来了极大的方便，但其负面影响也不容忽视。网络传播之所以会有较强负面作用，一个重要原因是网络传播缺乏传统媒体机构的制度约束和规范，也缺乏传统大众传媒完善的“把关人”制度。网络传播进入门槛极低，而以此为生的人员、机构面临的市场压力又比较大，为保证关注度，其传播内容不仅更加泛娱乐化、肤浅化，有时甚至断章取义以“标题党”的形式吸引眼球，而且有些传播内容和形式可能涉及违反法律法规和公序良俗。尽管网络传播平台和监管机构会有一些限制，但多为事后监管或由程序根据关键词自动识别，这使一些不良信息以及流言在获得监管前便已通过网络广泛传播。

网络传播与传统大众传媒的另一个不同点是互动性极强，通过“跟帖”“弹幕”等方式，受众的反馈多数为直接的、实时的，这种反馈可能使网络传播者及时调整其传播策略。而且，网络跟帖和弹幕等方式本身就是一种信息，和原信息一起面向公众传播。诸多信息结合在一起，很有可能构成流言传播的来源。国家互联网信息办公室出台了《互联网跟帖评论服务管理规定》等法规对这些内容进行规范和限制，但互联网的特征使这些规定多用于事后监管，事前设置的一些关键词等措施有时会被谐音、图片等语言或技术手段规避。

网络的这两个特点还使其传播内容呈现出一些新的特征，其中一个便是各种网络语言的出现。当用户发布某个信息被监管警告后，他和其他用户便通过交流把原信息被判别违规的“关键词”换成另一个原本不具备该意义的词。安徽师范大学张梅花对“饭圈”网络用语传播现象进行了研究（其实“饭圈”本身就是网络用语，“饭”对应英文fans），发现有些“圈内人”为了逃避监管、追求心理认同感等因素而使用网络用语。人们在交流的过程中，利用网络的特点，结合当前的环境，也产生了一些新的网络用语或网络热词，如“强国有我”“觉醒年代”等，这些热词反映了人们的家国情怀；还有些用语，如“绝绝子”“浪浪山”也可看作一种幽默的激励。不过由于网络用语的“不规范性”，一旦脱离了具体语境，同一网络用语可能代表不同含义，这种对同一符号的不同理解可能就是流言产生的重要因素。

网络传播中的“把关人”角色弱化、互动性强、便捷性和普及性的特点使其很容易将不同地域具有类似想法的人聚集在网络上，并通过群体压力对他们的想法进行强化。这有群体传播的特点，但其传播范围远超传统的群体传播。有时线上和线下互动，造成的影响更为深远。所谓“数据空洞”，指查询相关信息时无法通过网络搜索无法得到可用信息的现象，当其发生时，流言（包括谣言）等信息便被填补空洞。具体路径包括修改词条内容、利用搜索引擎算法让流言置顶等，这使用户大量接收信息，特别是在突发事件中，由于缺乏更多有效信息和慌张的心理，流言更是得以快速传播。除技术原因外，“物以类聚，人以群分”，网络的互动机制和“信息茧房”效应也强化了其传播。

2.3.8 从McLuhan的技术媒体理论看传播类型

H. M. McLuhan[1]是20世纪最具影响力的媒介理论家之一，他的媒介技术理论对当代媒介研究、文化研究产生了深远的影响。McLuhan提出的媒介技术理论主要包括“媒介即信息”“地球村”“热与冷媒介”等概念。

首先，McLuhan提出的“媒介即信息”理论，认为媒介不仅是传递信息的工具，而且是一种影响和改变人类思维、社会结构和文化的力量。他认为，不同的媒介技术会影响人们的感知和认知方式，进而影响社会的结构和文化的发展。例如，印刷术的出现改变了人们获取信息和传播知识的方式，进而推动了文艺复兴等社会运动的发生，而电视等电子媒介的出现则让人们的感知和思维方式发生了根本性的改变，引起了文化、政治和经济领域的变革。

其次，McLuhan提出的“地球村”概念，强调了电子媒介的全球性和互动性。他认为电子媒介将整个世界联系在了一起，使信息可以快速传播，世界变得更加紧密和互相依存。这种全球性和互动性改变了人们的感知和思维方式，使人们更加注重整体性和联结性，而不是单一的个体。

此外，McLuhan提出了“热与冷媒介”概念，认为不同的媒介技术会呈现不同的感知和认知方式。他将媒介分为“热媒介”和“冷媒介”两种类型。热媒介是指信息密度高、需要较少的参与和互动的媒介，如书籍、报纸等；而冷媒介则是指信息密度低、需要更多的参与和互动的媒介，如电视、电影等。他认为，热媒介可以让人们更加深入地理解信息，但也容易导致信息过于单一和不够互动；而冷媒介则可以促进人们的互动和参与，却也容易导致信息过于零散和分散。

McLuhan的媒介技术理论突出强调了媒介技术对人类社会和文化的深刻影响。他认为媒介技术并不是中性的工具，而是一种有着深刻影响力的文化形态。媒介技术不仅仅是传递信息的工具，更是一种塑造社会认知、思维方式和价值观念的文化力量。通过对不同媒介技术的分析和比较，McLuhan认为，媒介技术对人类文化和社会的影响是客观存在的，并且具有不可替代的重要作用。

McLuhan曾言“媒介是人的延伸”，正是技术的发展使人与人之间的交流方式变得多样，传播类型变得丰富。语言的产生使人和人之间的交流更加精准，能传递更多信息，人际传播才正式发展起来。文字的出现、管理水平的提升则让群

[1] 马歇尔·麦克卢汉（Herbert M. McLuhan, 1911—1980），加拿大哲学家、教育家，现代传播理论的奠基人。麦克卢汉预言了互联网的诞生，提出了“地球村”的概念。

体传播和组织传播成为可能。

McLuhan在其《古腾堡星系》(*The Gutenberg Galaxy*)一书中评价了古腾堡印刷术的发明对社会的影响，他指出“印刷媒介创造了一个感官环境从而导致西方资本主义社会的诞生”。正是因为该技术的产生，作为知识载体的书本变得廉价和方便，知识传播变得迅捷和普遍，新科技和新思想开始诞生和传播。技术的进步使早期以报纸为代表的大众传播成为可能。不仅西方如此，东方亦然，造纸术的发展、雕版印刷术的出现对彻底结束魏晋以来的门阀制度也起到了重要作用，因为知识的传播变得广泛，知识垄断现象得以消除。知识的普及又进一步促使了科技革命，而科技的进一步发展又使广播、电视等电子传媒进入人们的生活。照相、电报、电话、电影技术的出现使人们可以很方便地记录和传播信息，地球上信息的传递变得即时和便捷。

如前所述，网络技术的进步使传统媒体机构的地位有所下降，人和人之间的联系愈加紧密。互联网的出现和普及，使人们从传统的媒介，如报纸、电视等中获得信息的方式发生了根本性的变化。例如，网络传播的多样性、互动性和个性化特征，使信息的传递更加快速和精准。按照McLuhan的“媒介即信息”理论，媒介不仅是信息传递的工具，而且是一种文化形式，它对人们的思考方式、价值观念和生活方式都会产生深刻的影响。同样地，互联网也不仅是一个信息传播的平台，而且是一种媒介文化，它正在改变着人们的生活，如同《古腾堡星系》中对印刷术影响的描述一样，网络传播也正在对社会文化产生影响。网络传播之所以有如此影响，在McLuhan看来就是技术进步的结果，这一结果也正体现了“地球村”的概念。

McLuhan将大众传媒分为“冷媒介”和“热媒介”，这种分类方式有助于区分不同传播形式对人们的影响。除此之外，他还提出了“高清媒介”和“低清媒介”两种传播类型。高清媒介是指那些传递信息时需要投入较高认知和精神能量的媒介，如书籍、报纸等印刷媒介，以及演讲等口头表达媒介。这些媒介具有高度的信息密度和清晰度，能够传达丰富的信息和深入的思想。然而，高清媒介的缺点在于需要读者或听众投入大量精力才能理解和吸收信息。低清媒介则是指那些传递信息时需要较少认知和精神能量的媒介，如电视、广播和流媒体等视听媒介。这些媒介具有低信息密度和清晰度，无法传达复杂的信息和思想。但是，低清媒介具有易于接受和理解的特点，可以迅速地传递信息和影响大众。显然，当前网络影响甚大的微博、短视频等可以分在低清媒介的范畴。

通过对不同传播类型进行分析和比较，McLuhan认为，不同的传播类型对人类社会和文化的影响不同：高清媒介能够激发人们的思考和创造力，促进文化的发展和进步；而低清媒介则具有更强的塑造力，能够快速地传递信息和价值观念，对人类文化和社会产生深远的影响。这些分类提供了一种新的视角和理论框架，对媒介研究具有重要意义。

2.3.9 流言传播的类型——从传播类型视角看流言传播

前文已经描述了不同传播类型下信息的传递方式及其可能的嬗变过程，本节将对其进行总结，并从传播类型的视角看流言的产生、传播以及主流媒体辟谣过程。

如前所述，流言的产生和自我传播有密切关联。当个人接收某个信息时，出于其社会经验、知识积累、个人追求及所处环境，可能对该信息进行解读或重构，在这个再解释、再创造的过程中可能就会产生流言。同时，流言的传播与人际传播有很大关系，某些博主想要“博取关注”这一需求就是产生人际交流的重要心理因素，只是网络使这种传播形式由线下的交流转到了线上。此外，亲朋好友之间出于关心或者闲聊，有时也促使了流言的传播。

流言的传播与群体传播、组织传播密切相关，前文介绍的信息传播机制可以很好地解释谣言为何会广泛传播。某些信息在被网络大V评论、转发后，这些网络大V的粉丝众多，关注到该信息的人也越多。在转发、评论的万余条评论中，来看评论的人其实已经形成了一个松散的群体，前面“一边倒”的评论有时会对后来者形成“群体压力”，使其对信息的怀疑程度降低。在该信息未被辟谣之前，也被一些微信群转发，这类似于组织内传播的形式，其中的讨论也可能使该信息嬗变。

网络时代，有更多的流言传播带有大众传播的色彩。网络大V扮演了大众传媒机构的角色，如前所述，他们当中很多人以获取网络流量为职业。在激烈的竞争中，一些网络大V需要转发或制造话题来维持足够多的人关注。与专业传媒机构不同的是，网络大V缺乏“把关人”所具备的知识和意识，很多大V甚至不加审核，便依照自身喜好进行转发。网络大V之所以被网友信服，除了其观点为其粉丝接受外，在某些方面这些人的确从事过相关工作，比如某位大V自称是“知名法律博主”，其在法律上的造诣可能为他吸引了超200万粉丝，并取得了很多人的信任，而这些人将信息甄别的任务就交给了该大V。这种模式下，若大V转发此类谣言，很容易被粉丝相信并转发，加速谣言传播。

不过在互联网时代，两天时间足以让谣言传遍全国。那相关方面能否快速及时地辟谣，在谣言刚开始传播时便制止？这在组织外传播和现行大众传媒机制下很难。对于一个具有高度权威性的机构而言，真实严谨是其需要考虑的基本原则，其发布的信息必须真实、权威，而真实、权威的信息需要时间来核实，发布的公告需要按程序审核，确保没有纰漏。正因如此，有些谣言很难在其刚开始传播时就辟谣，从而造成其传播。

是否可以通过简化程序对一些看似谣言的消息快速辟谣？这也不妥。不同机构有不同的定位，如前所述的《太阳报》，其在足球转会等方面的报道虽然很快速也并不能保证其真实性（球迷一般也不会认为其是真实的），但起到了娱乐球迷的作用，因此也颇受欢迎。

在我国，新闻传播媒体机构必须体现党性原则，新华社、《人民日报》、中央广播电视总台等主流媒体是党和政府的宣传阵地，也是党和人民的喉舌，在事件不完全明朗时贸然证实或证伪有违新闻传播真实性原则，甚至如果最终事实和原报道不符，则更加有损主流媒体权威性。当政府机关、公立机构、主流媒体的权威性丧失后，再遇到流言，则其所公布的信息不仅不能起到辟谣的作用，反而会加重流言、谣言的传播。此时的情况类似于政治学上所述“Tacitus陷阱”[1]，即当公信力丧失时，无论“权威机构”给出怎样的信息，社会将给予负面评价，这时不仅流言、谣言广泛传播，甚至可能发生集会行为，影响国家安全和社会稳定。总之，权威机构和主流媒体发布信息时必须将其真实性放在首位，并保证其不会被误读，所以这些机构发布信息时需要严谨负责的把关人和三审三校等完善的流程制度。

需要说明的是，上述谣言的发布、流传和辟谣几乎都是在网络完成的，即使是专业媒体也要通过其在网络平台的官方账号发布相关信息。这说明网络传播已经深入社会各个角落，未来对信息传播机制的分析必然是对网络传播的分析，且自我传播、人际传播中的心理因素以及道德法律意识也不可忽视。

在谣言传播过程中，受众的知识水平和所处社会环境也起到了推波助澜的作用。因此遏制谣言传播需要提高网民的知识水平、道德法律意识。不过，正如

[1] 塔西佗（Tacitus）陷阱，政治学术语，古罗马历史学家塔西佗在其著作《历史》中评论罗马皇帝加尔巴指出，“当统治者不受欢迎时，无论其行为是好或坏，都会引起人们厌恶”，后人将其引申为“塔西佗陷阱”，来描述机构失去公信力时社会对其行为的看法。

McLuhan理论所描述的那样，微博、短视频等网络传播形式很符合“低清媒介”的定义，人们很难对这类信息进行更深一步的思考。术业有专攻，多数群众还是将判断流言是否准确的任务交给他们所信赖的机构、网络大V，或者干脆服从于“群体压力”（网络上主要看跟帖的数量和性质）。此时，营造良好舆论环境需要主流媒体以及相关机构多下功夫，保证所传递信息真实可信，避免陷入“Tacitus陷阱”，在群众中树立权威的形象。另外，根据网络传播中“低清媒介”的特点，权威机构所发布的信息在保证真实性的基础上，还应该通俗易懂，以符合网络传播的特点。只有这样，当再次遇到流言时，才可以更好地起到稳定舆情的作用。

此外，网络大V在谣言传播中有时会起到放大作用，制止谣言传播的另一个措施是加强对这类账号运营人和运营机构的监管。事实上，拥有几百万甚至更多粉丝（用户）的大V账号完全起到了大众传媒机构的作用，若对其运营采取放任或不恰当的处理方式（比如无具体理由地直接封号、禁言），也可能会制造流言或加速流言传播。

2.4 传播过程视角下的流言传播

网络传播具有交互性、即时性等特征，用户既可以作为信息接收者，又可以作为信息的发布者和传递者。网络传播还具有随意、随时和随地的特点，由于前端匿名的（早期后端也匿名）特征，发布者很多时候发布信息具有一定的随意性。技术的进步也使网络信息可以随时随地接收和发布，这在移动互联网时代更是如此。正因为网络传播的这种特点，早期网络传播研究者多用“去中心化”来描述它，如刘经纬在2011年指出“网络新媒体的个人化趋势尤为明显”；安徽大学的张惠早在2005年便研究了在网络“去中心化”传播背景下主流媒体的舆论引导策略；河南大学的莫凡在2007年也认为在网络的影响下，传媒呈现去中心化特点，并引用中国传媒大学黄升民教授的研究指出网络时代“受众碎片化”，即信息来源多但缺乏权威、资讯多但无好观点等。不过，互联网发展早期参与人员人数远非现在可比，而且多集中在高校、科研院所等单位，学历水平较高。这种情况下，网络信息相对较少，网民的自我辨识能力也较强，尚未有大量对舆论有明显影响的网络大V出现。此时，网络信息的传播过程也被认为是逐个节点或群体传播的病毒式传播。

随着网络的高度普及以及发布消息的增多，爆炸式的信息甚至使普通人无法辨别哪些是自己感兴趣的，所以很多信息其实并未掀起波澜。从谣言的传播过程来看，网络大V起到了关键的中转作用。此时，网络大V成了信息发布和中转中心。因此，从2010年开始，网络的“再中心化”特点被更多的人重视。去中心化和再中心化并存、多个网络耦合、线上线下交叠使信息的网络传播过程在病毒式传播之外又带有传统大众传播的一些特点。本部分先对传统的传播路径理论进行梳理，之后就此分析网络中信息特别是流言的传播过程。

2.4.1 传播过程及SMCR模型

传播过程其实就是信息流动的状态及其程序，信息传播须按照一定次序和一定结构进行。美国学者D. Berlo[1]对传播过程进行了研究，提出了传播的SMCR模型，即信源—信息—信道—信宿模型（Sender-Message-Channel-Receiver Model），在该模型中，信源S（Sender）发出信息，信宿R（Receiver）通过信道C（Channel）接收信息，在信道中会有干扰。Berlo认为信息传播是动态过程，该过程是一个复杂结构体，传播过程中各要素及其相互影响是变化的。SMCR模型中包含交流技巧、态度、知识储备和社会系统，该模型认为传播过程和效果要受到文化习俗、宗教信仰等社会环境的影响。

Berlo的SMCR模型脱胎于Shannon的信息论，属于线性传播模式的范畴，虽然其说明信道中会有干扰，但并未反映干扰后的结果。胡正荣老师将传播过程的特点归纳为动态性、序列性和结构性，并在此基础上将传播过程中的要素归纳为五类：信源（传播者）、信宿（受众）、信息、信道（媒介手段）和传播效果，即Lasswell的5W模式，在SMCR模型基础上，将传播效果显式化（图2-1）。传播过程的基本模式主要有线性模式、控制论模式、系统论模式等，就传播效果及影响而言还有两级传播模式（关于大众传播对微观个体影响）、议程设置模式（关于大众传播对宏观社会影响）、受众使用和满足模式（针对受众而言），还包括大众传播内部行为模式（如“把关人”模式）。其中把关人模式在前文已述，本节主要介绍传播过程的基本模式、两级传播模式及议程设置模式等。对于受众使用和满足模式，将放在后文结合社会学、社会心理学知识进行讲解。

---

[1] 大卫·伯洛（David K. Berlo, 1929—1996），美国传播学学者，对传播与社会关系做出了重要贡献。

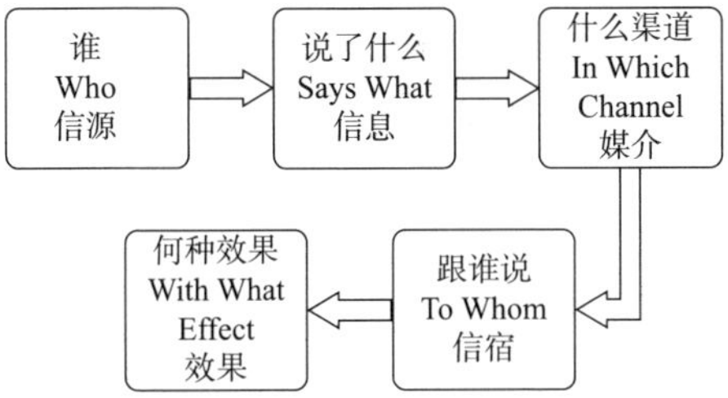

图2-1　Lasswell 5W传播模式示意图

2.4.2　线性传播模式

线性模式是信息传播的基础，除SMCR模式外，前文所述的Lasswell的5W模式也是线性模式的一种，在该模式中，Lasswell认为传播过程的每一个环节都要受到社会环境等因素的干扰。如前文所述，Shannon和W. Weaver[1]提出信息论之后，该理论从通信领域被引入传播学当中，并借鉴了其噪声、信息冗余等概念，这种传播模式被称为Shannon-Weaver传播模式（图2-2）。在这类传播模式中，信息从信源（传播者）到信宿（受众，接收者）的过程呈现单向性，符合一般说教式传播，但其没有体现出反馈及回路，而且该模式中各个要素是固定不变的，也没有将噪声、干扰等因素具体标出。在网络传播中，每个节点都有可能成为信息源，噪声、干扰等因素会产生新的信息，这说明单纯的线性模式已无法描述网络传播中信息的流动和嬗变。

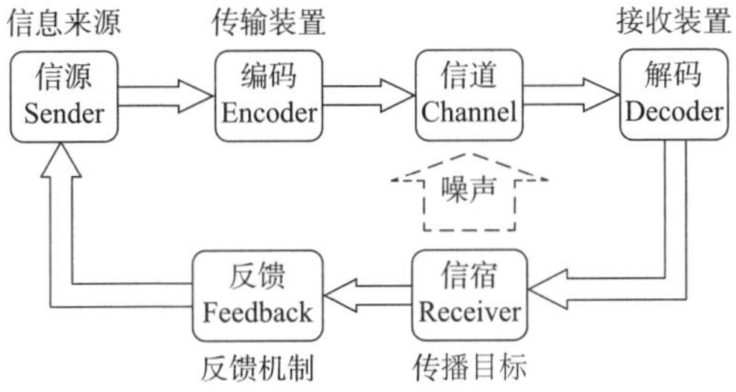

图2-2　Shannon-Weaver传播模式

如前所述，人们接收信息后，并非将其原封不动地传播，而是经历了自我传

❶ 瓦伦·韦弗（Warren Weaver, 1894—1978），美国数学家，机器翻译早期研究者，和香农（Shannon）合著了著作《通信的数学原理》。

播过程，融入自身理解后再将其传播。Schramm将Wiener控制论思想引入传播学中，并用反馈的概念来反映这种现象。在此基础上，Schramm和Osgood[1]提出了Osgood-Schramm交流模式来反映传播者和接收者的反馈（图2-3）。可以看出，该模式的拓扑结构为环形，构造类似于人际交流的情形，即双方平等交流，在互联网传播中适用于双方私聊或群内平等讨论。此时，双方在交流过程中分别作为信宿对对方发出的信息进行解读、领悟（即通信领域的解码），同时进行思考、组织语言（即编码过程），并给予对方反馈。在相互交流反馈的过程中，可能有噪声加入，这些噪声有可能引起误会，甚至是流言产生的原因。这种模式比较适用于双方交流，而对于大众传播和现在“再中心化”的互联网等单向传播模式可能并不适用。

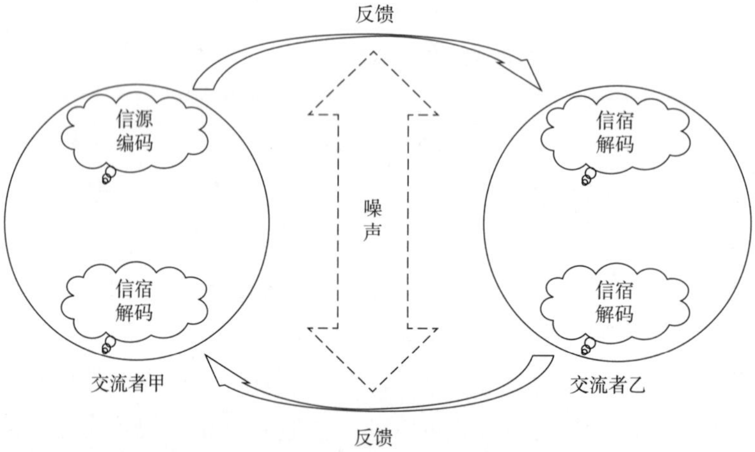

图2-3 Osgood-Schramm交流模式示意图

2.4.3 大众传播模式

Schramm将控制论思想进一步应用于大众传播，提出了Schramm大众传播模式。该模式扩展了图2-3中所述交流模式。如图2-4所示（其中大圈代表意见领袖或直接接受传媒机构信息者，小圈代表间接接收消息者），此处“传媒机构”相当于Osgood-Schramm模型中的“交流者甲”，该机构中采编人员从信源处接收信息，经解读（解码、释码）并按流程进行编辑后，将编辑修饰过的大量信息（编码）按一定格式传递给广大受众。受众中的不同群体和人员接收的是相同的

[1] 查尔斯·奥斯古德（Charles E. Osgood, 1916—1991），美国心理学家，因语义差异法研究而闻名。

信息，其中的意见领袖会对其进行解读，相当多的普通受众会接受或参考意见领袖解读的意见。此外，受众之间也有讨论，新的信息也许会在解读过程中产生。前互联网时代的Schramm大众模式中受众的反馈一般被称作“推测性反馈”，但这种反馈不及时也未必准确，因此图中并未反映反馈这一过程，以反映传统大众传播的反馈不及时、不系统等特性。不过，在互联网时代，跟帖、弹幕等形式以及即时的受众统计让反馈具有即时性、系统性。

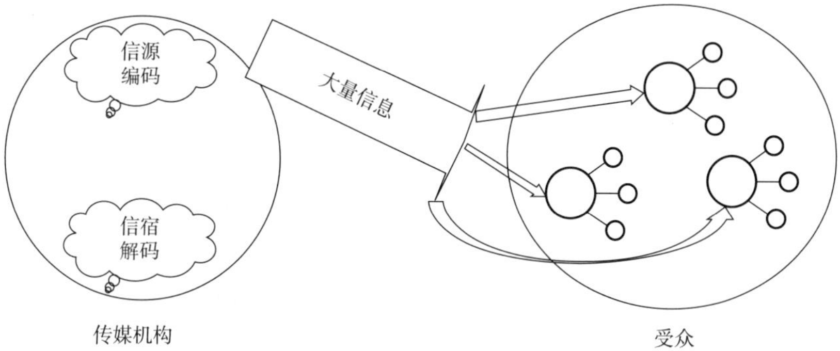

图2-4 Schramm大众传播模式

Schramm的大众传播模式虽然没有直接反映影响媒体的外部因素，也未直接反映信息流入大众后的嬗变细节，但其已经在宏观上反映了大众传播受众分层的特点，特别是意见领袖的作用，其模式不仅对于传统大众传媒有效，而且对当前互联网传播更加适用。主流媒体由于其严谨的权威性要求，对于一些突发事件往往提供的信息比较有限，受众为深入理解往往需要求助于网络大V等意见领袖。而如果其知识水平不够或者有其他目的，则会给出不同解读，很多流言、谣言也从此产生。

除Schramm的大众传播模式外，DeFleur认为噪声会影响Shannon–Weaver模式中的各个传播要素，并提出了DeFleur环形模式。在该模式中，除噪声外，不同传播者可互为信源和信宿，外在干扰对信源、信道和信宿的影响均被纳入这种模式，恰如其分地反映了DeFleur教授关于传播系统是社会环境中一个开放子系统的观点。需要指出的是，Schramm的大众传播模式中受众的反馈可能提供新的信息，此时传播机构就可以作为信宿。

上述模型没有明显地说明信息传播中的筛选和嬗变，美国学者B. Westley[1]和

[1] 布鲁斯·韦斯特利（Bruce Westley, 1915—1990），威斯康辛大学麦迪逊分校教师，该校新闻学研究创始人之一。

M. MacLean[1]提出的Westley-MacLean模式解决了这一问题。该模型考虑到周围环境对传播过程的影响，认为一个人仅在接收到周边环境的信息时才开始交流，每一个接收者对接收到的信息进行再传播时会根据不同对象做出不同反馈。如图2-5所示，X_1、X_2、…（以下表示为集合形式$\{X_i\}$）为传入信息，A为客户（Clients），C为把关人角色，代表着具有把关人性质的大众传媒机构，B为受众。此处的“客户”为需要传播消息的人或机构，他们是大众传媒机构的客户，其在接收到一系列传入信息$\{X_i\}$后，会挑选合适的信息$\{X'\}$并按自己的意图修饰后交给媒体C，C根据客户需求、政策法规以及其本身需要等各种限定条件决定哪些信息以哪种方式传递给受众B。需要说明的是，C本身也可接收原始信息，这就决定了C可以判定A提供的信息是否可信。传播期间，A与C、C与B、A与B之间均有反馈，他们会根据反馈信息适当调整自己的传播策略。此外，传媒机构C也会判断是否将其直接接收的信息公布给B。Westley-MacLean传播模式在中观层次反映了信息反馈的细节，由于B也可被认为是社会群体、政府机构，该模型其实也可以体现出传媒机构和社会结构的互动。不过，正如胡正荣老师所述，该模式理想化了传播各要素的平等关系，事实上A、B、C三者的角色并不平等。有时媒体（把关人）C处于强势地位，可决定客户A的诉求是否得到满足；有时A处于强势，C此时并无独立地位，不能按传播规律决定信息发布的内容和方式，比如A为C的投资方，即C为A的附属机构，需要C依据法律法规发布某项信息，则C只能按A的要求进行发布。

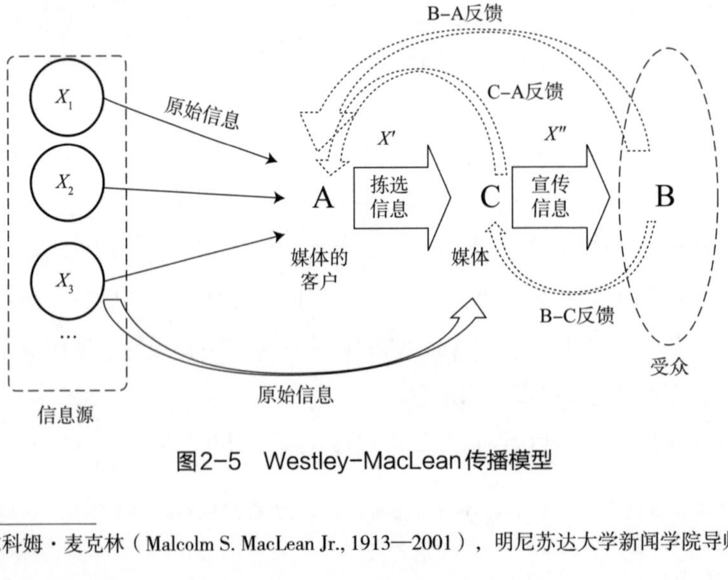

图2-5 Westley-MacLean传播模型

[1] 小马尔科姆·麦克林（Malcolm S. MacLean Jr., 1913—2001），明尼苏达大学新闻学院导师。

尽管有一些缺陷，但Westley-MacLean模式比Schramm的大众传播模式更细节地展示了信息传播过程，该模式不仅有利于分析传统大众传播过程，对于网络传播也能很好地进行描述。正如前文所分析的，在网络传播中网络大V通常起着传统大众传媒机构的作用，普通网民有诉求（如需要募捐）时求助他们转发是一种取得大众关注的途径。此时网络大V就扮演着“把关人”的角色，他们可以决定是否转发，以及以何种方式转发。当然，网络大V们也会受到相关部门、传播平台甚至是其受雇公司的监管，很多人也不处于独立地位，真实的情况要比Westley-MacLean模型复杂得多。

在上述模型之外，也有一些学者将社会环境的影响显式地加入模型当中。J. Riley和M. Riley这对夫妇[1]在1959年提出了Riley-Riley模型（赖利夫妇模型），在该模型中，传播者和被传播者会受初级群体（即其家庭、单位等密切联系的群体）和社会大环境的影响。德国社会心理学家、传播学者G. Maletzke[2]深化了Lewin对于“场”的观点，并将其用于研究大众信息传播过程。Maletzke认为，无论客户、媒介还是受众，都要受到周围环境、自身条件等各种要素场的影响，并在其模型中详细列举了影响因素，包括媒介自我形象、个性结构、接收者自我形象、媒介及其客户在接收者中的形象等。Maletzke模式对用社会心理学方法分析信息的传播和嬗变起到了提纲挈领的作用。

DeFleur也将社会环境的影响纳入其传播模式中，细化了噪声的来源和具体的影响，在其大众传播模式中指出了社会系统对大众传播的影响，如政府机构对媒体的审查，消费者的影响等，如前所述，上述影响通过“把关人”具体影响媒介内容。DeFleur和S. Ball-Rokeach[3]也提出了媒介依赖理论（media dependency theory）来反映社会结构、受众和媒介的关系，指出受众需要媒介获取信息，媒介的使用程度决定了其影响力。它的广泛应用使其能够在受众中产生依赖关系，此时媒介可以利用其自身影响力实现其目标。媒介为获得吸引更多受众，必然会依据受众需要调整传播内容和形式，这对信息会产生较大的影响。

Schramm大众模式、Westley & MacLean模式、DeFleur大众传播模式都揭示了大众传媒在信息传播过程中起到了中介和放大的作用。1944年，P. Lazarsfeld

---

❶ 小约翰·莱利（John W. Riley Jr.,1908—2002）和玛蒂尔达·莱利（Matilda W. Riley, 1911—2004），美国社会学家。

❷ 格哈德·马茨莱克（Gerhard Maletzke, 1922—2010），德国心理学家、传播学家。

❸ 桑德拉·鲍尔－洛奇（Sandra Ball-Rokeach），美国南卡莱罗纳大学安娜堡分校传播学教授。

等人引入“两级传播理论”来描述“意见领袖”对普通人决策的影响。20世纪40年代，低收入群体直接接触大众传媒的机会相对较少，他们更需要别人的传输来接收信息，报纸编辑、广播电视台主持人以及这些媒体所请的嘉宾就充当了意见领袖的角色。随着网络的普及，相关知识储备不足的人也需要意见领袖的解读才能读懂信息背后的信息，部分网络大V等媒体人扮演了这个角色，由于这些人并不像专业编辑或所请“嘉宾”那样受到把关人监督，解读不妥当可能就会产生谣言。

议程设置模式（the agenda setting theory）是大众传媒影响信息传递的另一种方式，指媒介通过选择、强化、弱化某些话题或事件的特定方面，从而引导公众对这些话题或事件的关注程度和看法，进而影响公众对社会问题的态度和行为。美国学者W. Lippmann[1]认为大众传媒“创造了我们关于世界的图像”，并且这个图像是扭曲和不完整的。M. McCombs[2]等人提出了议程设置理论，他们指出媒体会通过新闻报道和问题的呈现方式影响公众的心理。例如，当一则新闻比其他新闻放在更显眼位置播放时，公众会自然而然地将其视为最重要的信息。媒体也会根据人们的想法及新闻事件在人群中的影响力来安排新闻。议程设置理论分为两个层面：第一个层面为研究人员用以研究媒体传播的目的，或媒体对人们的影响，以及人们对媒体提供的信息的看法；第二个层面是指媒体关注的是人们就话题性质如何思考。因此，媒体常常会报道奇闻轶事来引起受众兴趣。事实上，媒体的确需要通过一些重要的事件来引发人们对这些事件的思考，进而将人们的注意力吸引到媒体中，这就是媒体将某些话题传播开来的原因。议程设置模式和把关人模式密切相连，很多时候正是把关人决定了媒体的播出内容和播出形式。

大众传媒的议程设置功能影响了人们的认知，美国学者Eaton在1989年统计了十余家全美广播电视机构、报纸和新闻杂志在三年半的内容后，使用盖洛普民调对“公众认为的最重要内容”进行调查后发现，公众认为最重要的事件和媒体报道的数量、频次正相关。在前网络时代，电视、广播、报纸等在大众传媒机构可以充分发挥“议程设置”功能，对舆论起到引导作用。在互联网时代，特别是在自媒体时代，这个功能很多时候由网络大V实现，他们可以通过发布特定帖子、短视频或者直播特定内容来对粉丝思考的内容进行界定，从而在某种程度上

---

[1] 沃尔特·李普曼（Walter Lippmann, 1889—1974），美国记者、作家，新闻传播史上有影响力的学者，其代表作为 *Pubic Opinion*（一般译作《舆论学》）。

[2] 马克斯韦尔·麦克姆斯（Maxwell E. McCombs），美国新闻学学者，以政治传播学研究而闻名。

起到舆论引导的作用。随着国家对平台经济的监管以及平台自身利益的追求，自媒体平台以及搜索引擎可以根据自身需求或国家监管需要采用控制热搜、对相关结果不予显示的方式在一定程度上对受众接触内容进行“议程设置”，从而避免不良信息的传播。

2.4.4 网络流言传播的数理模型分析

流言在网络中的传播过程本质上仍然遵循一般信息的传播模式，其传播过程也可以用SMCR模型描述，但信息在网络传播时，传递过程中由于信息的变异而出现多个充当信源的角色，即在互联网时代，线性的传播模式其实不能完全反映流言的传播特征。不过在流言传播初期，由于缺乏时间和准确对谣言采取辟谣措施，理论上最简单的SI数理模型即可估测流言传播的速度和影响程度。本节将从传播过程的角度来说明利用数理模型分析流言传播的可行性和合理性。

传统的传染病模型将节点看作是同质的，节点的度通常采用平均度来表征。在传染病研究领域，这样的假设具有其合理性，因为从宏观角度看，每个人的社交范围是有限的，能传染的个体也是有限的。但在网络流言传播中，该假设日渐不符合实际情况。互联网发展初期，学者们一般认为网络传播是“去中心化”的，即网络中的某个节点相对于其他节点并不具有明显的传播优势，此时采取平均度来表示节点的连接状况是合理的。目前，互联网“再中心化”趋势明显，网络大V的影响力比普通网民大得多，因此同质化的节点假设并不符合当前网络特征。如本书数理模型部分所述，青海师范大学秦有鹏等学者采用耦合网络来描述中心化节点影响下的信息传播特性。不过，秦有鹏所述中心化节点指的是大众传媒机构，这与网络大V还有一定区别。事实上，中心化节点依然属于传播网络，因此应在采用传染病模型对网络流言进行分析时要采用单一而非耦合网络对其进行描述。

考虑到中心化节点和普通节点并存的情况，本书将直接构造类似Ising模型的网格结构，而不是利用微分方程组进行预测，因为其不能反映节点的个体特征。构造的网格模型中含有若干具有较高度数的节点，各个节点同其他节点相连。将传染病模型应用到所构造网格模型中，节点的性质将由所用传染病模型决定。以SI为例，此时节点性质类似于Ising模型，只有未感染（易感染）S和被感染I两种状态。感染系数α由感染概率体现。在模拟谣言传播时，此过程类似于蒙特卡洛模拟方法❶，即在一次试验中有α的概率被感染。由于网络大V具有忠实的“粉丝”团体，其在一次试验（即粉丝节点看一次消息）中所接收流言的概率要高于普通节点的试探概率。

大众传媒和社会环境会对数理模型产生影响。在流言传播之后，随着对其的不同解读以及不同观点的批驳，简单的线性传播理论不再适用。此时Schramm大众传播模式及其他学者基于此修订的模型更适合用来对流言进行分析，传染病模型的原理依然适用，比如SIR、SIS、SIHR等模型，考虑了节点的康复态R（此处可理解为“认清流言本质后觉醒”的状态）、再感染态S（重复上当，这在现实生活中也屡见不鲜）、遗忘态E（上当之后对流言遗忘，但有机会回忆起后，对同类型流言免疫），多状态的设定可以更详细地反映受众对流言的态度。对基于大众传播等模式的网络流言传递过程进行数理模型分析时，前述蒙特卡洛模拟方法和类似于Ising模型的网格结构依然有效，但需要赋予节点更多的状态以反映SIR、SIHR等更细节模型的设定。此外，还应在模拟过程中给信息赋予编号，以反映网络大V等意见领袖在进行不同解读时信息发生的嬗变。考虑到网络上存在不同意见领袖观点或者受制于同一机构的情形，类Ising网格模型中需要设置多个具有较高度数的节点以反映该情形。

除流言本身外，Riley-Riley、Maletzke、DeFleur等模型也指出社会环境对信息传递的影响。线下流言、传染病传播这种影响在传染病模型中相对容易反映出来，原因在于其流传范围有限，而在有限的范围内社会环境相对一致，所以其对不同节点的影响程度可以用常数表示，即在设定感染率、康复率等参数时设定为统一的常数即可。但网络流言传播情况有所不同，网络的发展使人和人之间的联系跨越时空限制（有些早期的流言可能仍会传播），不同地域、不同阶层的人共同在同一平台探讨问题，线下的环境对不同人来说有很大不同，所以为反映社会环境的影响，应该对节点进行分类，对不同种类节点赋予不同参数设置。究竟这些参数该如何设置，则需要根据实际情况，借助社会学、社会心理学等学科知识来确定。

在互联网传播呈现“再中心化”特点的今天，机构、平台的影响不仅体现在对受众对待消息态度的影响上，也体现在对传播内容、传播方式的选择上。议程设置理论在网络流言传播的数理模型中也应有所体现。本节所述类Ising模型网

❶ 蒙特卡洛模拟方法是一种基于随机过程的模拟方法，本书第5章将做详细介绍。

格结构的设置主要是针对受众的，其将受众当作普通节点，根据小世界理论，一般将度数设为4~10，将意见领袖当作特殊节点，赋予较高度数。为体现议程设置理论可将信息进行分类，按前后次序投放，并根据社会心理学知识设定节点态度转变的概率及该参数受信息编排影响的函数。在现在被广泛使用的数理模型中,SHIR模型比较适合用于研究不同类别节点时的情形。Schramm大众传播理论、Riely-Riely模型、议程设置模型等非线性模型在模拟网络流言传播过程中，必须考虑当前社会选择的多元化，人们对同一件事往往会有不同的观点，甚至可以嬗变出褒贬不一的流言，所以在设定节点时对感染态I（此时感染态可以理解为对事件感兴趣）也应一样设置不同的类别，如SHIR模型中的I_A和I_B，来反映节点所显示的不同观点，并借此反映不同信息传播时的感染状态。

以上内容根据信息传播过程对数理模型如何恰当地反映网络流言的传播及其影响因素进行了分析，结合类Ising模型和蒙特卡洛模拟方法，可以从理论上建模分析复杂情况下网络流言的传播过程，不过其模型参数的设定需要社会学、社会心理学的知识，需要对受众的心理状态、社会环境的具体影响进行进一步分析。

第3章

社会心理学视角下的流言传播

流言之所以会传播、之所以被人们相信需要从心理学，特别是社会心理学层面进行解释。如前所述，Hovland认为“传播是某个人传递刺激以影响另一些人行为的过程”，在其态度—说服模型中，被传播者之所以接收信息是心理因素以及传播者的可信度、信息说服力和被传播者所处环境的影响。这是对个体的影响，但流言传播时涉及许多个体和群体的心理和行为因素。基于此，本章将从社会心理学的角度对流言的传播进行研究，主要探讨流言背后的心理机制。个体行为在社会中受他人影响，同样众多的个体也会形成群体心理，从而对信息传播等社会行为产生影响。此外，社会情境、社会关系等环境因素也会对社会心理产生影响。这些都会对流言传播产生影响。本章将从自我意识、社会认知、社会影响等心理学视角下对流言以及流言对社会和个体心理及行为的影响展开研究。通过这类探讨，进一步明确数理模型中参数设定的原则，同时从社会心理学角度对流言，特别是突发公共卫生事件中的网络流言传播进行分析，并提出干预策略。

3.1 自我意识与流言传播

“自我”在心理学中是一个重要的概念，也被称为“自我意识”，指人们对自己的存在和特征的感知和认知。当个体具有自我意识时，他们能够认知到自己的身份、感受和经验，以及自己与周围环境和他人的关系。自我意识被认为是人类高级认知的一部分，它需要个体具备对自身的观察和自我反思能力。自我意识对于个体的自我认同和情感调节起着重要作用，也对社会交往和行为调节有着深刻影响。正是因为有了自我意识，个体在社会中才能成为被注意的一环，才会对信息对流言有所反应。自我意识出现后，才能有社交、尊重和自我实现等比较高级的需求，由此，个体才可能成为信息传播的节点。

3.1.1 自我概念

自我概念是指个人对自身的认知和理解，是对自我身份、特征、能力和行为的认知表征。其不仅关乎个体对自身的认识和理解，同时也涉及与他人的比较和评价。Markus[1]等学者认为是自我图式，即用来组织与指引和自己有关信息的自我信念，构成了自我概念。

自我概念从早期的感知和运动经验开始形成，随着个体成长，在与社会互动中逐步形成和发展。在孩提时期，自我概念可能只涉及物理特征和能力，如年龄、性别和体型等。随着时间的推移，自我概念可能变得更为复杂和抽象，个体的性格、价值观和个人经历等以及周围环境和社会关系的影响也可能改变自我概念。一般而言，个体自我概念可通过以下途径构建：从自身行为认知自己，从他人反应推断自己，通过社会推断自己，以及由自我意识推断自我。这也可以被认为是分别从自己行为（如通过自身所做的事情来定位自己）、别人的评价、社会的价值观或自我反省来了解自我，即“我是谁”这样的问题。Mead在社会交往理论中指出，人们之间的相互交流使自我和社会融合，基于此，自我可以定义为一个人通过行为展现自己的符号，自我概念则定义为自身的思想和情感总和。

自我评价是另一个与自我有关的概念，是指人们对自己的态度和评价，在个体认知自己是一个怎样的人后，那么自我评价就是个人认为自己应该是一个什么样的人，而现在离这个标准还差多远。在心理学领域，其通常指个人对自己在某些特定领域（外貌、智力、人际关系等）的看法和评价。这些评价可以是积极的或消极的，也可以是基于事实的或主观的。自我评价是一个复杂的过程，涉及自我观念、个人经验和社会比较等因素。

---

[1] 海泽尔·马尔库斯（Hazel R. Markus），美国社会心理学家，文化心理学领域先驱，就职于美国斯坦福大学，任该校行为科学教授，在心理学领域享有崇高声望。

一般而言，自我评价积极的个体通常表现出更好的心理适应和更高的生活质量，而自我评价消极的个体则常常表现出自卑、焦虑和抑郁等不良情绪。一般而言，自我评价是自我认同的基础，很多时候负面的自我评价是消极情绪的源头。社会比较理论认为，个体的自我评价通常基于与他人（而且通常是周围小圈子的人）的比较而产生。例如，人们可能会通过与同事，尤其是背景、年龄相似的同事比较来评价自己的成就。这种比较不仅会影响个体对自己的看法，还会影响他们的行为和态度。

个体对自身的正面评价和满意度会使其具有自尊心、幸福感和稳定情绪；负面的自我认知、自我否定和自我不满意度则可能会导致沮丧、怀疑等情绪问题和心理健康问题。正面的情绪很容易让人传递正能量，但负面的情绪会让个体对正常信息甚至正能量的事件做出负能量的解读，而这种解读就有可能造成流言的传播。因此在焦虑的情绪和不确定的情境下，人们可能更倾向于接受和传播流言。个体为使人们对自己形成良好印象，还会通过自我表演来支撑自尊并展示自认为良好的自我形象，从而得到内心的满足和幸福感，但有时自我表演也会成为流言产生的源泉。

3.1.2 自我偏差

自我偏差是指人们在对自身或他人进行判断、评价或决策时，由于自身主观认知的偏向或其他因素的影响，对事物的判断和行为出现误差和偏差的现象。在社会心理学中，自我偏差被认为是人类认知和行为的一种普遍现象。自我偏差的产生可以有多种原因，如个体的个性特征、社会文化背景、认知能力等因素。在自我偏差中，焦点效应、自利偏差、盲目乐观、虚假一致性和虚假独特性是最常见的五种现象。

焦点效应指的是人们在面对多个信息时，会过度关注某一个特定的信息，从而忽略其他重要的信息。这种现象通常是由于个体对某些特定信息的偏好、兴趣或关注度过高而产生的。在涉及自我偏差时，焦点效应通常指人们在观察自己时，将自身看作焦点中心，高估别人对自己的注意程度；与之相对应的是透明度错觉，即人们认为别人发现自己隐藏情绪的错觉。在流言传播过程中，焦点效应可能导致人们关注流言中的某些具体信息，而忽略了其他可能更为重要的信息。此外，在社交媒体上，人们可能会过度关注热门话题或爆炸性事件，而在转发信息时未经深思熟虑，从而误传流言。因此，在防止流言传播时，需要注意避免过度关注某些信息，而是应该全面、客观地审视和评估信息。

自利偏差，也叫作自我服务偏见，指的是人们在对自己或他人的行为和决策进行评价时，过度关注对自己有利的方面，而忽视不利的方面。这种现象通常是由于人们对自己或他人的评价存在偏差或利益驱动的因素造成的。

盲目乐观指的是人们在对未来发展进行判断时，过度乐观或过度自信，忽视可能出现的风险和困难。这种现象通常是由于对未来的期望值过高或对现实的认知存在偏差造成的。在涉及流言传播时，人们往往会因为这两种偏差而忽视不符合自身认知的言论，从而造成流言的传播。

虚假一致性指的是“以己度人”，认为他人会像自己一样思考和做事，倾向于把自己或他人的行为和决策看作是一贯的、稳定的，而忽略不同情境和环境对行为和决策的影响。这种现象的产生通常是由于人们对自己或他人的认知存在偏差，忽略了环境和情境对行为和决策的影响。

虚假独特性指人们倾向于高估自己的独特性和特殊性，认为自己与众不同，更具有独特性和优越性，以满足自我形象的要求。虚假一致性和虚假独特性也会造成流言的产生和传播。虚假一致性会导致人们忽略事实真相，只相信与自己认知一致的信息，从而容易相信和传播与自己观点相同的流言。例如，某些人对社会现象有着固定的看法，他们容易只关注自己支持的观点，而忽略其他可能存在的真相，这会导致流言在这些人之间的迅速传播。虚假独特性也会影响人们的行为和决策，使人们更倾向于采取与众不同的、独特的行为和决策，以证明自己的特殊性和优越性。一些人会在社交媒体上散布所谓的“独家消息”或“秘密”等，声称自己得到了别人无法获取的信息，从而获得更多的关注和认可。这些所谓的“独家消息”往往是虚假的，只是为了吸引注意力和提高自己的社交地位。同时，受到虚假独特性影响的人也更容易相信流言，因为他们认为自己比其他人更能理解和发现隐藏的真相，更具有洞察力和敏锐度。虚假独特性的存在也会增加流言传播的范围和影响力，因为很多人都希望拥有特殊的信息或知识，并且乐于与他人分享，这进一步加剧了流言的传播和扩散。

总之，自我偏差对流言的产生和传播产生了重要影响。人们需要努力消除偏见，从不同的角度和方面去了解问题，避免只听取一个来源的观点。为此，人们应该保持开放的心态，接受并尊重不同的观点和想法，不盲目从众，不容易受到流言的影响。同时，还需要倡导真相和科学，关注信息的来源和可靠性，避免传播不实信息，共同营造一个真实、公正、科学的信息环境。

3.1.3 自我与文化

Markus等学者发现，在不同文化系统中，人们的自我概念也是不一样的。不同情绪、不同自我概念和个体经历有关，但具有一定共性的自我概念则普遍跟社会环境、社会文化有关。Markus等人探讨了文化对自我概念的影响，发现不同文化中的人们对于自我概念有着不同的理解和表现形式。在个体主义文化中，个体更加强调个人的独立性、自我表达和自我实现；而在集体主义文化中，人们更加注重集体的利益、关心他人的需求和感受。文化对自我概念的影响也会对个体的行为和动机产生重要的影响，如在个体决策时，个体主义文化中的个人更加注重自我利益和自主性，而集体主义文化中的人们则更加注重集体的利益和社会关系。

自我评价也受社会文化的影响，不同文化对自我评价的标准和价值观可能存在差异。例如，在一些亚洲文化中，谦虚和自我批评被视为美德，而在一些西方文化中，自信和自尊被视为重要的品质，自我评价较高的个体更受欢迎。“见贤思齐焉，见不贤则内自省也”，在不同的社会文化中，几乎都按照其文化标准塑造了圣贤形象，这些“圣贤形象”供人们学习，并用以评价自己。

通过上述分析可见，社会文化对自我认知、自我评价、自我概念的影响十分深远。减少流言传播的一个措施便是弘扬科学、正能量、符合社会主义核心价值观的社会文化，树立能够体现社会主义核心价值观的典范。相应地，还需对违法乱纪的传播现象进行严厉打击，一旦这些传播者成为“榜样”，则很容易使一部分人的自我价值异化，成为流言滋生的温床。

对于流言传播的数理模型而言，文化对自我的影响更重要一些，因为这更具有普遍意义。在前网络时代，流言传播地域性明显，分析同一地域时应用同一参数即可，因为受众所处环境相同，受同一文化类型的影响相似；而在网络时代，流言呈现跨地域传播特征，此时对不同地域可能要对参数赋予不同的值才可恰当地模拟出流言传播行为。事实上，通过不同参数值还可分析出当地的文化特点。

3.2 社会认知与流言

社会认知理论是心理学中的一种重要理论，它研究人们如何接收、加工和运用信息，如何从外部环境中获取知识和认知结构。社会认知理论源于20世纪60年代的认知心理学，主要是对人类认知过程和思维方式的研究。瑞士心理学家Jean W.F. Piaget[1]对认知心理学在社会认知论的贡献很多，其在儿童认知发展研究过程中对认知发展有如下解释：社会不同的影响诱发认知冲突，认知冲突导致的不平衡驱动发展。由此可知，社会环境对认知发展和去自我中心起着重要作用。社会心理学在社会认知论中主要体现在自我认知、对他人认知以及对社会和环境认知等方面，本节主要讨论对他人认知、对社会及环境认知，及其对流言的产生和传播的影响。

3.2.1 社会知觉和社会知觉偏差

社会知觉，又称作社会认知，为个体对自己、他人及群体等对象的认知。“知觉”是客观事物直接作用在人脑中产生的对事物整体的认识，与“感觉”不同，知觉是一系列组织并解释外界客体和事件产生感觉信息的加工过程，其依赖于个人知识和经验，感受的是事物的整体属性。显然，知觉和其经历与所处环境密切相关。“人是社会的人，人不能脱离社会单独存在”，这句话的意义不仅包括社会环境对人生存、生活的影响，也包含着对知觉的影响。

自我知觉是社会知觉的一种，其既是个体对自己的认识和感知，也是个体对自身的反思和思考的结果，它可以被认为是前述自我意识、自我概念和自我评价的基础。自我知觉是由一系列不同的感知和认知过程组成的，这些过程包括对自身外部特征的感知，比如外貌、身体状况和行为表现等，还包括对自身内部特征的感知，比如情绪状态、内心感受和思想等，此外还涉及对自我形象的评价和比较，以及对自我行为的调节和控制。

角色知觉（role perception）也是一种重要的社会知觉，指个人对所处位置或身份（即角色）所关联的期望进行解释和理解的方式。角色知觉包含角色认知，

---

[1] 让·皮亚杰（Jean W. F. Piaget, 1896—1980），瑞士心理学家、哲学家，以在儿童发展领域研究而闻名，其认知发展理论和认识论观点被称为“遗传认识论”。皮亚杰被认为是发展心理学奠基人之一。

即不同的角色决定了不同的认知，人在社会中常常会承担不同的角色，这些角色常常决定人的行为。比如在社会分工中“扮演”会计的“角色”，人们会认为该角色是保守、稳重的，而营销人员则会被认为是活泼、外向的。除对自己的认知外，角色知觉还包含角色期望，即他人对个体在承担某角色时的期待，与之相关的评价则称为角色评价。角色期望又会影响个人的角色知觉和行为表现，如果个人对于承担角色的期望与他人对该角色的期望不一致，他可能会感到困惑和不满意，于是可能寻找自认为更符合角色期望的行为。

群体知觉（group perception）是指由一组人共同形成的、对于某个目标的主观印象和理解，它也是一种重要的社会认知。在群体中，个体之间相互作用，产生了一种互动关系，从而塑造了一种特定的群体认知。群体知觉可以是客观的，也可以是主观的，甚至可以是不准确的，但它会影响群体中每个人的决策、行为和态度。可见群体知觉构成了群体传播的心理基础，其对个体构成群体压力，这些个体往往倾向于相信群体中最为广泛流传的观点，而非个体的独立判断。当一个信息在群体中广泛流传时，其可信度会随着传播的范围和速度不断增加。如果群体中出现了不准确或错误的信息，它当然也会因“从众效应”在群体中迅速传播开来，从而产生负面影响。群体知觉对信息传播的作用还可以通过口碑营销来体现。在这种情况下，人们往往更倾向于相信自己的朋友、家人和同事所提供的信息，而非商家或广告。显然，当流言传播时，如果小群体中有多人相信，那么其他人被流言影响的概率就要大很多，这在分析群体传播中已经提到了。基于此，必须在针对流言的数理模型中增加对节点的群体标签，以反映群体压力对流言传播的影响。

人们在对他人、群体、社会乃至自身角色认知时有时会出现偏差，这种对认知对象行为和个性特征的理解和解释可能会出现偏差和误差的现象，被称作社会知觉偏差。这种现象的出现是因为人们在进行社会认知时，往往受到诸多因素的影响，如先入为主、文化背景、情绪状态等。社会知觉偏差在日常生活中普遍存在，其也是流言产生的一个重要因素。比较典型的社会知觉偏差是基础归因偏差，即人们在解释他人行为时，过度依赖个体的个性特征，而忽略了外部环境和情境对行为的影响。

除此之外，还有一些社会知觉偏差，比如拟人化偏差，是指人们在解释非人类对象的行为时，倾向于将其看作具有人类特质和情感，这种偏差也经常出现在广告和宣传等领域。为减少认知偏差的影响，人们需提高自我意识和反思能力，学习客观评价他人行为的技能等，这有助于人们在面对流言时，能从更广泛、更客观的角度去分析它们，从而可以遏制流言的产生和传播。

3.2.2 归因与归因偏差

归因是指人们在对自身或他人的行为及某些事件进行解释时，寻找可能的原因或因果关系的过程。在心理学中，归因是一种对社会现象的解释和理解方式，是社会认知的重要组成部分之一。人们在解释事件时，往往会将其归因于某种内部因素或外部因素。内部因素一般包括个体的性格、态度、能力等，而外部因素则是指外在环境中的因素，如机会、运气、社会压力等。

人们之所以进行归因是因为希望理解自己和他人的行为，并对其产生的结果进行解释。通过归因，个体可以更好地理解和控制自己的环境，并对未来进行预测。另外，归因也有助于人们建立自己的自我概念，并影响其情绪、动机和行为。例如，当人们将成功的结果归因于自己的内在因素时，他们可能会感到自豪和自信，从而增强他们的动机和表现。当人们将失败的结果归因于自己的内在因素时，他们可能会感到自责和沮丧，从而降低他们的动机和表现，但若将失败结果归因于外部因素时，人们则会减少自责和沮丧。正确的归因显然有助于分析问题、解决问题，而不正确的归因即归因偏差，不仅无助于问题的解决，而且会成为流言产生的重要因素。

归因偏差是指在对他人行为的解释上，人们往往会出现错误或不准确的认知偏差，它在日常生活中非常常见。例如，某些家长往往将子女学业不佳归因于学校、教师，而学校往往将学生成绩差归因于学生不努力、家长不配合。归因偏差可以分为多个类型：

（1）基础归因偏差是指人们在解释别人行为时往往过度强调其人格特征，忽视了环境因素的影响；而解释自己的行为时则强调环境因素的影响，忽视了自己的人格特征。

（2）归因偏向则指人们在处理信息时，基于自己的经验、信念和偏好而进行错误的归因，忽视了其他可能的解释。

（3）外界归因偏差是指人们在解释自己和别人行为时，会根据所处的角色不同而产生不同的解释。

（4）自我放缓偏差则是指人们倾向于将自己成功的行为归因于内在因素，而将自己失败的行为归因于外部因素，同时也会存在对时间因素的错误归因。

（5）偏差的联想是指人们在对行为进行解释时，会受到过往的经验、文化和信仰的影响，从而产生偏差的归因。

（6）社会比较偏差则是指人们在与他人比较时，往往会产生归因偏差，如当自己成功时，人们往往会将其归因于自己的能力和努力；当自己失败时，往往会将其归因于外部因素；而在比较他人时，人们往往会将其成功归因于外部因素，将其失败归因于个人。

归因偏差是由多种因素造成的。个人因素方面，认知的局限性、自我保护和自我确认等心理因素会导致归因偏差。人类认知存在很多偏见和局限性，如注意力偏差、记忆偏差、决策偏差等，这些认知偏差会影响人们对信息的处理和理解。这些偏差的产生可能与人类认知系统中的“便捷性启发式”有关，它是指在决策过程中，人们往往会依靠那些容易访问和理解的信息来作出决策。故在处理信息时，人们往往会基于那些对他们自身而言最为便捷的信息进行归因，而忽略其他可能的解释。社会文化也会对归因偏差产生影响，如文化背景、社会习惯以及个体与集体的关系等因素。例如，文化差异可以导致人们对于行为的解释存在差异。在一些文化背景中，人们更倾向于强调集体和环境的影响，而另一些文化背景中则更加强调个体的能力和人格特征。因此，不同的文化背景会影响人们在解释他人行为时的侧重点，导致归因偏差的产生。社会环境也会影响人们的归因偏差，在一个竞争激烈的环境中，人们往往会更加强调个体能力和人格特征，而忽视环境因素的影响，这种归因偏差可能会进一步加剧社会压力和焦虑感。正是由于归因偏差和社会环境有关，同一个社会环境更容易在社会层面产生相似的归因偏差，也正是这种偏差让一些思想有了传播的土壤。

3.3 社会影响理论视角下的流言传播

当突发公共事件发生时，流言往往会在社会中蔓延，对事件的影响进一步扩大，导致流言进一步传播和变异。在社会影响理论的视角下，流言的传播不是一个单独的行为，而是受到社会和环境因素影响的行为。社会影响理论是指社会环境对个体态度、信念、行为产生影响的理论。在流言传播中，社会影响理论可以解释为什么人们会相信和传播流言，以及流言如何在社会中扩散。因此，了解社会影响理论对流言传播的影响，有助于我们更好地理解和管理突发公共事件中的流言传播。

社会影响理论是社会心理学中重要的理论之一，主要研究个体在社会交往过程中，受到他人或群体言行的影响。社会影响的范畴非常广泛，包括人际关系、集体行为、政治决策、市场营销等多个领域。社会影响的类型也有多种，如信息传递、信息引导、信念改变、态度塑造、行为模仿等。在社会影响的过程中，信息的来源和传播途径也非常重要，其中包括媒体、人际交往、社交网络等。本节将从社会影响来源、社会影响类型等角度探讨社会情景与流言的双向影响关系。人际关系、文化背景、环境因素以及传媒技术等都可以视为社会影响的来源，分析这些来源有助于我们了解流言产生和传播的原因，对后续数理模型参数的设置和模拟结果的讲解作铺垫。

3.3.1 人际关系

人际关系是指个体之间的相互作用和影响，包括家庭、朋友、同事、社会群体等各种社交关系。人际关系是人类社会中不可或缺的一部分，也是人类行为和心理的重要影响因素之一。在人际关系中，个体通过交流和互动，建立情感、认知和行为的联系。这些联系的强度和质量对个体的心理健康、幸福感、行为决策和社会适应能力都有重要影响。人际关系的影响在社会影响理论中扮演着重要的角色。

家庭关系、邻里关系的质量会影响个体的行为和思维方式，因为其影响的是一个人长期的生长环境。一个人的家庭环境会对其价值观、世界观、人际交往方式等方面产生深远的影响。如果一个人成长于一个平和的家庭环境，那么他在与他人交往时也可能更加友好、尊重和谦虚，而如果一个人成长于一个争强好胜的家庭环境，那么他在与他人交往时可能更加冲动、易怒和不耐烦。远亲不如近邻，邻里关系和睦会促使家庭关系和美，而邻里关系不和睦，则很有可能产生流言。

朋友和同事之间的关系也会对个体产生影响，人们可能会受到他们的行为和态度的影响，尤其是在新环境下。当一个人加入一个新团体时，可能会受到其他成员的影响，从而改变他的行为和态度。同样，在工作场所中，个体可能会受到上司、同事和下属的影响，这可能会影响他们的决策和行为。很多流言都是在同学、同事和朋友间开始传递，由于背景相似、兴趣相同，一般这种私下传递的信息很容易博得个体的信任，从而使信息可信度更强。

个人同社会群体之间的联系和互动会塑造个体的个性和世界观。社会群体提供了许多机会和资源，可以帮助个体实现自身的目标和愿望。例如，工作单位为个人提供了工作机会，使其能够满足自己生存发展的需要；市场、公共机关为个人提供服务，使其能够轻松、愉快地生活。个人也因爱好和兴趣与有关团体建立联系和互动。正是人们与社会群体之间的联系，才使个人能够生存和发展。当一个人的家庭、工作或者社会关系等人际关系出现问题时，其心理也可能受到影响，从而可能导致流言的产生。2023年4月初，一则有关“中国电子科技集团员工因加班怒怼领导”的消息迅速传遍网络，该消息传递的是微信群聊天内容，截图中显示中电科员工陈某龙对领导要求加班不满而怒斥领导并要求辞职，其所在小组几乎全员以辞职声明支持他。在全网关注之际，德阳市公安机关发布公告，查明此消息系陈某龙伪造，因其求职中电科失败，报复所致。假如陈某龙工作关系顺畅，家庭和睦，则很难会炮制类似谣言。而此类消息居然得到广泛传播，并在网络上引起共鸣，也从一个侧面反映出很多人工作关系并不佳。

总之，人际关系对个体的行为和思维产生着深远的影响。良好的人际关系会培养个体的健康思维和正常行为，而恶劣的人际关系则可能影响人的思维和行为，有可能导致谣言的炮制和传播，甚至会造成更严重的事情发生，为避免恶劣事情发生，良好的家庭、工作、朋友等人际关系非常重要。

3.3.2 文化背景

文化背景可以被认为是一个人所处的文化环境，包括宗教信仰、价值观、道德观念、传统文化、语言和教育等各个方面。文化背景是社会影响的一个重要来源，是影响流言产生和传播的重要因素之一。不同的文化背景会影响个体的认知、价值观、情感等方面。文化背景的差异导致了不同的价值观念、文化信仰和传统习俗。人们对待同一事件、同一行为、同一言论时，往往会因为文化背景的不同而产生不同的态度和看法，而这种不同的看法，又往往会导致流言的产生。

在跨文化交流中要尊重和理解不同文化背景，避免因文化差异而导致的误解和流言。

流言产生的原因在于文化背景影响了人们的价值观和行为方式。不同文化背景中的人们对道德、社交礼仪、行为准则等方面的要求也可能有所不同。在一些文化背景下，对于个人隐私和保密的要求比较高，因此人们可能更倾向于不传播他人的秘密和隐私。而在另一些文化背景下，人们可能更注重社交互动和交流，因此在谣言传播时可能更加活跃。比如在城市生活的人，邻里之间的接触没有农村多，一些涉及个人的信息就没有在农村地区传播得快。一些农村社交圈子相对封闭，邻里之间接触频繁，有时信息传播比较活跃，甚至一些捕风捉影的消息也在此传播。这些文化背景的差异也可能会导致不同的行为结果，包括流言的产生和传播。

文化背景也会影响人们对某些事件和行为的认知和理解。在不同文化背景下，人们的语言、符号、象征和传统习俗等方面的差异也会导致人们对同一事物的理解和解释存在不同的方式。如前所述，这些不同的解读往往会导致流言产生。为避免不同的解读造成的流言，相互尊重相互了解是非常必要的。人们的文化背景还可以影响其对于社会问题的看法和态度。例如，在现代文化背景中，性别平等是一种普遍的价值观念，强调男女应该平等地享有权利和机会。相比之下，在一些地方，男女角色分工和地位存在较大的差异。这种文化背景的差异也导致了人们对于性别平等问题的不同看法和态度，由此也会产生很多关于女性的流言。其中一个流言是关于女性工作的，其声称女性不应该在工作场所获得比男性更好的待遇或晋升机会，因为女性的自然天赋不适合担任高级职位。该流言可能来自某些文化背景中对于男女角色分工和地位的不同看法和态度，认为男性更适合担任领导职务，而女性更适合在家庭中照顾家庭成员。这种流言限制了女性的职业发展和人生价值的实现，使社会出现不公正。

文化背景是人们形成认知、态度、情感和行为等方面的重要来源。不同的文化背景会导致人们对同一事件、行为、言论等方面产生不同的态度和看法。因此，了解不同文化背景之间的差异和相似性，对于跨文化交流和理解他人的想法和行为具有重要意义。

3.3.3 社会制度

社会制度是指政治、经济、法律等各种制度和规定，这些制度和规定对个体的行为和思维方式产生影响。例如，国家的法律法规和政策会对个体的行为和思维方式产生直接或间接的影响。经济制度的变化会引起人们的行为和态度的变化，政治制度和权力关系会影响人们的行为和思维方式。这些影响也会对流言的产生和传播产生不同的影响。

社会制度对流言传播的影响是多方面的。首先，社会政治制度会对流言产生影响，在不同的社会政治制度下，言论自由、官方权威和舆论监管等方面的规则也会不同。在资本主义国家，正如前文所述，由于资产阶级内部矛盾调和以及利益分配的需要，他们提出了“新闻自由”“出版自由”等言论自由方针。在这种新闻制度下，不同的媒体可能会发出不同的声音，人们也能在法律规定下表达自己的观点，这使一部分与垄断资产阶级利益关系不大的流言传播风险相对较小，因为此时人们有充分的自由来查证和纠正错误信息。总之，在信息开放的领域，人们会接触各种各样的信息，这使人们有条件验证单一流言的真伪，长期在这种情形下的结果之一就是，人们对谣言的“免疫性”强，不易被谣言所祸。然而，在信息管制的领域，人们接收信息单一，权威传播机构或监管机构往往会压制其他声音，从而导致流言的产生和传播。

在我国，党和政府通过规定法律法规和政策等方式，对流言传播进行限制。《中华人民共和国刑法》《治安管理处罚法》《互联网信息传播条例》等法律法规的出台，从法律上禁止散布虚假信息，并制定了相应的处罚规定。这些规定的出台可以有效地遏制流言的传播，减少流言对社会造成的负面影响。同时，《政府信息公开条例》也要求政府通过提供真实的信息、及时进行反驳和澄清等方式，来减少流言在社会中的传播。

其次，社会制度的不同会导致人们对同一事件产生不同的看法和态度，进而影响流言的传播。在一些国家和地区，政府机构的权威性很高，民众对政府的信任度也很高，因此当政府对某一事件进行官方解释时，民众更加相信官方解释，不容易相信流言的传播。而在另一些国家，政府机构的权威性较低，民众对政府的信任度也不高，政府所发布的信息很难被一些人相信，因此流言得以传播，尽管政府做了澄清，但一部分群众依然选择不相信。

此外，社会制度还会影响流言的传播途径。当前互联网已经成为信息的主要传播途径。在一些缺乏互联网管制的社会环境中，个人可以自由地通过互联网等渠道传播信息，这样就容易导致流言的传播。而在一些控制较为严格的社会环境中，政府会对互联网等传播渠道进行限制和监管，这样也可以减少流言的传播。正是由于我国发布的《治安管理处罚法》《互联网信息传播条例》等一系列法律法规的实施，使“网络不是法外之地”的观念深入人心，让一些流言在互联网上难以传播。

社会制度对人们的行为和态度也会产生影响，进而影响流言的产生和传播。当一些政府和社会机构的权威性很高时，人们容易产生从众心理，因此当某个流言传播较广时，更多的人可能会加入其中。

综上所述，社会制度对流言的传播产生了重要的影响。不同的社会制度会对流言的传播产生不同的影响，因此要采取相应的措施来减少流言对社会造成的负面影响。社会制度还会影响流言传播模型参数设定，在我国必须考虑政府、权威媒体辟谣的影响，辟谣前后一些传播参数必须做相应修订才能真实反映流言传播的情形。

3.3.4 环境因素

环境因素也是社会影响的重要来源，包括人们生活和工作的物理和社会环境。这些环境因素可以直接或间接地影响人们的行为和思维方式，从而对流言的产生和传播产生影响。特别是在突发事件发生时，由于周围环境的变化，人们的心理和思维方式更容易产生变化，这为流言的产生和传播创造了条件。

首先，物理环境对人们的行为和思维方式产生影响。例如，假设人们被限制在一个小区或有限空间内，这会影响人们的行为和情绪，人们可能会感到压抑、无聊、孤独、焦虑等。这些情绪可能会影响他们对信息的接受和理解，容易导致他们产生和传播不实信息和谣言。因此，物理环境对流言的传播产生了一定的影响。

其次，社会环境对人们的行为和思维方式也有很大的影响。除前文所述的社会文化环境的影响，社会经济环境的变化也会影响人们的行为和态度。例如，社会经济发展不佳、社会动荡时，人们的决策和思考方式可能会受影响，也容易导致他们接收和传播不实的信息和谣言。

环境因素对流言产生的影响不仅是一种单向的影响，它们之间也可以相互影响。环境因素的不确定性会让人们产生更多对信息的需求，以消除不确定性，然而信息的缺乏往往会导致其更容易相信谣言和不实信息。当人们接受和传播这些信息后，也会进一步增加不确定性和压力。这就形成了一种恶性循环，加剧了流言的传播和影响。比如当公共卫生事件突然发生时，由于事件的紧急性和不确定性，真实的信息往往不够及时和全面，而流言则往往会在这个时候大量产生和传播。这些流言会引起社会的广泛讨论和传播，甚至会在社交媒体上迅速传播。然而，这些流言往往没有经过严格的事实核实和验证，可能会导致更多的恐慌、不确定性和压力，影响公众的情绪和行为。在这种情况下，不仅会加剧公众的不确定性和压力，也会对公众健康和社会秩序造成不利影响。

综上所述，环境因素是社会影响的一个重要来源，会对人们的思维方式产生重要影响，因此分析流言产生和传播时必须考虑环境因素的影响。如前所述，文化环境是影响流言传播的一个重要因素，但该因素的影响时间、地域都十分稳定，在对某一地、某一时的流言进行分析时，可以认为其对所有节点的影响都是相同的。本节所述环境因素有所不同，其时间性、地域性都不稳定，正因为有这样的区分，在传播环境发生变化时，其所涉及的参数也应重新设置。

3.3.5 媒体和技术

社会影响还可以来源于媒体和技术。在现代社会，媒体和技术已经成为信息传播的主要途径。通过各种媒体和技术，如电视、广播、互联网、社交媒体等，信息可以迅速传遍全球，对个人和群体的行为和思维产生巨大的影响。例如，社交媒体上的谣言、虚假信息和不负责任的言论可以在短时间内被大量传播，对社会产生负面影响，而新闻媒体的报道、电视广告和网络推广等可以影响人们的消费、态度和价值观。

媒体和技术可以通过渲染情绪、强化刻板印象和引导思维方式等方式影响人们的行为和决策。这种影响会影响个体的思考和决策，让人们更倾向于采取特定的行为。

媒体和技术也可以通过社交媒体等平台影响人们的社交互动和社会关系。社交媒体的出现改变了人们的社交模式，让社交互动更加便捷、频繁和广泛。然而，社交媒体的发展也带来了一些负面影响，如增加孤独感、降低自尊心、加剧群体性焦虑等。这些负面影响会对个体的心理和行为产生影响，甚至可能影响到整个社会。

媒体和技术还可以通过塑造社会标准和文化价值观等方式影响个体的行为和态度。电视、广告等媒体可以塑造个体的消费观念和价值观，让人们更倾向于消费特定品牌或类型的产品。而在互联网上，一些社交平台和游戏也可以通过奖励机制和社交压力等方式影响个体的行为和态度。现代媒体、社交媒体的算法也会对人们的信息获取和传播产生影响。例如，一些社交媒体平台会根据用户的兴趣、行为和互动等因素推荐相关的内容给用户，这些推荐内容可能会进一步加强用户的信念和态度，从而影响其决策和行为。媒体、平台的这些举措会形成“信息茧房”，让个体很难获得不同观点的信息，其思维将变得更加偏执。

媒体和技术在现代社会中扮演着极其重要的角色，它们不仅是传递信息的工具，还会对个体和群体的思维和行为方式产生深刻的影响。同时，媒体和技术不仅是流言传播的工具，而且其通过个体、群体思维、行为方式的塑造，让流言有了可能滋生的环境。因此，有必要对当前媒体和社交网络进行合适的管控。在进行数理分析时，需要对不同媒体、社交网络中不同角色的传播系数设定必要的不同于其他节点的值，来反映其对个体、群体的影响。

总之，社会影响的来源十分广泛，包括个体、群体、文化、社会制度、媒体和技术等多个层面。了解这些来源对于深入理解社会影响的机制和效应、预测和干预流言传播都具有重要的意义。

3.4 受众理论及社会心理学视角下的流言传播分析

3.4.1 受众理论

受众理论（audience theory）是新闻传播学的一个重要理论，其关注点是媒介受众的行为和心理特征。受众理论的出现是为了解决传统新闻传播理论中，只注重媒体的角色和作用，而忽略了受众的主体性和主动性的问题。早期传播学理论认为，在大众传播中，受众只是被动地接受信息，甚至是接受媒体所传播的全部信息。美国社会心理学家R. Bauer[1]在1964年首先指出受众从大量的信息中特别注意与其价值观相契合的部分。受众的价值观不同，传播媒介宣传的效果就不同。受众理论强调了受众在传播中的积极作用和主导地位，认为受众不是简单的信息接收者，而是具有信息选择、解读和传播能力的主体。该理论和心理学、社会心理学密切相关，鉴于此，将其放到本节介绍，并具体探讨社会心理学视角下

[1] 雷蒙德·鲍尔（Raymond A. Bauer, 1916—1977），哈佛大学商业管理学教授，曾担任过俄罗斯研究中心研究员，其研究涉及苏联心理学、广告与消费者行为等，这些工作为受众理论提出创造了条件。

的流言传播。

受众指的是信息传播的信宿，是信息传播的目标和信息反馈的源头，具体到大众传媒，其指的是观众、听众、书刊读者等，而在网络传播领域则指的是收听、收看相关网络信息的网友。受众理论突出的是在传播过程中受众的作用，它可以被认为是一系列相关理论的集合。在Bauer明确提出受众的作用后，1975年，DeFleur对受众理论进行了总结，指出受众理论在传播学领域的研究要早于Bauer，早在“二战”时期就已开始研究。1946年，Hovland就提出了个人差异论，基于刺激—反应机制，从心理学视角分析人们接收信息时的不同反应。DeFleur指出，先天和后天条件如客观环境，是形成反应多样化的原因。1959年，Riley夫妇在个人差异论的基础上提出了社会分化论，从社会学和人类学的角度说明，社会群体差异会使不同的个人面对同一信息时有不同的反应。与个人差异论相比，该理论更加关注信息传播时群体的反应。流言传播的影响更多地体现在群体上，因此，研究群体产生差异的原因比个体原因更有意义。如前文所述，社会环境、文化背景、社会制度、受教育程度等因素都会影响不同群体的选择。在网络高度普及的今天，各个阶层、各个年龄段的人都在上网，网络传播突破了时空地域的限制，面对同样的信息，不同背景的人当然会有不同的看法。

除上述理论外，社会关系论也是一种重要的受众理论。Lazarsfeld在实证研究中发现了群体的重要作用，其认为包括人际交往、群体组织、意见领袖在内的社会关系对人们影响巨大。如果说个体差异和社会分化是在整体层面讨论受众面对信息时的不同看法，那么该理论则在讨论群体压力对个人的影响。第3章所述介绍的Lazarsfeld“两级传播模式”较好地阐释了群体压力产生的原因之一，即意见领袖的作用。正是意见领袖对信息的解读和民众对其的信任，使媒介的作用有所削弱。

上述理论只是在讲受众对媒体传播内容的反应，文化规范论则涉及受众在大众传播时的变化。该理论认为，媒体是文化的传播者，也是创造者和选择者，媒体可以为社会文化建立规范，进而影响受众的价值观。同样地，受众的态度也会影响媒体的选择。这是一个相互的过程。

总之，诸多理论认为受众对传播内容的反应不同；背景相似的受众往往具有相近的心理结构，从而会对信息产生相似的反应；受众对媒体的反馈以及媒体所宣传的信息又会形成一个新的规范，进而影响社会中的其他成员。从受众理论角度看，针对某一地域、某一阶层所发出的信息则有可能因不同的社会心理结构被其他阶层或地区的人们误读，从而有可能产生流言。

3.4.2 信息传播及其数理模型的分析

流言或者谣言，都是信息的一种，它们之所以会传播是因为人们相信这些信息，并且有一定意愿去传播它。如前所述，对于受众而言，他们较难区分信息是流言、谣言还是正确的信息，所以本部分我们在讨论受众行为时一般对它们也不加区分。社会认知理论为理解人们对于信息的认知和处理提供了一个有力的理论框架。本节基于社会心理学理论，从受众视角对受众在信息传播中的行为进行分析，并说明人们为何会相信流言。

自我意识对信息传播起着重要作用。个体的自我意识会影响信息接收和处理的方式，以及信息传播的效果。自我意识使个体将自身和周围环境区分开来，才有可能区分与自身相关、与自身无关的信息。与自身相关度高的信息，个体更容易参与讨论，其才可能成为传染病模型中的易感节点S。与己无关的信息，个体很难有兴趣讨论（但也不会抗拒），可以被认为是康复节点R。不过，在现实生活中，个体有可能出于习惯会转发此类信息，此时其仅仅是一个过渡通道，正因为有这种情况的存在，传染病模型需要设置一些通道节点。

自我概念也可以影响个体感知，可以解释信息以及对信息做出的反应。自我概念涉及自身性格、价值观、能力、自尊心等方面。对于一条信息而言，符合自我价值观的部分，个体就乐于接受和传播，反之，则不愿意将其传播，甚至会做出批驳。当个体对信息做出符合其自我概念的解释（有时并不一定符合信息原意）时，信息可能会发生嬗变，流言、谣言或许将因此产生。在设定数理模型时，应该考虑个体节点对信息嬗变的影响，这就需要在一些节点中设置一定的参数，来模拟信息从中经过时可能发生的变化，同时还应设定描述信息的方式，使模型能恰如其分地描述信息。

在信息传播中，自我评价可以影响个体对信息的接受和反应。具有较高自我评价的个体（即常认为自己有价值、有能力、有魅力等积极的特质和品质）可能更愿意接受和相信那些与其自我评价相符合的信息。具有较低自我评价的个体可能会对自己的能力产生怀疑，对与自我评价不符合的信息产生抵触，但一般也不会主动去传播它，因为这些人表面上比较低调，即使对与自己价值观相符的信息很多时候也不会主动传播。这类人在数理模型中虽然有时被定义为被感染节点，但其向外传播的概率应该定得低一些，即与不同被感染节点I接触时，易感节点S被感染的概率应该为一个变量，较低数值代表自我评价较低的节点。

社会知觉同样也可以影响人们对信息的接收、解释和反应，从而对信息传播产生影响。个体的角色知觉可能影响其对信息的接受，比如一个老师对自己的角色的看法是权威者，这会使其比较难以接受学生提出的异议或挑战；相反，如果一个老师认为他的角色更像是一个教学合作者，那么他可能更容易接受学生的反馈和质疑。以对突发公共卫生事件政策的看法为例，同样是公职人员，负责经济事务的人员可能希望更宽松一点的政策，让经济能平稳发展；而负责公共卫生事务的人员则可能更倾向于较严格的政策，以防出现公共卫生事件。角色不同，地位不同，责任不同，对不同信息的解读和接受程度也不同。此外，如谈群体知觉时所述，信息在群体中传播时其对个体的可信度会极大增强。积极合作的群体知觉促进信息的自由流通和共享。当群体成员相互信任且将自己视为整体的一部分时，他们更愿意交流信息，更愿意与群体中的其他人共享他们认为有用的信息，而其他人也乐意接受这些信息。这也就是一些信息（包括流言）在公告中传播时无人注意，但在微信群中传递时就有人相信的原因。由以上分析可知，角色、群体对个体接受或反对所接收信息的影响很大。在数理模型中，可以对节点赋予一定的特征来反映其角色或群体特征，进而反映其整体上对流言的态度，从而能够更深刻、真实地反映流言的传播特征。

社会知觉偏差更会导致流言、谣言的传播，个体的认知偏差会导致其相信谣言、传播谣言，而社会整体的偏差则更能导致谣言甚至是极端谣言的产生和传播。正如前文所述，社会环境、社会文化对个体具有很强的作用，相同的社会环境往往会让个体具有相似的自我评价标准，这使社会整体上存在相同或相似的认知，一旦这种认知出现偏差，则会助长流言的传播。

认知偏差产生的一个重要原因是归因偏差，归因偏差对信息传播有很大影响。在信息传播过程中，传播者的行为和言论往往会受到接收者的评价和解释。如果接收者存在归因偏差，他们可能会过分强调传播者的个人特质和动机，而忽视外在环境的影响，从而对传播者的行为和言论做出错误的评价和解释。如果传播者存在归因偏差，他们可能会过分强调自身的影响力和能动性，而忽视受众的外在环境和个人差异。这会导致他们在传播信息时，选择错误的策略和方法，从而影响信息的传递和接受效果。

如前所述，社会意识、归因都会受到社会文化和社会环境的影响，相同的社会环境会使个体具有相似的自我意识和价值观。早期流言传播模型其实无须对这类因素进行过多考量，其原因在于，线下传播时人们社交范围有限，在有限的范围内大家经历和所处的环境相似，所以社会环境、社会文化对节点的影响是均衡的。而在网络传播中，由于信息传播快，传播范围广，所以有必要针对不同阶层、不同地域的人群分别分析，有时还需要对传播因子α等参量进行调整，以反映不同阶层、地域的社会环境、社会文化的影响。

在突发公共卫生事件中，流言的影响不可忽视。流言的形成和传播并非孤立事件，而是与社会文化、认知偏差等多种因素有关。早期的互联网上网门槛较高，上网的很多人员都接受了高等教育；而随着网络建设的成熟，几乎人人都会上网，当前网络言论很大程度上可以看作是全民言论。故消除流言的关键是消除网络流言，而消除网络流言，从社会认知理论看，在于加强社会文化建设，改善社会环境，让受众能够抱着客观、公正、科学的态度来对待各种消息，只有这样才能从根本上消除社会认知偏差，从而消除谣言传播的土壤。

第 4 章

基于传染病微分模型流言传播分析

流言的产生和传播本质上是一个传播学问题，其产生、传播的原因需要借助于社会学、社会心理学方面的知识才能解释清楚。前文已经从传播学和社会心理学角度（也包含社会学）对其进行了分析，但在缺乏数学工具的情况下，该分析只能是定性描述。利用数理模型和统计方法对流言进行定量分析，可以更加客观地评估流言的影响和效果，同时可以将不同因素对流言传播的影响进行量化分析，为制定有效的流言防控措施提供科学依据。本章先介绍对流言有关数据的获取和处理方法，再介绍传染病模型下流言的分析方法。本章所述传染病模型基于微分方程组，即将不同类型的节点看成整体而未考虑其分布不均匀性，也未考虑个别节点的影响力。

4.1 基本处理方法

4.1.1 数据获取方法

如第 2 章所述，随着互联网的普及和社交媒体的兴起，网络传播已经成为当前主要的传播方式。通过网络，信息可以快速地传播到社会上绝大多数人，影响着人们的思想和行为。为了更好地研究网络传播中的流言传播现象，本书的数据主要来源于各大社交媒体。

在使用社交媒体数据进行研究时，需要注意数据的获取方式和数据的精确度。由于社交媒体数据主要是根据搜索量来判断的，所以这本质上是一个增量数据。但是在使用传染病模型进行分析时，有时需要使用存量数据。因此，为了获得增量数据，本书采用将存量数据相加的方法进行计算。同时，需要指出的是，搜索量只能反映相关信息的关注程度，无法直接反映搜索者、讨论者支持还是反对这一流言，所以在对流言数据进行定量分析时，还会根据其随时间的行为以及典型节点的行为做进一步判断。

需要注意的是，网络传播数据具有时效性和噪声，因此在使用数据进行分析时需要进行相应的预处理和滤波操作。例如，数据中可能存在异常值或缺失值，需要使用插值或其他处理方法进行填补。同时，为了更好地反映信息的传播情况，需要对数据进行平滑处理和时序分析。

网络传播已经成为当前主要的传播方式，社交媒体数据的使用为研究人们对待流言的态度以及流言的产生、传播及影响提供了更加全面和真实的数据支持。通过分析社交媒体数据，我们可以定量分析、探究社会上流言传播机制，从而为流言的防控和治理提供科学依据。

4.1.2 数据处理

在获取影响力数据时，将社交媒体作为考虑对象。首先根据流言内容选取合适的关键词来调研其社交媒体数据，选择方法主要看这些指数与流言传播时间的相关性。然而，有些关键词并未被社交媒体或搜索机构收录跟踪，且涉及话题又比较多，难以完全掌握流言的传播状况。为了挑选出合适的关键词，可以把相关关键词放在一个比较长的时间段内进行观察。考虑到网络流言的“生命”一般比较短，很多网络时间持续作为热点的时间一般为一天到几天，很少超过一周，流言的考察期选定时长可较长，以便更细致地研究其行为。

如前所述，网络数据具有时效性和噪声，挑选社交媒体上的合适关键词对应指数是为了排除其他事件干扰的举措之一。除此之外，上述指数都是按天发布的，在流言开始传播时，这个时间间隔选取过大，因此需要做插值分析。不过，对于社交媒体的指数而言，已经做了类似工作，我们直接用于分析即可。考虑到这些指数本质是反映流言的增量，所以将初始时间之后的指数累加当作存量，并与最后一天的存量进行归一化后得到最终结果，这个结果可以在一定程度上反映流言总体传播情况。

以上是对数据的基本处理过程，需要再次说明的是，社交媒体给出的指数只反映了对类似事件的关注程度，而并非都是接受流言内容的，有些甚至是反对流言内容的言论。不过，这些指数在一定程度上可以反映流言的传播现状，因此也可以用作流言传播行为的定量研究。

4.2 基本传染病模型下流言的传播分析

流言的传播过程与传染病的传播过程相似，故定量分析传染病的模型可以用于分析流言（或者说是信息）的传播。经典的传染病传播模型把节点（即实际中的个体）分为三种状态，即易感（Susceptible，S）、感染（Infected，I）以及康复（Recovered，R；有时也称为移除，Removed），在信息传播领域，这三种状态有时也被称为易传播型分为三类：易感—感染（SI）、易感—感染—康复（SIR）和易感—感染—易感（SIS）。在此基础上，考虑到是否具有潜伏期、是否具有终身免疫力等因素，又有一些改进的传染病模型出现。本节先从SI、SIR、SIS基本传染病模型出发来分析流言的传播行为，结合传播学、社会心理学知识进行分析。考虑到基本传染病模型均为较简单的微分方程组，因此在对其在不同参数下的行为直接求解相应的方程组即可。

4.2.1 SI模型简介

SI模型中默认只有感染者（I）和易感染者（S）两种状态，一旦节点被感染，其将一直保持感染状态。显然，经过很长一段时间后，该模型中所有节点都将被感染。以α表示感染者将病毒传给易感者的概率。则有：

$$\begin{cases}\dfrac{\mathrm{d}S(t)}{\mathrm{d}t}=-\alpha S(t)I(t)\\ \dfrac{\mathrm{d}I(t)}{\mathrm{d}t}=\alpha S(t)I(t)\end{cases} \tag{4-1}$$

此处，$S(t)$、$I(t)$可以代表t时刻所有节点中未被感染（此处即易被感染）、已被感染的数目，显然$S(t)+I(t)=1$。设初始时刻网络中易感者为S_0，上述微分方程的初条件可写作：

$$S(0)=S_0, I(0)=1-S_0 \quad (4\text{-}2)$$

图4-1展示的就是SI模型下的传播情况。SI模型一般用于病毒感染等情况，现有技术水平下，被感染者无法康复且保持传染能力，而且也不会在短时期内死亡。但从实际经验看，SI模型并不适用于一般的传染病传播，原因在于，个体在感染后可能会康复或者立即死亡。对于流言传播，SI模型确有可取之处，可以想见，在没有辟谣、信息传递不充分的情况下，任何人都有可能接受并相信谣言的说法，最终导致整个社会的认识发生偏差。

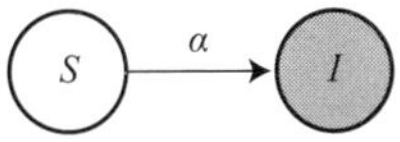

图4-1　SI模型示意图

4.2.2　基于SI模型的流言行为的研究

由式（4-2）可知，SI模型为一微分方程组，为简化起见，我们将模拟的区域的节点总数N=10000，并按SI模型的要求除感染节点外每个节点均为易感节点，感染率α对每个易感节点都相同。初始时刻只有一个节点被感染，其可被认为是流言制造者。那么方程组的初始条件可以认为是：

$$I(0)=0.001, S(0)=0.9999 \quad (4\text{-}3)$$

如前所述，由于SI模型的常微分方程组相对简单，我们直接采用Matlab软件中的ode45函数进行计算。计算结果表明，在不同感染率α下所得结果如图4-2所示。在模拟的时间段内，随着感染率的上升，受影响人群的比例迅速上升，最终感染比例达到100%。当感染率很低，如α=0.01时，在考察的时间段内感染率始终处在一个较低的水平，定量计算表明在时间t取100时，感染率I=0.0002。即使感染率很高，如α=0.4时，在t取10时，其感染率I=0.01。这表明在流言传播早期受影响的人群比例并不高，如果此时采取干预措施，则流言将不会传播开来。然而，当过了干预最佳时机之后，感染比例将迅速上升，并且感染率越高，干预最佳时机越提前，感染比例上升越快。仍以α=0.4时为例，其在t=10时，I=0.01；当t=20时，I=0.27；而当t=28时，I=0.89。这些结果表明，当有1/4的群众知道流言后，流言的传播将很可能在短时期内被绝大部分人知道。最佳的干预期应在感染率达到1%之前，在网络时代，这需要相关部门加大巡查力度。

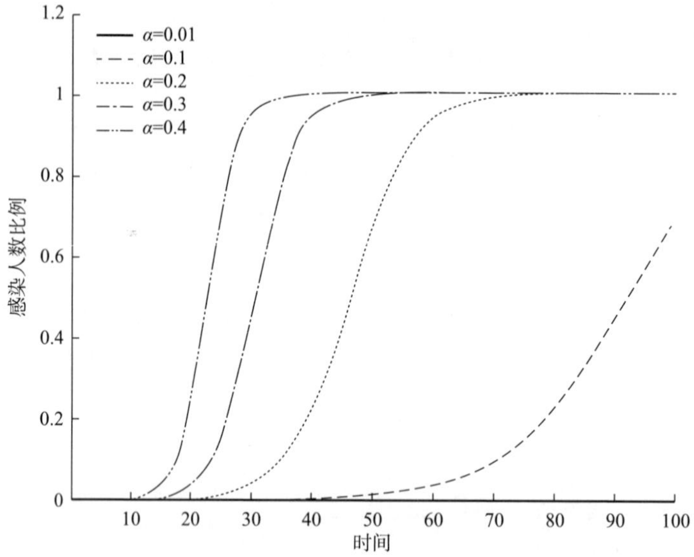

图4-2　不同传染系数 α 下SI模型的感染曲线

需要指出的是，以上是建立在感染率不变的基础上所得的结果。事实上，在流言传播开之后，感染率很可能会发生变化。由图4–2易得，感染率提高后，感染速度会加快，而其降低后，感染速度会下降。在网络传播占主流的情况下，网络大V等“粉丝”较多的节点影响力大，若其作为流言传播节点，则感染率将大幅提升，短期内就可将流言传遍网络，所以干预流言传播的关键在于监控网络大V等关键节点。

对于描述同一事件的不同关键词而言，它们对感染率的估计是相似的，这表明这些关键词在描述事件时具有相似的影响或相关性。不过，有时关键词对应指数的行为会有所不同，这可能是因为之前对指数进行归一化的处理方法反映的只是关键词本身被搜索、被关注的次数之和，换言之，相当于对事件的抽样调查，不同的关键词被关注的程度也是不一样的。另外需要说明的是，被关注、搜索并不意味着受众接受该流言，这是流言传播与疾病感染存在的很大不同，其数据难以筛选。

4.2.3　SIS模型简介

在一般传染病传播过程中，感染者会有一定概率康复，SIS模型考虑了这种情况，其认为感染者会在感染后康复，但康复后仍然会再次被感染。图4–3中用β表示康复的概率，则该模型下遵循动力学方程的微分形式可以写为：

$$\begin{cases}\dfrac{\mathrm{d}S(t)}{\mathrm{d}t}=-\alpha S(t)I(t)+\beta I(t)\\ \dfrac{\mathrm{d}I(t)}{\mathrm{d}t}=\alpha S(t)I(t)-\beta I(t)\end{cases} \tag{4-4}$$

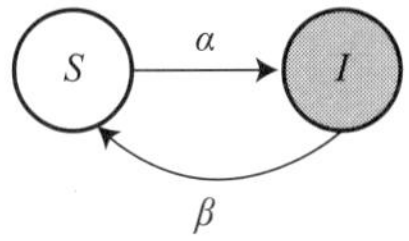

图4–3　SIS模型示意图

由式（4–4）可以看出，当$\alpha S(t)-\beta>0$时，$\dfrac{\mathrm{d}S}{\mathrm{d}t}<0$，此时系统表现为易感节点减少，感染节点数目上升；当$\alpha S(t)-\beta>0$时，$\dfrac{\mathrm{d}S}{\mathrm{d}t}>0$，此时易感节点增加，感染节点减少。尽管从数学层面上存在$\alpha S(t)-\beta=0$的情况，但由于统计波动等原因，S和I的节点数目会动态波动，因此这种状态是不稳定的。由此可见，在该模型下，感染节点数目在一定时间内呈波动态势。

从数学层面上来看，给定初始条件$I(0)=I_0$，则由式（4–4）可得：

$$I(t)=\frac{I(0)(\alpha-\beta)\exp[(\alpha-\beta)t]}{\alpha-\beta+\alpha I(0)\exp[(\alpha-\beta)t]} \tag{4-5}$$

定义$\lambda=\dfrac{\alpha}{\beta}$，华东师范大学的林诏华将其称为有效感染率。当$\beta>\alpha$时，即$\lambda<1$时，感染者数目应当呈下降态势，潘德宇指出，此时感染者将呈指数形式下降；当$\alpha>\beta$时，即$\lambda>1$时，同时$t\to\infty$时，感染态S的比例将趋于稳定，此时：

$$I=\frac{(\alpha-\beta)}{\alpha}=1-\frac{1}{\lambda} \tag{4-6}$$

此即人群中总有一定比例的感染人群，但与SI模型不同，人群中仅有有限比例的人感染。人们一般把$\lambda=1$称为基本再生数，其可看作SIS模型传播的阈值。只有高于该阈值时，流言才会传播。

4.2.4　基于SIS模型流言行为的研究

与SI模型相同，我们仍将模拟区域节点总数取为10000，初始情况与SI模型相同，即初始时刻只有一个流言制造者。方程的初始条件相同，即初始时刻感染率I（0）为0.0001，易感率S（0）为0.9999。当研究传染病模型中的不同参数取值对感染率的影响时，我们可以得到一些有趣的观察结果。在下面的讨论中，我们固定了感染率的值为0.5（α = 0.5），然后改变了康复率β的取值，观察了感染率随时间的变化趋势。

根据图4-4可以看到，当康复率较小时（如0.1和0.3），感染率随时间仍然呈指数形式上升，但最大值小于1。这意味着在这种情况下，流言传播无法达到全面覆盖的程度，可能只会导致部分人群接收到信息。而高康复率时，感染率迅速下降，很快达到很低的水平。这意味着流言（或者传染病）的传播会被有效地遏制，流言在社交网络中无法广泛传播。这些观察结果与先前的研究和预期相吻合。对于传染病而言，康复率对传染病的传播起着重要的控制作用。较小的康复率会导致传染病传播不广泛，而较大的康复率则会迅速抑制传染病的传播。延伸到流言中，“康复”意味着人们不再相信流言，甚至是对流言不感兴趣。如果人们对流言内容迅速失去兴趣，这就意味着该流言难以传播。

我们还固定了康复率β的值，然后改变感染率α的取值，观察感染率随时间

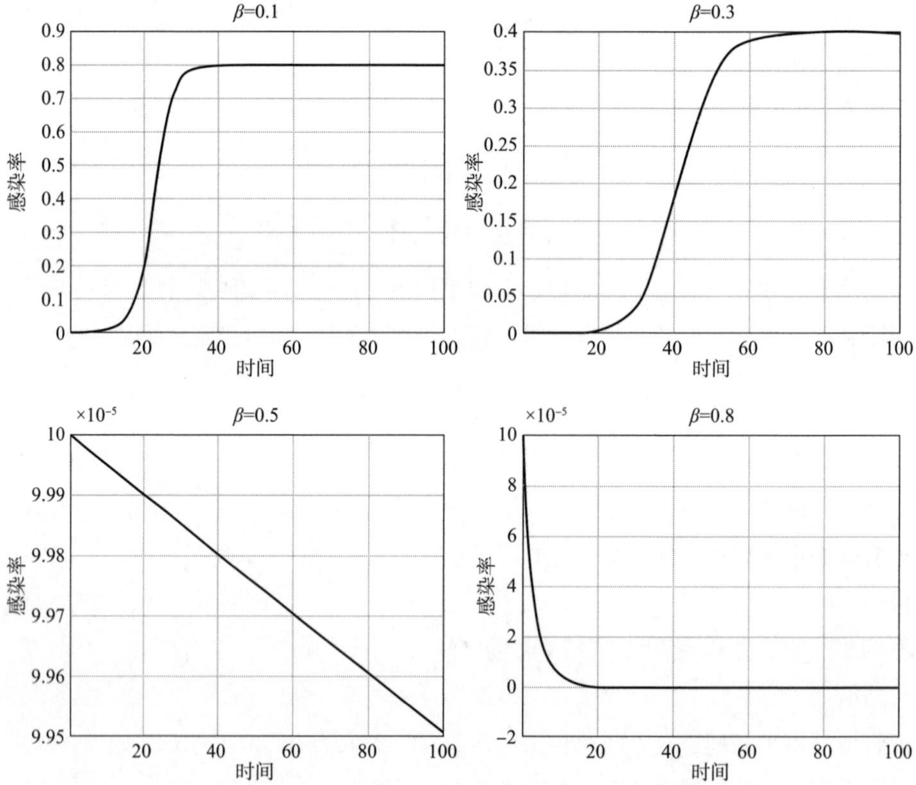

图4-4　SIS模型下α=0.5时不同β值下感染率的变化趋势

的变化趋势如图4–5所示。可以看出这本质上和图4–4类似，这些结果都和林诏华等学者预期的结果相同。我们在图4–5中详细研究了当α和β接近时的情形，可以看出当$\alpha>\beta$时，即感染率大于康复率时，感染率在考察时间内缓慢上升；而当$\alpha \leqslant \beta$时，感染率下降，这里取小于号是类似于指数形式的下降。这些结果再次说明，当人们对流言兴趣不大，或者迅速识别流言后，流言将无法有效传播。

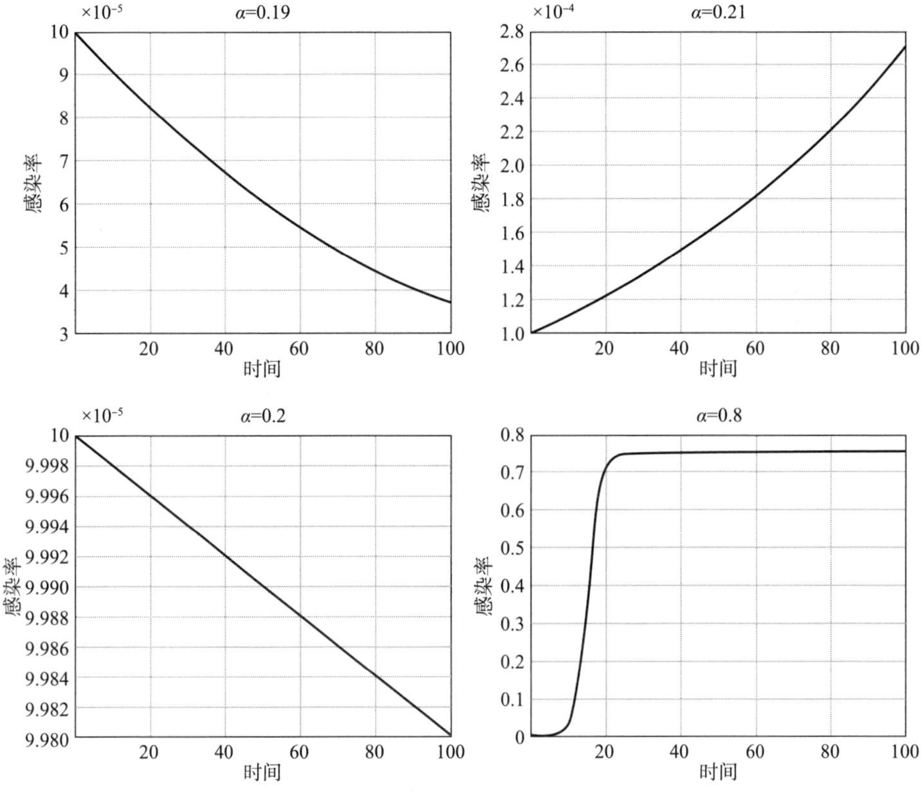

图4–5　SIS模型下β=0.2时不同α值下感染率的变化趋势

某些流言缺乏基础科学常识，却能够引起广泛的关注，这反映了当时社会中人们的心理状态。从社会心理学的角度来看，人们的心理状态往往会受到周围环境的影响。在这种情况下，人们往往更容易接受并相信那些与他们的担忧和恐惧密切相关的信息，即使这些信息可能缺乏科学依据。社交媒体的普及也对流言的传播起到了重要作用。社交媒体平台提供了一个快速而广泛传播信息的渠道，使流言能够以迅猛的速度传播到大众中。人们在社交媒体上分享和传播信息，往往受到他们的兴趣、情绪和社交关系的影响。

还有一种情况值得注意，那便是一些谣言反复在社交网络上传播。这类信息之所以长期传播，原因在于随着时间的流逝，人们对这类谣言本来已慢慢淡忘，恢复到易感态，但此类流言并未消失（这类似于图4–4、图4–5中稳定在一定程度的感染比例），一旦环境发生变化，人们又被这些谣言所影响，又呈现感染态。究其原因在于，对于这类谣言的辟谣以及教育没有深入人心，仅依靠时间推移来转移人们注意力，一旦时机成熟，还有可能酝酿更大风险。故加强科学教育，培养人们思辨精神，对遏制流言传播至关重要。

4.2.5 SIR模型简介

SIS模型引入了康复机制，使其能够比SI模型更符合事实地来描述疾病的传播，但它没有考虑康复后的节点其实是有免疫力的。在SIR模型中，单位时间内感染态的节点I有一定概率（仍设为β，为康复率）会被治愈，并获得对此类疾病的终身免疫力，且不再具有传染性。其传播情况如图4–6所示。在SIR模型中，节点被分为三个状态：易感者（S）、感染者（I）和康复者（R）。与SIS模型不同的是，SIR模型引入了具有免疫力的康复机制，即在单位时间内，感染者有一定概率被治愈并获得对该疾病的终身免疫力，不再具有传染性。可以想见，经过很长时间之后，网络节点将只有易感S和康复R两种状态。该模型遵循的微分方程可以写为：

$$\begin{cases}\dfrac{\mathrm{d}S(t)}{\mathrm{d}t}=-\alpha S(t)I(t)\\ \dfrac{\mathrm{d}I(t)}{\mathrm{d}t}=\alpha S(t)I(t)-\beta I(t)\\ \dfrac{\mathrm{d}R(t)}{\mathrm{d}t}=\beta I(t)\end{cases} \tag{4–7}$$

式中：$S(t)$、$I(t)$和其在SI模型中的含义相同，$R(t)$代表康复者所占的比例。

显然此时应该有$S(t)+I(t)+R(t)=1$。初始条件的设置与SI模型类似，比如设初始时的感染者比例$I(0)=I_0$，康复者比例为0，则初始条件设置与SI模型相同。该模型也可定义有效感染率λ（$\lambda=\dfrac{\alpha}{\beta}$），当$\lambda<1$时，康复态R的数值接近于0，说明传染病并未在人群中大量传播；当$\lambda>1$时，$R>0$，说明传染病曾在人群中传播。与SIS模型类似，$\lambda=1$也是SIR模型的阈值。

SIR模型对于非致命性传染病的研究比SI模型更符合事实，对于信息的传播也很有指导意义，可以反映出个体在受到谣言蒙蔽并认清谣言后对类似谣言的抵制状态（图4-6）。

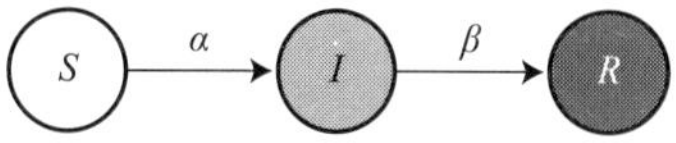

图4-6　SIR模型示意图

4.2.6　基于SIR模型流言行为的研究

与SI模型相同，我们此处模拟区域节点总数为10000，初始情况也与SI模型相同，即初始时刻只有一个流言制造者。方程的初始条件也与式（4-3）相似，即初始时刻感染率$I(0)$为0.0001，易感率$S(0)$为0.9999，同时设康复率$R(0)$为0.0001。

在此次研究中，通过SIR模型研究了不同参数设定下的人数比率变化关系。图4-7展示了当传染率α=0.5时，不同康复率β下感染者、易感者和康复者比率的变化情况。首先，当康复率β小于传染率α时（即β=0.1和0.3），可以观察到感染率在一开始呈上升趋势，并达到一个峰值，随后逐渐下降，最终趋近于0。这表明在这种情况下，传染病在人群中快速传播，并且绝大多数人最终被感染。值得注意的是，对于β=0.1的情况，由于康复率更低，感染率上升得更快，峰值更大（峰值感染率为47.8%），达峰时间更早（t=27.8），并且最终导致整个人群均被感染，即康复率接近于1。而对于β=0.3的情况，康复率相对较高，感染率上升较为缓慢，峰值也相对较低（峰值感染率为9.3%），达峰时间也较晚（达峰时间t=42.5），在考察的时间（0~100）范围内，仍有约35%的人处于易感状态。这说明在康复率β远低于传播率α时，流言仍然能够快速传播并覆盖整个人群；而当β较大时（即康复率较大），流言的传播将变得缓慢，而且并不能覆盖所有人。另外，当康复率β大于或等于传染率α时（β=0.5和0.8），我们观察到在所考察的时间范围内，易感率并没有明显降低，仍然保持在1的水平，而感染率也没有显著增加。这说明在这种情况下，流言并未成功传播，整个人群的状态保持稳定，没有出现大规模的传播。

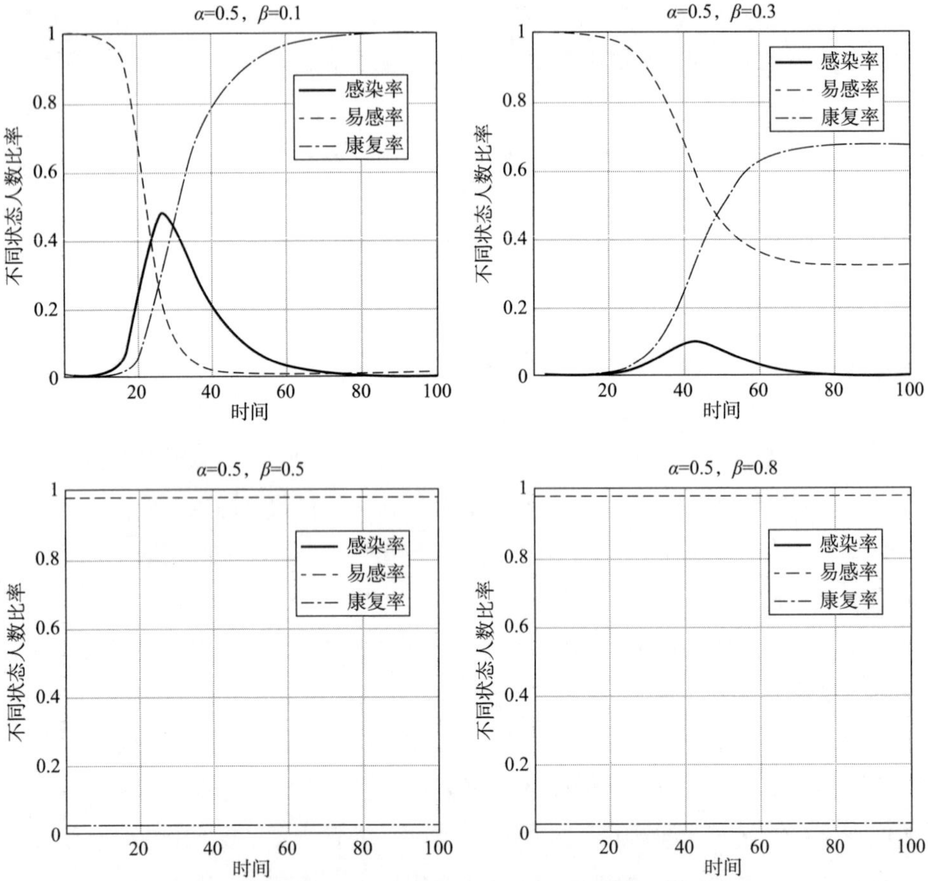

图4-7　SIR模型下 α =0.5时不同 β 值下感染率的变化趋势

我们还固定了康复率β的值，然后改变感染率α的取值，观察不同状态下人群占比随时间的变化趋势，如图4-8所示，这些结果和图4-7相似。当感染率α小于康复率β时，易感人群所占比率维持在接近1的水平，即大多数人保持易感状态，而流言或疾病没有传播开来。这是因为康复的速度超过了感染的速度，感染者很快就被治愈并获得免疫力，从而有效地遏制了传播。当感染率α大于康复率β时，我们观察到感染率出现了峰值，且这一峰值的高度和出现的时间取决于康复率β的取值。具体来说，当康复率β较小时，感染峰值更高且出现得更早。这是因为在这种情况下，感染者的康复速度相对较慢，而感染者的数量不断增加，从而导致感染率的快速上升。随着时间的推移，感染者逐渐康复，感染率逐渐下降，最终趋近于0。

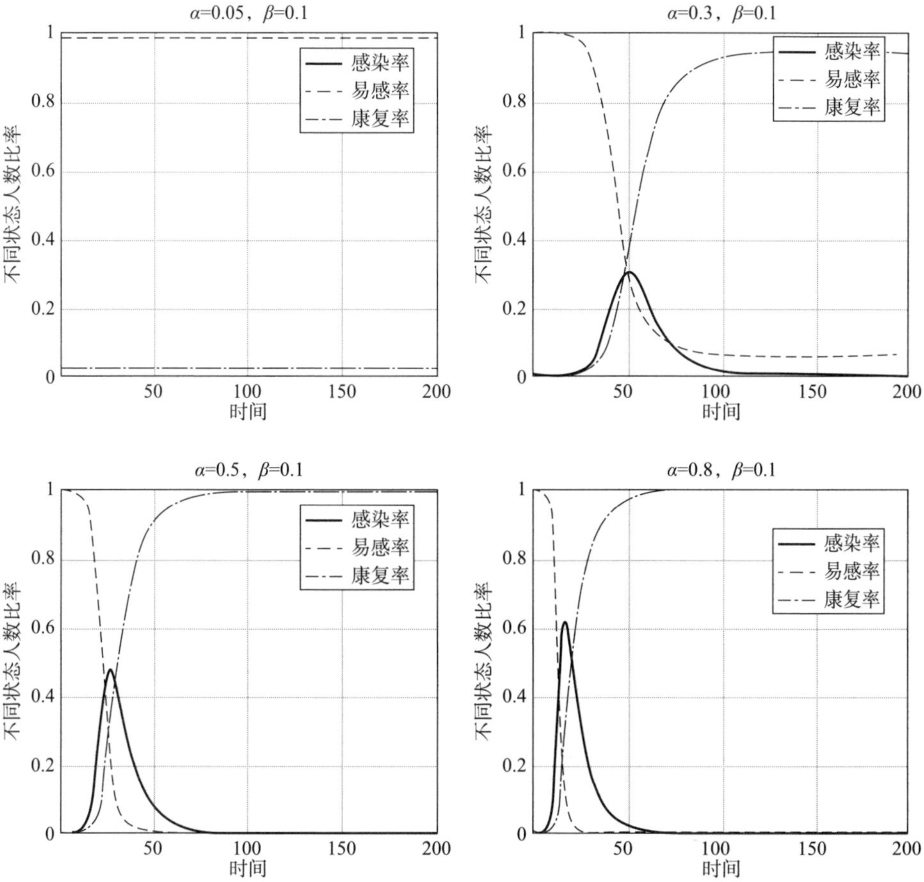

图4-8　SIR模型下 β =0.1时不同 α 值下感染人数比率的变化趋势

这些结果进一步强调了康复率和传染率之间的关系对于流言或疾病传播的重要性。当康复率低于传染率时，流言或疾病有可能快速传播并导致大规模感染。相反，当康复率高于传染率时，流言或疾病很难在人群中传播开来，因为感染者很快得到治愈并获得免疫力。具体到流言传播领域，“免疫力”意味着人们对某些流言的内容不感兴趣或者识别出其危害性，不再关注和传播。

需要特别指出的是，上述描述是基于简化的SIR模型和特定的参数设定所得出的结果。在现实情况中，流言传播的过程可能更加复杂，并受到许多因素的影响，包括社会环境、辟谣信息的及时性、信息的公开程度以及公众的科学素养等。及时提供准确的信息、加强公众教育和科学宣传、建立有效的沟通渠道等，都可以在一定程度上减少流言的传播，可以让流言具有更小的传染率和更高的康复率。此外，公众的科学素养和对信息的辨别能力也对抵御流言的传播起着重要的作用，这能够让人们对流言具有更高的抵抗力，即人群中的康复态（R）在流言初始时便不为0。

4.2.7 基本传染病模型下的流言传播总结及相关参数解读

在SI模型、SIS模型、SIR模型等基本传染病模型的框架下，流言的传播行为得到了定量研究。由SI模型（图4–2）、SIS模型（图4–4、图4–5）、SIR模型（图 4–7、图4–8）的传播方式可知，在基本传染病模型下，感染人数比例不会出现周期性波动，仅在SIR模型中出现了感染峰值。这说明，在该模型下，单个流言的传播是一次性的，这对于短期内流言的行为是符合实际情况的。

在基本传染病模型的框架下，流言的传播行为依赖于传染率α和康复率β这两个参量的取值。当α较大时，SI模型中流言的影响力将迅速扩大，很快将感染率提升为1；而当α较小时，影响力提升相对缓慢。当α远大于β时，SIS模型也呈现出类似的特点，但感染率最大值也不为1，这说明仍有人并未被流言影响。对于SIR模型而言，则有明显的峰值，不过α较大时，峰值高，达峰时间也短。当α小于β时，无论对SIS模型还是SIR模型，易感率S均接近于1，这说明此时流言很难传播。

以上只是从数理模型的层面对流言传播进行了总结。传染率α（有时也作感染率）、康复率β（有时也作恢复率）等的取值其实在新闻学、社会心理学等视角下具有现实意义。传染率高代表着受众对流言内容比较感兴趣，从信息性质的角度来说，只有流言能够满足人们消除不确定性需要时，大家才可能对其感兴趣，而流言产生的原因之一即变动，换言之，流言引起人们注意的时候多处在社会环境变动时。另外，造成现在流言传染率较高的原因是网络传播的应用。正如McLuhan所说，“媒介即信息，媒介即延伸”，网络技术的应用让不同地域、不同阶层的人能够迅速接收来自其他地方其他阶层的人所发出的信息，这在客观上加快了流言传播的速度。当不同地域、不同阶层的人都处于同一社会环境中时，流言可能很快出现跨区域、跨阶层传播。总之，传染率α的取值取决于社会环境、人们的心理状态以及传播媒介等因素。

康复率β可表示人们从流言影响中恢复出来的速率。对于SIS模型，所谓“康复”可能只是指随着时间的流逝，人们慢慢淡忘了流言；而对于SIR模型，其更多是指人们意识到流言内容的不真实性，并从内心排斥它。随着相关机构采取措施，现在很多情况下β反映的都是后者，此时β的大小更多地取决于辟谣者的信誉、采取的措施等因素，当辟谣者影响力较小时，β也比较小，这时，流言传播的速度将加快；而当辟谣者比较权威时，β较大，流言传播将会被迅速遏制。对于SIS模型而言，β值更多地取决于社会环境了，当社会环境不适合流言内容传播时，其影响力自然会减弱，此时对应较大的β值。

当然，社会环境是复杂的，基本传染病模型也只是从宏观上说明问题，并且其更多反映的是传染病传播的情形，对于流言的传播，由于情况更加复杂，基本传染病模型很难将其完全模拟。例如，SIR模型只考虑了康复态R对流言的抵御作用，而并未考虑康复态R的正向激励作用，这在传染病研究时无须考虑，但对于信息传播，康复态R的正向激励作用是可以提高易感态S对谣言的免疫力，并能提高感染态I的康复速度。另外，SIR模型也没有考虑潜伏期（即人们对信息犹豫的时期）、非终身免疫（即人们会遗忘，等社会环境发生变化，人们会再次接受流言）等诸多因素。针对这些问题，我们将在下节进一步分析。

4.3 改进的传染病模型及其框架下的流言传播

前文介绍的基本传染病模型并未考虑是否具有潜伏期、是否有特定影响人群、所获免疫力是否终身免疫等问题，为了更准确地描述传染病的传播过程，人们对其进行了改进，如SIRS模型考虑了非终身免疫，SERS模型考虑了潜伏期。这两种模型对于信息传播机制研究也具有重要意义，比如很多时候人们对谣言的识别能力不是一成不变的，随着情况变化，识别能力可能下降，又如现实生活中，有些人接受了谣言，但并不传播，这跟疾病的潜伏期很相似。除上述模型外，考虑到谣言这种话题式信息的传播特性，人们还构建了含有信息价值、出现频次的H-SEIR模型。遗忘因素在信息传播中起着重要作用，考虑到信息传播的时效性，人们还提出了SIHR模型。另外，考虑到信息传递过程中异化对个体的影响，人们还提出了SIVR模型等。此外，如上节所述，SIR模型在应用于信息传播领域时，还应当康复态R的正向激励作用，我们在本节也将探讨考虑正向激励的SIR模型（本书称为nSIR模型，即“新SIR模型”）。

4.3.1 改进的SIR模型——SIRS模型

SIRS模型可以被认为是对SIR模型、SIS模型的修正。如图4-9所示，该模型认为被感染的节点（个体）被治愈后并未获得终身免疫，此时治愈节点有一定概率转化为易感态，设该概率为η（即再感染率），则此模型遵循的微分方程组为：

$$\begin{cases}\dfrac{\mathrm{d}S(t)}{\mathrm{d}t}=-\alpha S(t)I(t)+\eta R(t)\\ \dfrac{\mathrm{d}I(t)}{\mathrm{d}t}=\alpha S(t)I(t)-\beta I(t)\\ \dfrac{\mathrm{d}R(t)}{\mathrm{d}t}=\beta I(t)-\eta R(t)\end{cases} \tag{4-8}$$

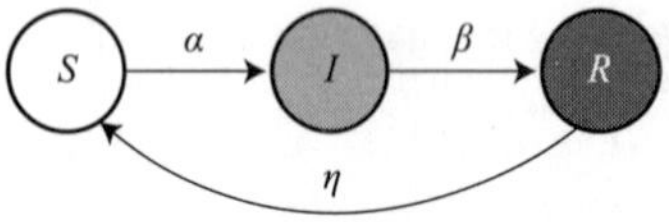

图4-9 SIRS模型示意图

可见该模型与SIS模型类似，难以获得群体免疫力，疾病在环境中可能将一轮又一轮传播。当然具体的传播方式取决于α、β及η三者的大小关系，很显然，当β比较大的时候，长时间来看，模型的结果应该跟SIR模型相似。该模型被认为是针对符合社交信息传播的改进，原因在于，随着时间的流逝、环境情况的变化，对谣言具有免疫力的个体会失去免疫力，从而再次受到谣言干扰。与SIR模型类似，该模型也没有考虑到社会个体在对谣言免疫的同时，也会传播辟谣信息，从而减缓甚至遏制谣言的传播。

对于该模型，我们也依据方程组对其进行了模拟。此处由直接求解微分方程组变成根据微分方程组模拟一个指定人数（节点数）的系统，本质上两种方式是相同的，本书此处为展示不同的算法使用后者。与SI模型类似，此处将总人数取为10000，初始感染节点数I（0）=1，易感人数S（0）=9999，康复态R（0）=0。显然在固定总数时，人数的变化也能反映感染率的变化。这里先固定α、β等参数，然后考察不同η值时不同类型人数的变化。

如图4-10所示，在α取值0.3，β取值0.2时，对于不同的再感染率η而言，在充分长的时间之后，不同状态的人群数目将维持恒定。例如，当η=0.20时，最终易感者将维持在3333，并且该值在η取不同值时都一样，这说明此值与α和β的取值有关。易感者在流言传播时意味着他们从未受到流言的影响，易感者最终剩余多少反映了流言的影响程度，从图4-10可以看出，在SIRS模型框架下，流言影响力其实取决于传染系数α和康复系数β。从新闻传播学角度看，其实这取决于受众对流言的感兴趣或认可程度，本质上当环境变动较大或者流言传播者较为权威时，α值较大，而当社会环境与流言无关时，α值较小；当存在权威辟谣、强力干预时，康复系数β较大。从社会心理学角度看，社会环境、文化背景等因素都会影响传染系数和康复系数。另外，这些系数还受到人们的认知和行为因素的影响。当人们对流言的真实性存在怀疑或不确定态度时，他们可能会采取不同的行为来应对流言，如不相信流言、不传播流言、不采取行动等，这些行为会影响传染系数和康复系数。此外，人们的个人心理状态也会对流言的传播产生影响。当人们处于焦虑、紧张、不安等情绪状态时，他们可能会更容易相信流言，从而加快流言的传播。

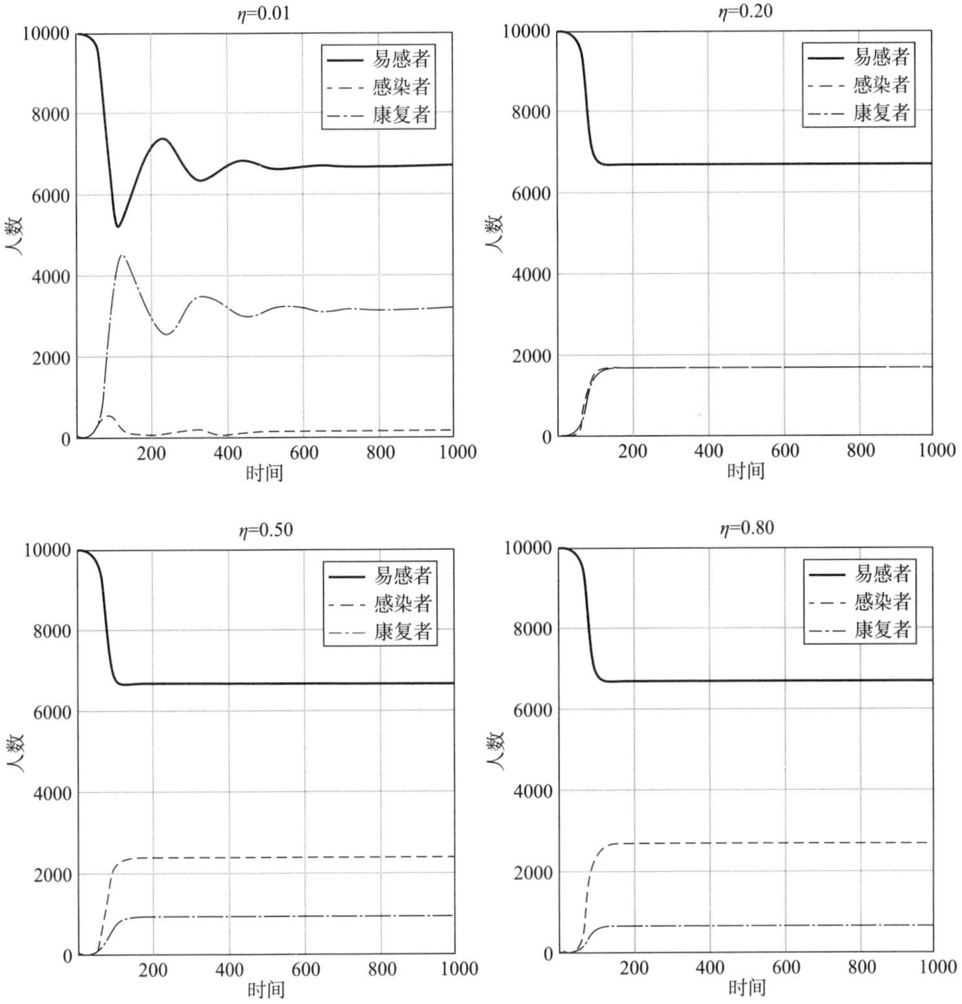

图4-10　SIRS模型中α=0.3、β=0.2时，不同η值下易感、感染和康复者数量变化

在一段较长的考察时间内，由图4-10可以看到再感染系数 η 会影响感染者和康复者的比例。在感染率（如 η=0.01）很小时，在流言或疾病传播初期，感染者、康复者和易感者数量均易发生波动，如感染者数量达到峰值后迅速下降并出现波动，之后趋于平稳。这说明在流言传播初期，人们整体上由于各种因素而对流言呈现犹豫状态。较大的再感染系数对应着较小的康复者数量和较大的感染者数量。从新闻传播学和社会心理学角度看，受众之所以会被再次感染，很大程度上是因为流言传播的社会环境没有被消除，人们在接受辟谣之后，发现情况并未有所改观，所以会再度相信流言。实际上，再感染系数和康复系数、传染系数之间存在着关联，并非一成不变。也就是说，流言传播的社会环境没有变化，辟谣者权威性不够，或者以谣言对付流言时，再感染系数、传染系数会上升，而康复系数则将下降，此时流言将大规模传播开来。不过，对于基于微分方程组的模型来说，模拟上述情形还是比较困难的。

4.3.2 考虑病毒变异的SIR模型——SIVR模型

病毒在传播过程中往往会发生突变，不同的突变往往会带来不同的感染率。俄罗斯圣彼得堡大学的Gubar等人考虑到上述因素，在SIR模型中引入了病毒变异（即Variant，V）因素，将其称为SIVR模型，即易感—感染—变异—治愈模型。但该模型是纯粹基于传染病传播过程改定的模型，对于信息传播领域而言，情况还是有所不同，信息传播与传染病传播有所不同，人们可能会对信息有不同的认识，也就是说大家对流言的观点可能不同，故一部分人们转化为免疫者（即对流言不感兴趣），而另一部分人们则对流言有更进一步的看法，这些看法会影响原来认同流言的人。很多时候这种变异可能让人变得更加极端。

徐涵等人在引述原始SIVR模型时对其进行了修正，在其设定模型中，感染者I有三种转化形式，即可以 β 的系数变成免疫者R，以 λ 的系数（此参数被称为自发变异系数）转化为变异者V，或者在接触到变异者V时，以 γ 的系数（此为变异系数）转化为变异者V（图4-11）。在此设定下，可得SIVR模型所遵从的微分方程组为：

$$\begin{cases}\dfrac{\mathrm{d}S(t)}{\mathrm{d}t}=-\alpha S(t)I(t)\\ \dfrac{\mathrm{d}I(t)}{\mathrm{d}t}=\alpha S(t)I(t)-\gamma I(t)V(t)-\lambda I(t)-\beta I(t)\\ \dfrac{\mathrm{d}V(t)}{\mathrm{d}t}=\gamma I(t)V(t)+\lambda I(t)\\ \dfrac{\mathrm{d}R(t)}{\mathrm{d}t}=\beta I(t)\end{cases} \tag{4-9}$$

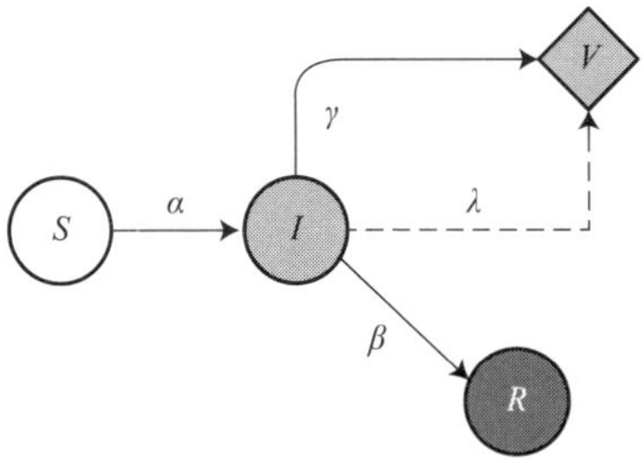

图4-11　SIVR模型示意图

我们同样计算了不同参数取值的情况下，SIVR模型中各节点数占比随时间的变化关系，考虑到SIR模型中已详细讨论α、β等参数的行为，与SIRS模型类似，本节主要讨论变异系数γ和自发变异系数λ对不同状态节点数目的影响。首先，设定α为0.3，β为0.1，固定γ为0.2，讨论不同λ值的情况。这里我们将λ的取值限定在小于或等于γ的范围，之所以这样取值，主要是因为从社会心理学角度考虑，在相互交流的过程中，人们会受到说服、从众、服从等心理的影响，其变异效率应该不小于自我传播时的变异效率，即λ应小于或等于γ。在这种设定下，部分典型结果如图4–12所示。由此图可以发现一些很有意思的结果：

（1）在存在变异的情况下，经过较长时间的演化，原始感染者将不再在人群中存在，取而代之的是变异者。当自发变异率λ较小时，感染者会出现峰值，而随着λ的增大，该峰值变小，达峰时间也将后移，最终变得不明显，原始感染者维持在很低的数量。

（2）易感者S的数量随着时间的推移迅速降低，说明人群受到了流言影响。但有意思的是，随着λ的增大，最终一直为易感者的比例上升，当λ为0.2时，易感者比例几乎没有变化。这说明在变异比较严重时，流言在人群中几乎没有传播。

（3）康复者人数与易感者最终被感染的比例相关，这点与原始SIR模型的情况类似。但对于变异者比例，当λ在一定范围内时，最终变异者数量维持在一个恒定的水平，另外也可以看出，随着λ的增大，最终变异者数量将先上升后减少。

SIVR模型展示出不同状态人群比例随时间变化的曲线，对于研究特定情况下流言的演变具有现实意义。在流言传播时，一些接受流言的人思想可能变得极端，反映到SIVR模型中，这代表了较大的λ和γ值。

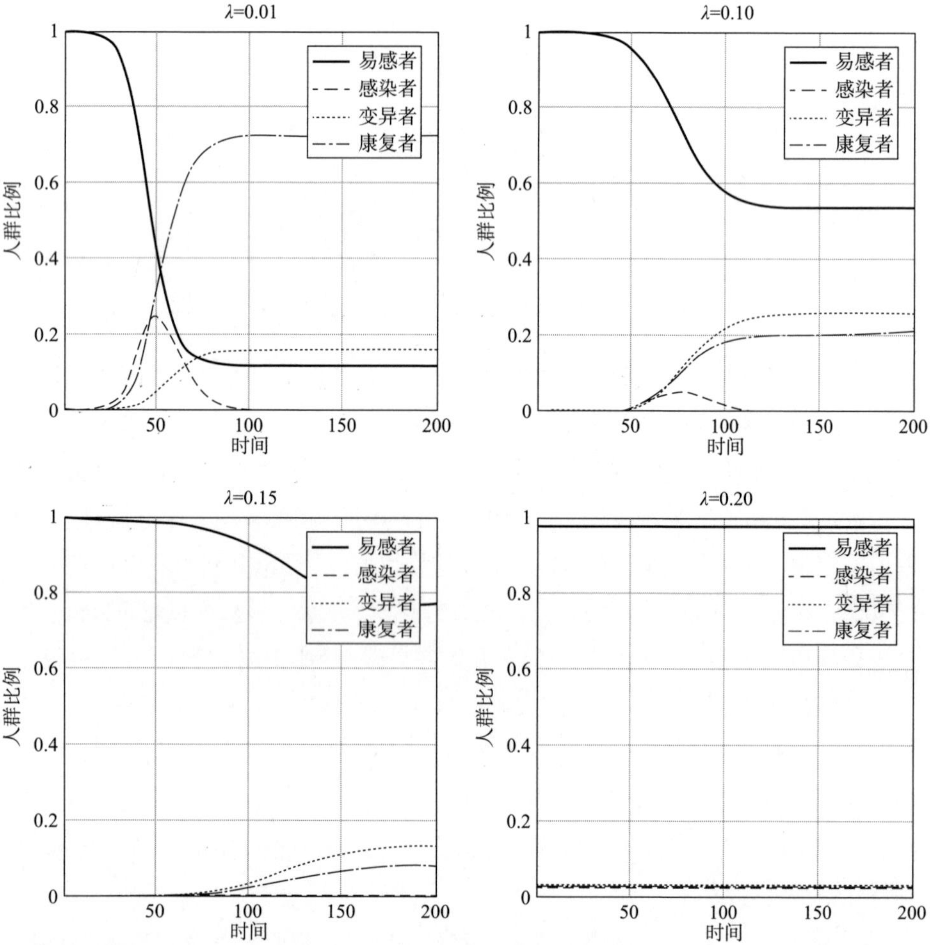

图4-12　SIVR模型中α=0.3、β=0.1、变异系数γ=0.2时，不同自发变异系数λ值下易感、感染、变异者和康复者人群比例变化

我们还固定自发变异参数λ，来研究随变异参数γ变化时的情形，结果如图4-13 SIVR模型中α=0.3，β=0.1，自发变异系数λ=0.01时不同变异系数γ值下易

感、感染、变异者和康复者人群比例变化。我们发现，在自发变异系数λ取0.01时，无论变异系数γ如何取值，感染者均存在最大值，但最终四类状态的比例均随着时间的推移而保持恒定。这说明感染者波动幅度和最终行为与γ值关系较λ更为疏远，尽管γ的变动幅度较大，但易感人群最终比例仅随着γ值的增加而略有增加，而变异者最终比例也略有增加，与之对应康复者最终比例减小，但这些比例变化不大。上述结果再次说明λ在SIVR模型中占有重要地位。

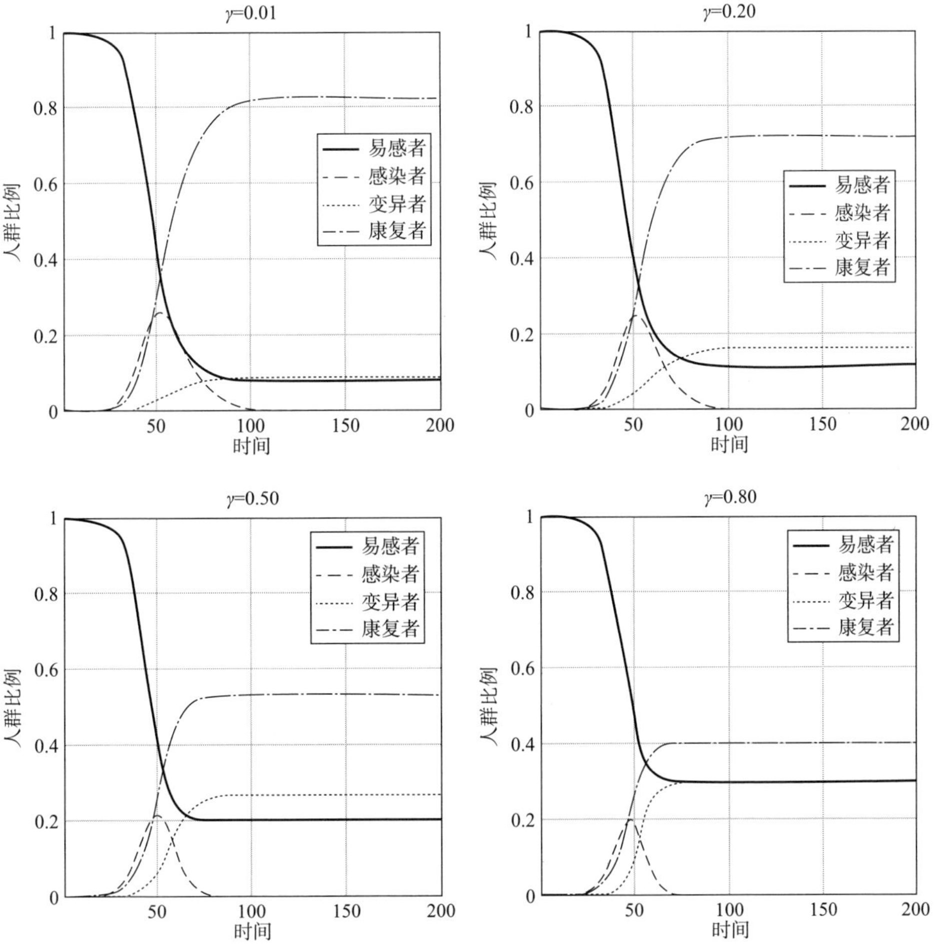

图4-13 SIVR模型中α=0.3、β=0.1、自发变异系数λ=0.01时，不同变异系数γ值下易感、感染、变异者和康复者人群比例变化

从新闻传播学和社会心理学视角看，SIVR模型反映了流言的筛选和变异过程。所谓筛选是指让人们接受流言，而所谓变异正是指在被筛选的人中找到受

骗者。变异系数γ更多反映的是在社交活动中，受变异者影响，感染者才变成变异者的概率；而自发变异系数λ则说明了在环境影响下，感染者变成变异者的概率。后者对整体的影响更大。自发变异系数其实取决于周边小环境。群体传播和组织内传播会对个体产生“群体压力”，而其说服效应则使个体更倾向于往受骗或者其他极端方向靠拢。需要说明的是，SIVR模型中的变异者不会变成康复态，也不会传染易感态，这其实是在说明极端思想的受害者很难自发转化为正常状态，正常状态也很难迅速接受极端思想。在这个模型中，感染态I成为中间态，其本质上起到了对社会群体的筛选作用。

SIVR模型能够反映信息的变异，但在信息传播领域，对于一个信息，往往一开始便有多种观点在传播，在自媒体时代更是如此，该模型并未反映多种观点同时传播时对人态度的影响，这将在后面的SHIR模型中得到考虑。

4.3.3 改进的SIVR模型——mSIVR模型

SIVR模型并未考虑信息变异后对易感者、康复者的影响，实际上有些极端思想对普通人的影响更大，更难康复；而有些流言经过变异后，则趋于消亡。鉴于变异者对普通人群（即易感态）的作用，本书提出了改进的SIVR模型，即Modified-SIVR模型（mSIVR模型）。基于SIVR模型的研究，反映感染态I接触变异态V变异概率的变异参数γ对最终结果的影响较小，此处我们不再设置该参数。如图4-14所示，mSIVR模型需要考虑变异状态V对易感态S的影响，此时我们引入参数α_v来反映该影响，同时引入参数β_v来反映变异态变成康复态的概率。在这种假设下，SIVR模型对应的微分方程组可以写为：

$$
\begin{cases}
\dfrac{\mathrm{d}S(t)}{\mathrm{d}t}=-\alpha S(t)I(t)-\alpha_V S(t)V(t)\\
\dfrac{\mathrm{d}I(t)}{\mathrm{d}t}=\alpha S(t)I(t)-\lambda I(t)-\beta I(t)\\
\dfrac{\mathrm{d}V(t)}{\mathrm{d}t}=\lambda I(t)+\alpha_V S(t)V(t)-\beta_V V(t)\\
\dfrac{\mathrm{d}R(t)}{\mathrm{d}t}=\beta I(t)+\beta_V V(t)
\end{cases}
\qquad (4\text{-}10)
$$

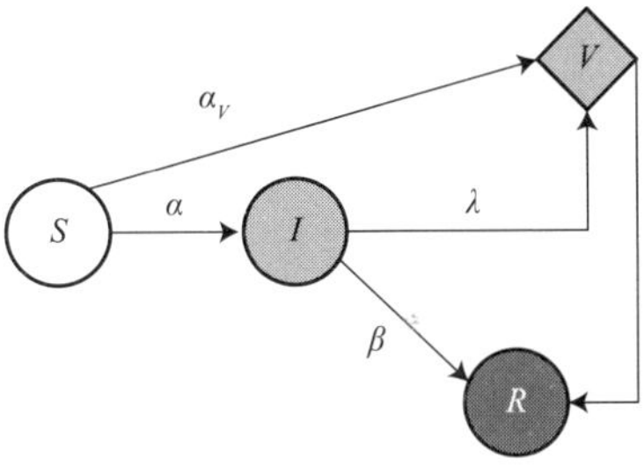

图4-14　修正的SIVR模型（mSIVR模型）示意图

在这个模型中，易感者的数量随着感染者和变异株的传播而减少，易感者数量的减少速度取决于易感者和感染者的接触率，以及易感者和变异株的接触率。感染者的数量随着易感者的感染而增加，同时随着时间的推移而减少，感染者最终转化为康复者。变异株的数量随着易感者和变异株的接触而增加，最终转化为感染者或康复者。康复者的数量随着感染者的转化而增加，最终达到稳定状态。

对式（4-10）中的方程组进行数值模拟，可以具体反映此时流言的影响。首先研究α_V的变化对人群中不同状态占比的影响。如图4-15所示，当将参量传染系数α固定为0.3，康复系数β固定为0.1，自发变异参数λ固定为0.01时，令变异态的康复参数β_V为0.05，这反映出变异态更难转化为正常态。在不同的α_V值下，所得结果如图4-15所示。由此图可以看出，随着时间的推移，各状态人群在人群中的比例将会趋于平稳，事实上，在足够长的时间之后，人群中只有康复者和易感者。当α_V足够大时（如α_V取0.5和0.8时），最终人群中全部都是康复者，这说明流言及其变异信息影响了所有人；而当α_V比较小的时候（如当期选取为0.01和0.20时），人群中仍有相当比例没有被流言影响。这与SIR模型相同。另外，与SIR模型类似的是，无论是流言本身还是其变异信息，都会在修正的SIVR模型中展示出峰值。对于变异信息而言，其峰值随着参量α_V的增大而增高，达峰时间则相应提前。这都与SIR模型类似。

我们还研究了α_V不变，β_V取值不同时人群中不同状态比例随时间的演化关系。这里仍然将参量传染系数α 固定为0.3，康复系数β固定为0.1，自发变异参数λ固定为0.01，并令变异态感染系数α_V为0.5以反映变异者较强的传播作用。由图4-16可发现，除图4-15所展示的结论外，当α_V远大于β_V时，变异者在人群中会快速上升；而由于存在一定竞争关系，原始感染者峰值会明显减小；但当α_V小于β_V时，变异者的影响并不明显。这些结论与SIR类似。

从新闻传播学角度看，流言变异对社会上人群的影响确实会加大，但只要流言产生的环境发生变化，比如辟谣的及时、权威媒体的发声以及相关组织的介入，该流言的影响将趋向于没有，最终人群中还是会以康复者为主。尽管mSIVR模型、SIVR模型描述了存在信息嬗变（对应变异）时的流言传播情况，然而由于微分方程组模型的限制，其只能描述各种状态分布均衡的情形。事实上，正如我们在大众传播、网络传播分析时指出，节点的影响力是不同的，均一的系数设定很难反映出这些影响力。就SIVR模型、mSIVR模型而言，信息的嬗变或者说变异一般是在流言传播到一定程度时才发生，换言之，其并非一开始就出现，然而对于微分方程组而言，这种时间的先后次序也是难以模拟的。

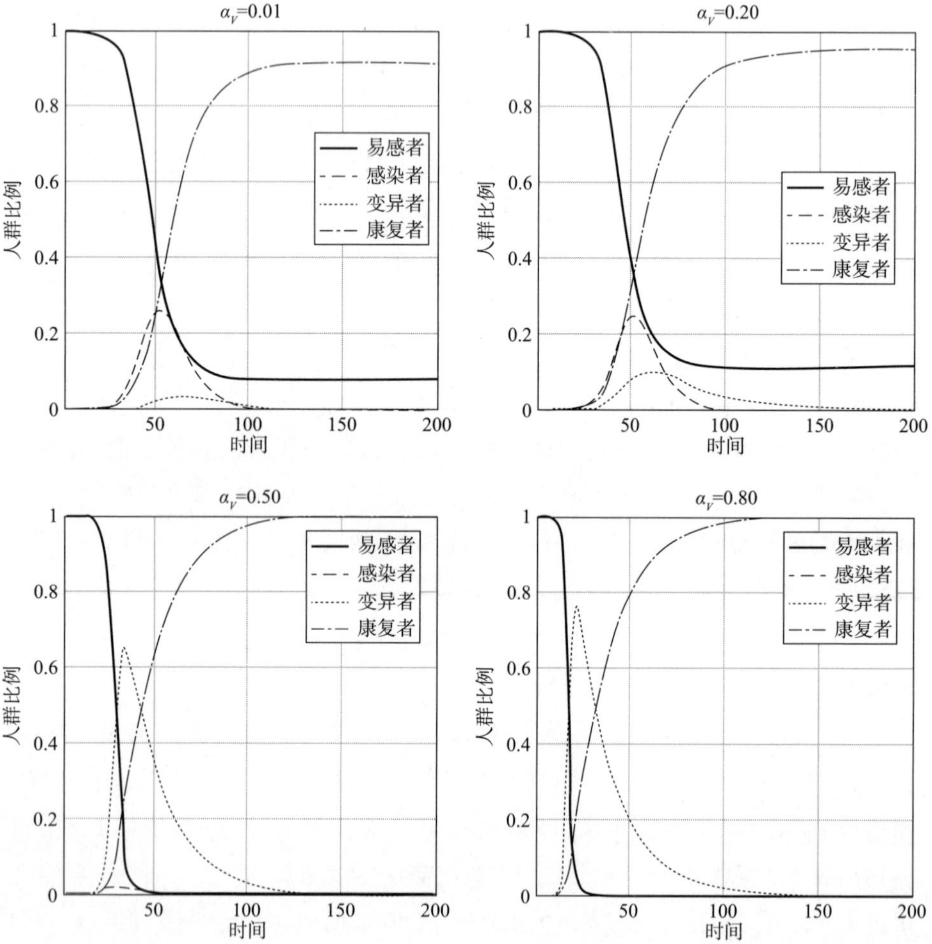

图4-15　mSIVR模型中 α =0.3、β =0.1、自发变异系数 λ =0.01、变异者康复系数 β_V=0.05 时，不同 α_V 取值下易感、感染、变异者和康复者人群比例变化

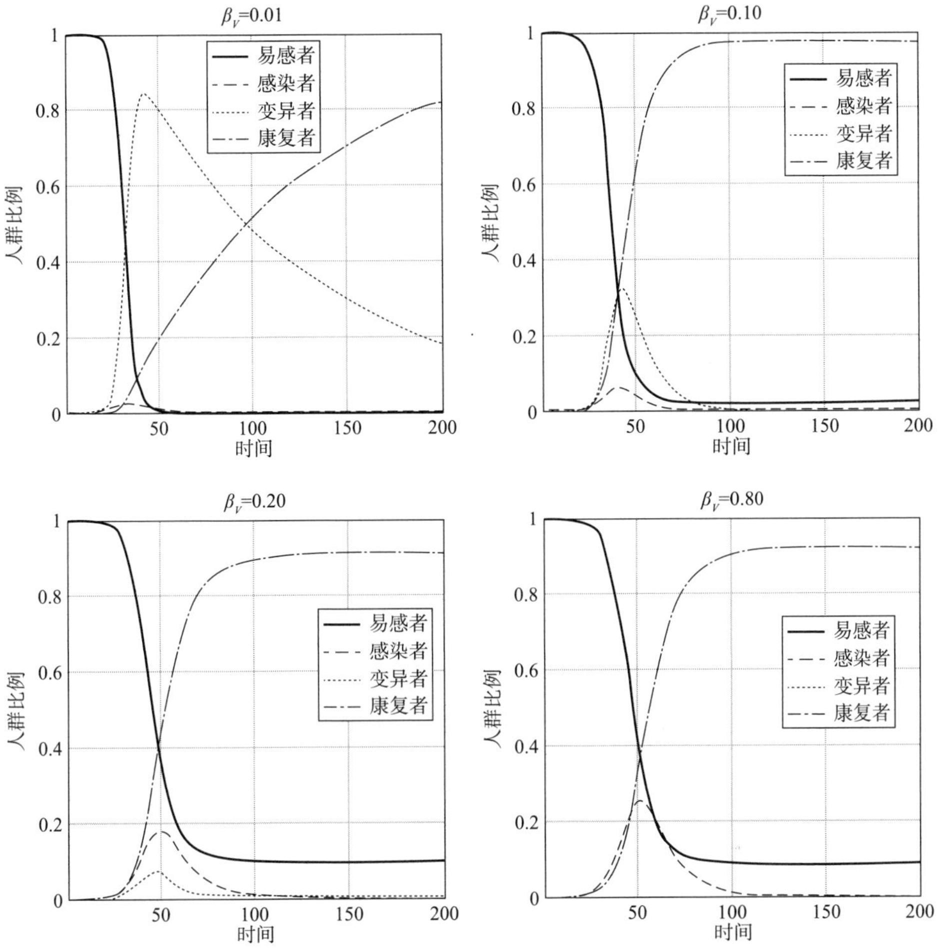

图4-16　mSIVR模型中 α=0.3、β=0.1、自发变异系数 λ=0.01、变异者感染系数 α_V=0.5 时，不同 β_V取值下易感、感染、变异者和康复者人群比例变化

4.3.4　考虑遗忘因素的SIR模型——SIHR模型

流言传播过程与传染病传播过程相比，存在着一些重要的差异。特别是在考虑遗忘和记忆机制的影响下，流言传播呈现出自身独特的特点。流言可以在人们遗忘的情况下重新唤起记忆，引发广泛传播。针对这一问题，上海大学赵来军等人提出了SIHR模型，即易感—感染—窒息—康复态模型。这个模型是对经典的SIR流言传播模型的改进，通过直接连接易感态和康复态之间的窒息（休眠）态，

更好地描述了流言的传播过程。在SIHR模型中，人群被分为易感态（S）、感染态（I）、窒息（休眠）态（Hibernator，H）和康复态（R）四个状态。易感态的个体可以通过接触感染态的个体变为感染态，感染态的个体可能转变为窒息态，而窒息态的个体又可以重新康复为易感态或感染态。这种状态转换的过程可以反映出流言传播中遗忘和记忆的影响。

如图4-17所示，当易感者S接触感染者I时，易感者有一定概率转化为感染者（仍以传染参数α反映此概率和传染速率），另有一定概率（其又称拒绝率）直接转化为康复态R，此处以拒绝参数θ反映此概率。另外，感染者中有一定概率（遗忘率）转化为休眠态，而休眠态则一定概率自发转化为感染态，此即回忆率。我们以休眠参数δ和回忆参数ξ分别反映休眠率和回忆率。赵来军老师还指出，当休眠者再次接触感染者时，有一定概率转化为感染者，并称其为唤醒率。考虑到SIVR模型中的类似情形，我们将其合并在回忆率中进行分析。感染者I在接触康复态R时，自己也能以β的概率被治愈。在此设定下，该模型遵循的微分方程可写为：

$$\begin{cases}\dfrac{\mathrm{d}S(t)}{\mathrm{d}t}=-\alpha S(t)I(t)-\theta S(t)I(t)\\ \dfrac{\mathrm{d}I(t)}{\mathrm{d}t}=\alpha S(t)I(t)+\xi H(t)-\beta I(t)R(t)-\delta I(t)\\ \dfrac{\mathrm{d}H(t)}{\mathrm{d}t}=\delta I(t)-\xi H(t)\\ \dfrac{\mathrm{d}R(t)}{\mathrm{d}t}=\theta S(t)I(t)+\beta I(t)R(t)\end{cases} \tag{4-11}$$

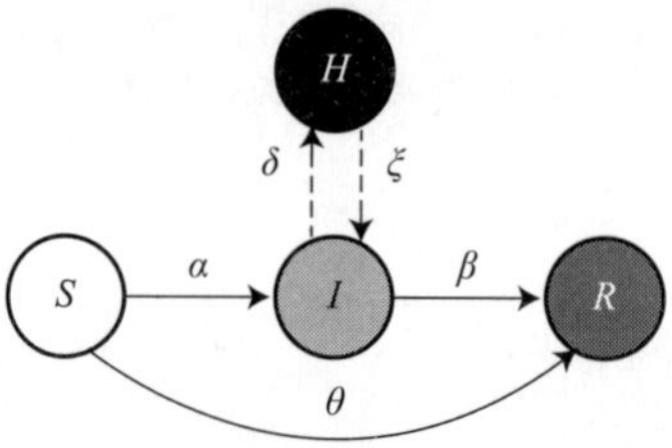

图4-17 SIHR模型示意图，虚线表示自发转化（H表示遗忘状态的节点）

需要指出的是，本书所给出的方程与赵来军老师的原始文献有所不同，原文用节点的平均度（本书第5章有详细介绍）来反映节点数目的影响，显然这种表述并不能解决微分模型无法反映个别影响力巨大的节点（如传媒机构、网络大V等）这一问题，将节点平均数的影响纳入α、β等参数中并不影响该模型对流言传播行为的分析，故本书直接采用α、β 等参数反映流言对人群的影响，而没有再专门分析节点平均度的影响。

感染态I转化为康复态R时需要接触R态，这跟原始的SIHR模型有所不同，其认为I跟S、R或另一感染态I接触时，才会以一定概率被治愈；但从社会影响理论的视角来看，受同一信息来源影响，持同一观点的人往往会相互影响，形成群体压力，I通常只有碰到智者（即康复态R）时才会醒悟，故本书做了相应修正。

按照前文对SIRS模型和SIVR模型的分析方法，此处仍然采用控制变量法来分析不同参数对流言传播效果的影响。首先假定传染率、拒绝率、康复率、遗忘率不变，考查回忆率对传播的影响。我们分别将α、θ、β、δ 等参数的值固定为0.3、0.03、0.1、0.1。此处之所以将拒绝参数取为传染参数的十分之一，是因为考虑到当流言传播时，拒绝流言的智者人数通常要少于接收流言者，否则流言将不会传播。在前述设定下，不同回忆率ξ 对应的流言传播行为如图4–18所示。结合图4–8可以看出，无论回忆率数值是多少，最终易感者都将变成康复者，这个大趋势是传染参数α和康复参数β决定的。当然，SIHR模型中β 的含义和原始SIR中的略有不同，如前所述，前者需要感染态和康复态接触时，才能转化为康复态，但最终展示的结果相同。

在实际应用中，尽管随着时间的推移，原始流言的影响力可能会因社会环境的变化而减弱，但在初期，强烈的传播仍然可能引起社会问题。此外，随着流言的传播，可能会出现更极端的信息变异，从而造成严重的后果。因此，在流言传播分析中，为防止流言造成的危害，应更加关注传播的速度和强度。

从图4–18可以观察到，随着回忆率的增加，感染态的峰值将会增大，并且达到峰值的时间将会提前。与之相应的，遗忘态的比例也会增加。然而，当回忆率ξ取0.5和0.8时，易感者、感染者、遗忘者和康复者所占比例随时间的变化曲线变化不大。这表明在这种情况下，回忆率对流言传播的影响较小，这与前文提出的流言行为主要由传染率α和康复率β决定的观点是一致的。

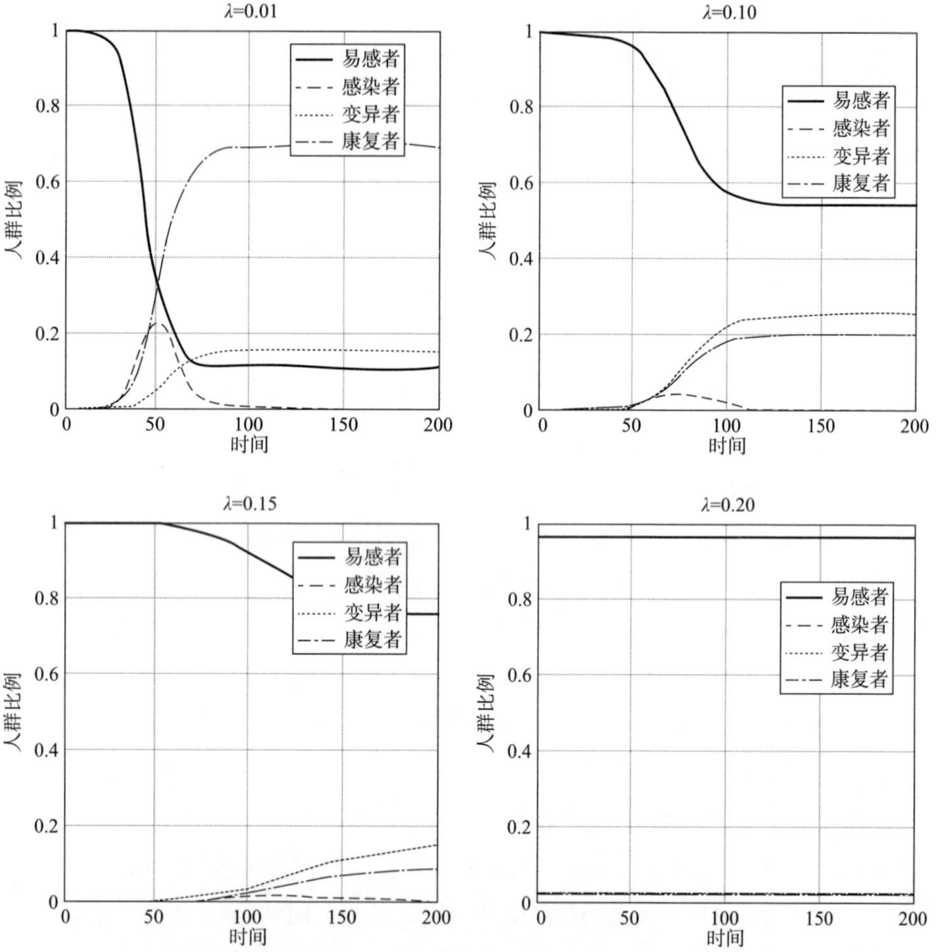

图4–18　SIHR模型中 α=0.3、β=0.1、θ=0.03、δ=0.1时，不同回忆参数 ξ（即图中xi）下易感者、感染者、遗忘者和康复者人群比例变化

本书还在固定回忆参数ξ为0.1的情况下，研究了不同遗忘率下易感者、感染者、遗忘者、康复者人群比例的变化。此时，参数α、β、θ的取值与图4–18相同。图4–19展示了模拟的结果。从结果可以看出在回忆率不变的情况下，遗忘率对人群中感染比率的影响很大，随着遗忘率的增加，感染者数量峰值高度明显缩小，达峰时间明显推迟。不过，从最终结果来看，最终易感态将转变为康复态，这与前面提出的流言最终造成结果由传染率和康复率决定的观点一致。然而，正如前文所述，峰值小和达峰时间晚说明，在遗忘率较高的情况下，流言真正的传播速度较小，这可以给相关机构以足够的时间来采取措施，遏制流言传播。

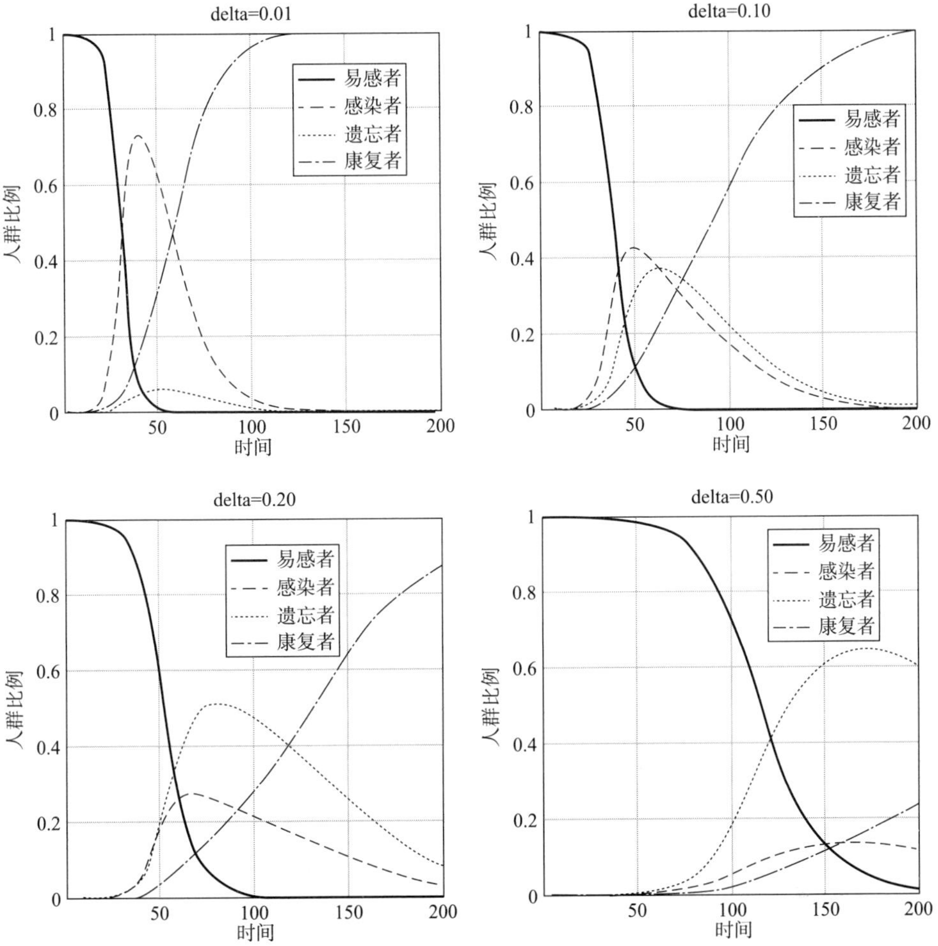

图4-19 SIHR模型中 $\alpha=0.3$、$\beta=0.1$、$\theta=0.03$、$\xi=0.1$时，不同遗忘参数 δ（即图中delta）下易感者、感染者、遗忘者和康复者人群比例变化

正如本书一直强调的那样，数理模型是对现实世界的模拟。遗忘率和回忆率的（包括赵来军老师所提的唤醒率）本质是指人们接受了流言所述的内容，但由于种种原因（比如流言与己无关，或有其他事情要做）并未参与传播也未在内心中对其进行仔细思考，即将该流言搁置。从社会心理学角度看，遗忘和回忆是人类信息处理和记忆机制的重要组成部分。人们接收的信息经过一段时间后，如果没有被加强记忆或重新唤起，往往会逐渐遗忘。这是因为人们的注意力有限，大量的信息不可能一直保持在意识中。遗忘的存在使人们在流言传播中，对于一些不重要或与个人无关的信息，会逐渐淡忘并将其搁置一边。然而，遗忘并不意味

着信息完全消失。回忆率在这里起到重要作用，它是指人们在适当的时机能够将已遗忘的信息重新唤起的能力。当社会环境发生变化，人们再次接触到相关信息或有其他因素刺激时，曾经遗忘的流言内容有可能重新浮现在人们的记忆中，并可能再次影响他们的行为和决策。因此，彻底解决流言的影响，仅依靠个体的遗忘和回忆无法是远远不够的，这还需要有关部门及时辟谣。当社会环境发生变化时，已经将流言搁置的人会重新认识并传播流言，此时社会危害可能更大。只有在个体和社会两个层面上共同努力，才能有效地控制流言的影响，维护社会的稳定和谐。

和SIR模型相比，SIHR模型对康复率的处理方式更符合流言传播的情形。在SIR模型中，感染态I是自愈的（用系数β 反映其康复概率和康复所需时间），这在传染病模型中一般是符合实际的，而在信息传播领域，可能更多的是遗忘起遏制作用，而非真正地了解谣言进而反对它，在SIHR模型引入拒绝机制的情况下，I转化为R的机制也做了相应调整，即只有感染态接触了康复态之后，才能转化为康复态。

SIHR模型的拒绝机制的引入也能更好地反映流言传播时人群的状况，在当前，流言的受众可以是不同地域、不同阶层的各种人员。由于教育背景、所处环境和个人素质的差异，面对流言时，一些人会表现得比较理性，他们会第一时间成为流言的反对者（本书称其为理性人群），即模型中所谓的康复态R。当然，流言之所以会传播，原因之一在于这样的理性人群的比例太小。尽管该模型未完全反映R节点的正向激励作用，比如R节点对S节点的主动免疫增强作用，但其指出与R接触才能让I态变为R态已经反映了流言对受感染者的影响。

鉴于拒绝率对流言传播的重要影响，我们还用控制变量法研究了θ对流言和不同人群的影响。如图4-20所示，与之前预期的相同，α和β的数值决定了不同人群比例最终的变化趋势。但对于流言传播初期而言，拒绝率较低（如θ 取0.001和0.03）时，流言传播速度快，感染率峰值较高且感染人数比例持续在高位；若不考虑遗忘因素，感染者比例将会更高；拒绝率较高时（如θ取0.3和0.5时），感染者峰值数占比较小，且在低位。不过，流言的达峰时间对于不同的拒绝率并未显示出明显的变化。实际工作中，达峰时间并非唯一考虑因素，当流言峰值较小、影响持续时间较短时，即使峰值传播时间相对较长，其对社会影响也可能相对较小。因此，除了达峰时间，还需要综合考虑流言传播的峰值大小、持续时间以及对社会秩序和公共利益的影响程度等因素，以制定有效的对策和应对措施。

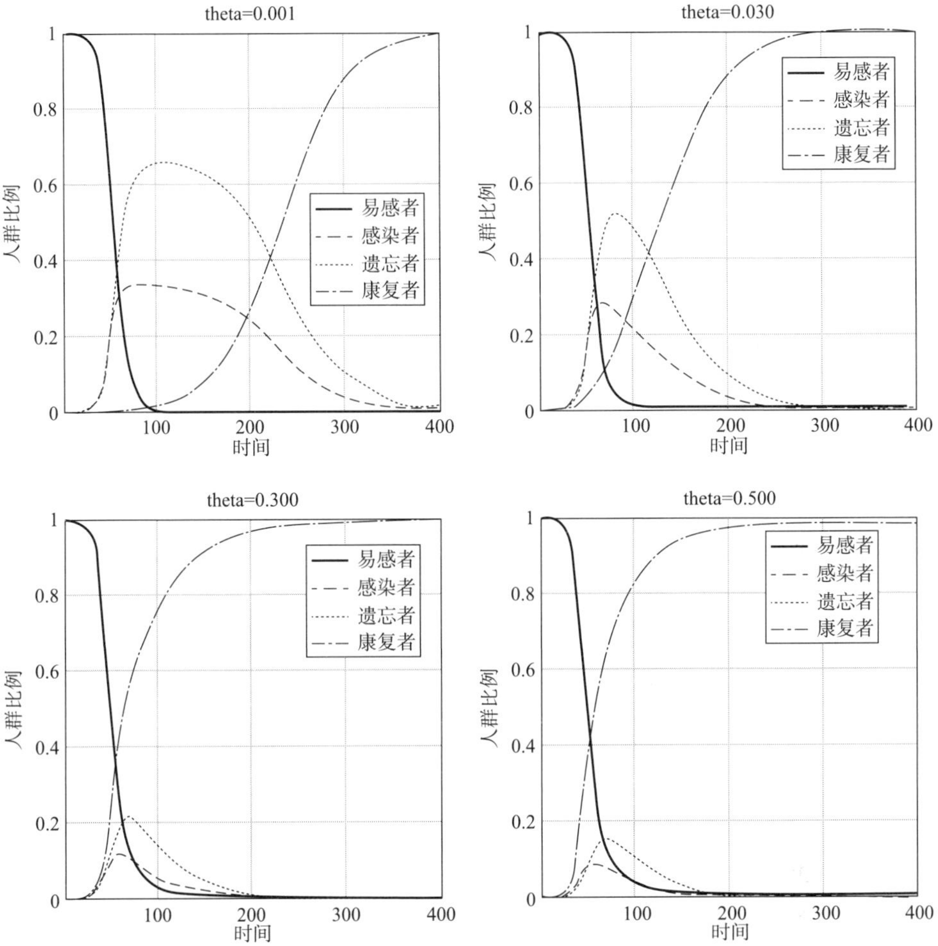

图4-20　SIHR模型中 α=0.3、β=0.1、δ=0.2、ξ=0.1时，不同拒绝率 θ（即图中的theta）下易感者、感染者、遗忘者和康复者人群比例变化

从图4-20中可以看出拒绝率对于遏制流言传播的重要性。拒绝率高意味着社会中“理性人群”的占比较高。这里，理性人群指的是那些在面对流言时能够保持理性思考、对信息进行辨别、拒绝参与流言传播并对已受感染者进行教育的人群。理性人群的存在对于社会的稳定和信息的可靠性至关重要，他们的存在可以提供一种积极的社会机制，以抵制流言的传播和消除流言带来的负面影响。在应对流言传播时，重要的是鼓励和培养人们的理性思维能力，加强对信息的辨别和评估能力，提供可靠的信息来源，以减少人们对流言的接受和传播，进而维护社会的秩序和稳定。因此，提高理性人群的比例，是阻止流言传播的一种关键策略。从社会影响理论的视角去看，这可以通过教育、宣传、加强媒体社会责任等多种方式来实现。当社会中的理性人群占据主导地位时，流言传播的规模和影响力将大大减小，社会将更加稳定和健康。

4.3.5　考虑犹豫个体的SIR模型——SHIR模型

网络社交媒体中个体的广泛参与和个体所体现的个性化，使网络中的观点普遍呈现发散性和差异性的特点，这是和传统媒体很不同的一点。在众多观点的交锋中，部分个体（即社交网络中的节点）由于受两种不同观点的影响，会呈现出犹豫状态（Hesitated，H）。北京交通大学的刘云老师在考虑犹豫态后，提出了SHIR模型，即易感—犹豫—感染—康复模型。该模型和传统传染病模型有很大不同，它考虑了不同观点的影响。

如图4–21所示，在该模型下，易感者S（该模型更多时候称为无知者）表示没有收到信息或对信息不感兴趣；犹豫者H则在接收到信息后并未立即表态，需要等待时间或其他消息决定；感染者I（又称传播者）坚定其中一种观点并传播。需要注意的是，此时的观点不止一种，为简单起见，将观点分为两种，分别用A、B代替。康复者R（又称移除者）对这类信息不感兴趣，也不再传播。依然设α代表感染率，此时S节点遇到I节点时，若I节点呈A观点，则被感染后会以p的概率成为传播者I_A，以（$1-p$）的概率成为犹豫者H。同理，遇到I节点呈B观点时，则成为传播者和犹豫者的概率可分别设为q和（$1-q$）。传播者和犹豫者都会以β的概率康复，成为治愈者R。犹豫者还可能以p和q的概率成为A观点或B观点的传播者。

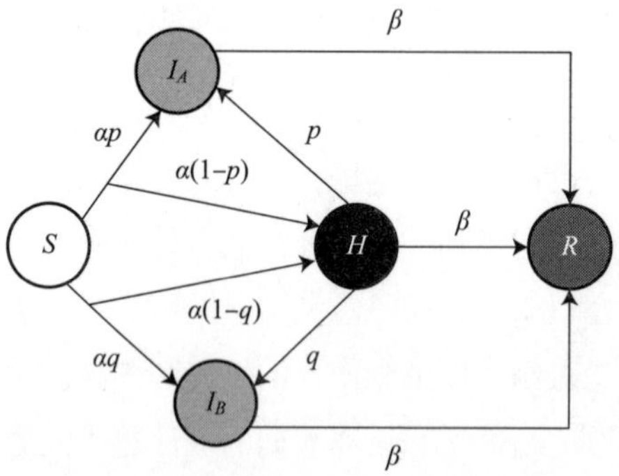

图4–21　SHIR模型示意图（H表示犹豫状态的节点）

在上述设定下，该模型下的微分方程可写为：

$$
\begin{cases}
\dfrac{\mathrm{d}S(t)}{\mathrm{d}t}=-\alpha S(t)I_A(t)-\alpha S(t)I_B(t)\\
\dfrac{\mathrm{d}I_A(t)}{\mathrm{d}t}=\alpha pS(t)I_A(t)+pH(t)-\beta I_A(t)\\
\dfrac{\mathrm{d}I_B(t)}{\mathrm{d}t}=\alpha qS(t)I_B(t)+qH(t)-\beta I_B(t)\\
\dfrac{\mathrm{d}H(t)}{\mathrm{d}t}=\alpha(1-p)S(t)I_A(t)+\alpha(1-q)S(t)I_B(t)-(p+q+\beta)H(t)\\
\dfrac{\mathrm{d}R(t)}{\mathrm{d}t}=\beta[I_A+(t)+I_B(t)+H(t)]
\end{cases}
\tag{4–12}
$$

式中：我们依然用$S(t)$、$I(t)$、$H(t)$、$R(t)$代表t时刻网络节点呈易感态S、感染态I、犹豫态H、康复态R的概率。

该方程和刘云老师提出的原始模型有所不同。原始模型中的节点数本质上是平均节点度，没有反映出邻接节点数较多的节点对传播的影响，并没有提供比传统常微分方程组更多的信息，因此此处我们没有考虑网络节点和其他节点链接数目的影响，按照与SIHR模型相同的处理方式，将其影响整合到α、β等参数中。此处方程对于$\frac{\mathrm{d}S}{\mathrm{d}t}$的处理也不同，原始模型中所列算式认为其与犹豫态H也有关系，但从模型设定情况看，$\frac{\mathrm{d}S}{\mathrm{d}t}$只与传播系数$\alpha$以及遇到感染态的概率有关，故本书对其也进行了修改。

SHIR模型考虑了不同观点在人思考过程中的交锋，更多的是体现两种不同观点或者内容有所不同，但都关注同一事件或具有竞争关系的流言传播的影响。我们依然在固定α、β的情况下探讨具有竞争关系流言传播时，不同状态人群的情况。典型模拟结果如图4–22所示，该模型中在考察时间范围内，无论p、q如何取值，在考察时间范围内易感节点数均不为0，并且随着时间的推移趋于平稳，这说明自始至终都有人未被流言影响。由于模型引入了犹豫态，而且处于犹豫态的人是很难向外传递流言的，所以这迟滞了流言的传播。p、q等参数的引用也使得原来的α参量的影响其实变小，因为真实传染率下降了。所以在参数取值形式上一致的情况下，实际上真实传播系数变小。可以想见，当α参量变大后，最终所有人群都将被感染。p、q等参量引入的最大意义在于，我们可以看到当存在竞争性流言（可能二者都不符合事实），对应的传染系数（即p或q）较大的流言影响较大，但最终的影响均与SIR模型相同，即出现峰值后趋于消亡。

该模型所列的两种观点还存在一个问题便是都和康复态R的观点无关，即该模型可能只是反映了两种与谣言有关的观点，而没有体现治愈态R所持理性观点在抵御谣言传播中的作用。这应是该模型的一个缺陷。不过该模型通过对不同竞争性流言观点以及犹豫态的模拟进一步说明在研究某一流言传播时，有时其实不必过分关注其竞争性流言的影响。图4-22的结果已经表明，感染态的行为和传统SIR模型相似，竞争性流言的影响完全可以归结到α模型中。另需指出的是，SHIR模型和SIVR模型等模型有一定相似之处，都存在两个内容不同的流言，但前者是几乎同时出现的竞争性流言，而后者则是流言在传播中的变异。对于竞争性流言而言，可能两者危害都不大，因为这是具体内容的不同；而嬗变的流言更多地含有更极端的东西，危害更大，特别是SIVR模型中更能反映这一点。

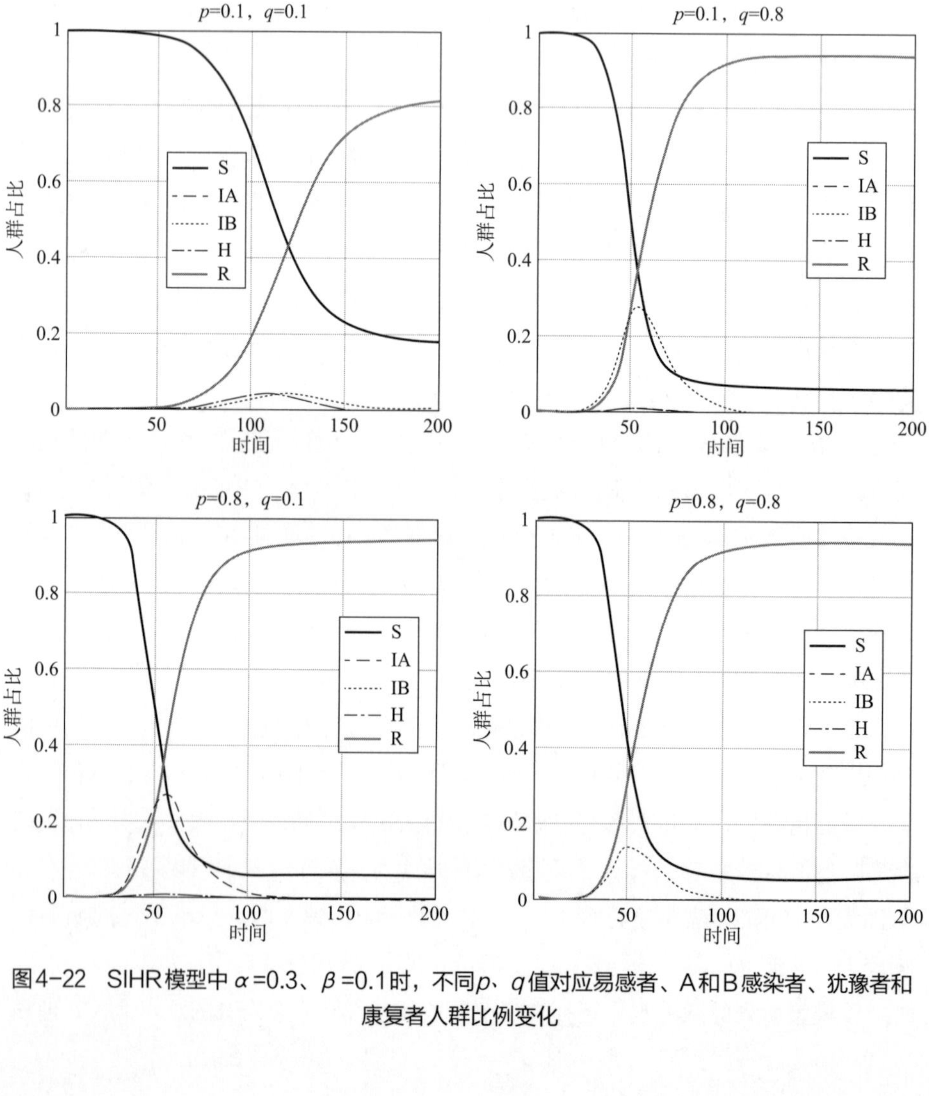

图4-22 SIHR模型中α=0.3、β=0.1时，不同p、q值对应易感者、A和B感染者、犹豫者和康复者人群比例变化

4.4 考虑反对意见修正的微分模型

4.4.1 考虑反对意见修正的微分模型——SIRV模型

如前所述，基本传染病模型和修正传染病模型对反对意见的处理仍有改进之处。本节将在SCIR模型的基础上，结合SIHR模型对感染态变为康复态的处理方式，以及对反对意见的影响模式进行改进。具体方式为引入反对意见，这些反对意见可以使人们从感染态I转变为康复态R，此处的康复态也包含SCIR反对意见态C。为反映社会撕裂，此处设定感染态I可进化为变异态V，其代表节点对原有信息的坚定支持。受SIHR模型的影响，我们认为感染态I只有接触康复态R才有可能变为R；但感染态I可以自发变为变异态V，以反映极端化观点的影响。为反映该模型的特点，我们将其命名为SIRV模型。该模型微分表达式可以写为：

$$
\begin{cases}
\dfrac{\mathrm{d}S(t)}{\mathrm{d}t}=-\alpha_I S(t)I(t)-\alpha_V S(t)V(t)- \\
\qquad \theta_R S(t)\left[I(t)+V(t)\right]-\theta S(t)R(t)+\eta_V V(t)+\eta_R R(t) \\
\dfrac{\mathrm{d}I(t)}{\mathrm{d}t}=\alpha_I S(t)I(t)-\beta I(t)R(t)-\lambda I(t)-\gamma I(t)V(t) \\
\dfrac{\mathrm{d}V(t)}{\mathrm{d}t}=\alpha_V S(t)V(t)+\lambda I(t)+\gamma I(t)V(t)-\eta_V V(t) \\
\dfrac{\mathrm{d}R(t)}{\mathrm{d}t}=\theta S(t)R(t)+\beta I(t)R(t)-\eta_R R(t)+\theta_R S(t)\left[I(t)+V(t)\right]
\end{cases}
\tag{4-13}
$$

在这个更新的方程组中，我们引入了新的参数来描述感染态和变异态的传染性质，即α_I和α_V。此外，我们还引入了参数θ来表示反对意见的传播性质。康复率β表示了感染态向康复态的转化速率，与传统的SIHR模型类似，我们认为感染态康复的必要条件是与康复者（即反对者）接触。

受SIVR模型启发，我们认为感染态有一定概率转化为变异态V，自发转化率λ用表示；同样，感染态遇到变异态V时也有一定概率变为变异态，这里用γ表示。这个模型还考虑到随着时间的推移，任何节点都会康复到原来的易感态S，这里我们主要考察变异态V和康复态R，分别用η_V和η_R反映其康复到S态的概率。

SIRV模型从两种从原始信息衍生出的意见极为相左的观点出发，模拟了在社会结构出现一定程度撕裂情况下信息的传播。与SICR模型不同（图4-23），该模型将最初反对信息的来源定义为易感态刚接触到原始信息感染者I或其极端变异信息感染者V时便成为反对者R，这个概率用θ_R来表示。

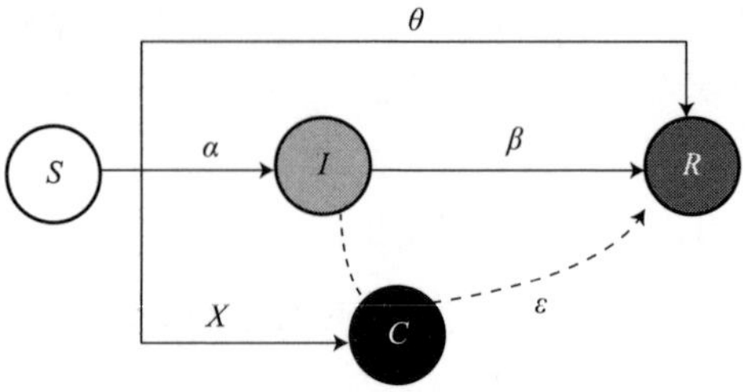

图4-23　SICR模型示意图，虚线表示I节点与反对态节点C相遇后转化为R节点路径，线旁的参数代表不同状态转化率

通过对这个方程组进行研究和数值模拟，我们可以深入了解传染病或流言的传播机制以及不同人群之间的相互影响，这对于制定有效的防控策略、评估干预措施的效果以及预测流言的发展趋势都具有重要意义。SIRV模型提供了一个更加细致和全面的视角，帮助我们理解信息传播在社会网络中的复杂动态。

4.4.2　反对意见影响下流言传播微分模型模拟研究

我们采用Matlab软件对式（4–12）进行了数值模拟计算，来研究各参量，特别是反对意见对流言传播的影响。这里我们先研究无变异信息情况下，反对意见对流言传播的影响。此时，我们将变异信息对应的相关参量，如λ设为0，以此来反映没有原信息极端化变异时流言传播情形。在我们的模拟中，依然选取初始条件为：

$$\begin{cases} S(0)=0.9999 \\ I(0)=0.0001 \\ R(0)=0 \\ V(0)=0 \end{cases} \tag{4–14}$$

典型结果如图4–24所示，具体参数设置见图注。如前所述，这里的θ_R反映了易感态接触到感染态I或变异态V时转化为反对态R的概率，当然对于λ=0的情形无须考虑变异态V的影响。θ_R反映了社会中一些人士对流言天然的嗅觉。

由图4–24可以看出，当θ_R为0时，该模型退化为SI模型，最终社会环境中所有人均将被感染，即流言将影响社会中的所有人。之后随着θ_R的增大，可以看出感染态I的峰值越来越小，感染人数越来越少。值得注意的是，在我们模型的设置下，易感态S的变化规律几乎不随着θ_R的变化而变化，这说明S主要还是受α_I的影响。由图4-24还可以看出当θ_R不为0且λ为0时，SIRV模型中各参量的变化行为与SIR模型颇有类似之处（图4-8）。在模型假设时，原始SIR模型中的R态来自感染态I的自愈，对应流言传播中感染态的自我觉悟；而SIRV中则认为R态来源于易感态S中对流言制造者具有反对意见的人。尽管来源不同，但其对于感染态I的影响模式相似，所以所得曲线形状也具有相似之处。需要注意的是，在模型中并未涉及α_I和β的调整，也就是说本书这里只讨论了反对意见制造者的影响。θ_R的增加意味着反对意见提出者影响的增强，结合图4-24可以看出，这种增强对流言传播起到了很好的阻滞作用，即阻碍和迟滞了流言的进一步传播。

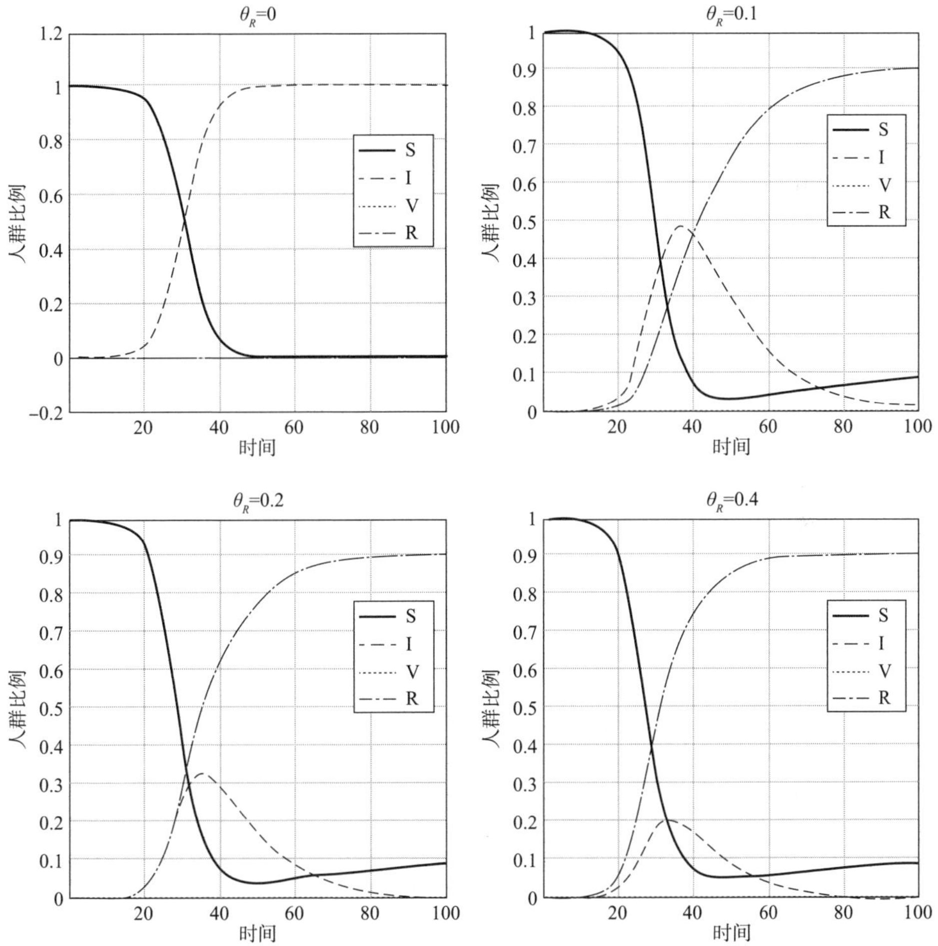

图4-24　SIRV模型中α_I=0.3、α_V=0、λ=0、β=0.1、θ=0.1、η_R=0.01、η_V=0时，不同θ_R下易感者、感染者、变异者和康复者人群比例变化

我们还探讨了存在变异者时，有反对意见时的情形，初始条件依然如式（4–14）所示。这里先研究θ_R的影响，典型结果如图4–25所示，具体参数见图注。这里我们将表示由感染态I自发变为变异态V的参数λ取0.1，表示感染态I经变异态V接触而变为变异态V的概率的参数γ取0.2。此时得到的结果显示，随着θ_R的增加康复态R的最终占比会越来越大，而变异态的占比将越来越小。对于感染态I而言，其在出现峰值后便趋向于0。这其实反映了社会中持有不同看法人群的撕裂。变异态V代表了一种极端言论，此处可以认为是坚定支持信息的人群，但比此类人群更加极端；康复态R代表反对信息的人群。在存在极端化倾向时，原始信息的感染者（即接受信息的人群）最终占比将为0，表明当社会本身出现撕裂时，某些观点很难存在中庸的接受者，最多的是遗忘者（此处也是S态）以及观点明显相左的两类人。至于这两类人为何有此区分，即θ_R和λ相对关系的来源，则应具体考查传播对象的社会结构，社会平均受教育水平、传统文化背景、现实社会环境等因素都会对社会结构造成影响，进而对信息的传播产生影响。

反对意见对流言等信息传播的阻碍作用还体现在其对易感态的预防教育上，即系数θ。在流言开始传播时，有些反对人群会对大众进行教育，这类似于传染病模型中对易感者注射疫苗，我们研究了这一作用对流言传播的影响。典型结果如图4–26所示。可以看出随着系数θ的增加，感染态I和变异态V的传播力度越来越弱。当θ=0.01时，可以看出在考察的时间范围内，感染态I出现微小峰值后迅速减少，而变异态则迅速升高并且在高位基本保持平稳，康复态也同样增加；当θ=0.1时，感染态I的变化趋势并未有太大变化，但变异态V的高位值明显小于康复态R；当θ=0.2和0.3时，感染态I几乎就在低位起伏，而变异态V的峰值也比较小。上述结果表明了预防教育的有效性。如果在发现流言之后，加强对可能传播人群的教育，则会在流言传播之前形成屏障，从而使流言难以传播。从θ=0.3时的情形我们还可以看出，最终康复态R和变异态V会形成一条随时间变化的平稳曲线，其中康复态R占比约为90%，而变异态V约为5%。这说明当信息发生变异时，在该模型假定下，社会中总有一些人拒绝接受对流言的反对信息。预防教育是否有效决定了θ的取值，当对流言的预防有效时，θ取值较高，说明针对流言的澄清信息更容易被人接受。

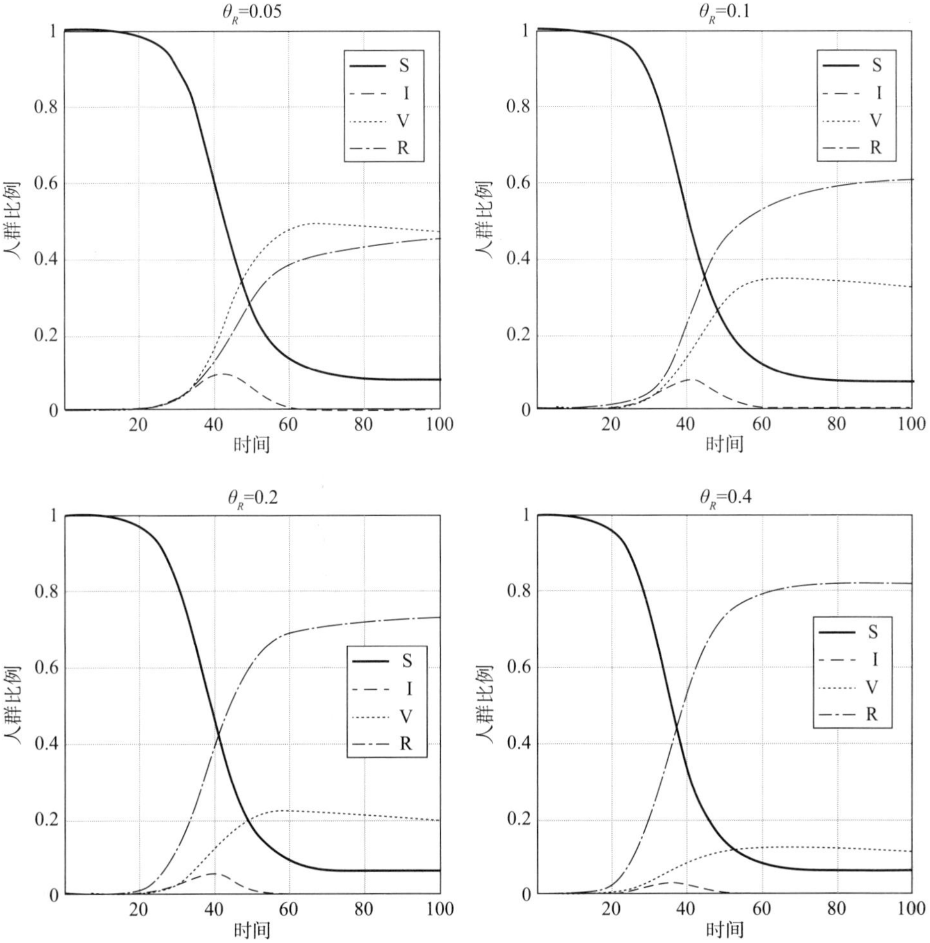

图4-25 SIRV模型中 α_I=0.3、α_V=0.1、γ=0.1、λ=0.1、β=0.1、θ=0.1、η_R=0.01，η_V=0.01时，不同 θ_R 下易感者、感染者、变异者和康复者人群比例变化

预防教育之所以会有不同的效果，其原因一方面在于宣传者所说的反对流言的信息和宣讲方式。如果辟谣信息符合人们的观点，则人们更易于接受它，此时θ较高；如果宣讲方式比较难以让人接受，如喋喋不休地教导、颐指气使地训诫，则人们很难接受辟谣信息，此时对应θ值较小。

社会结构同样也会对其他参数造成影响，而其他参数又会间接地影响辟谣信息（此时对应反对流言的信息，相信辟谣信息的人即为康复态R）的传播。此处以原始信息（即原始流言）传播参数α_I为例进行具体研究，典型示例如图4-27所示，具体参数见图注。为了更清楚地显示流言传播的影响，此处我们将考察时

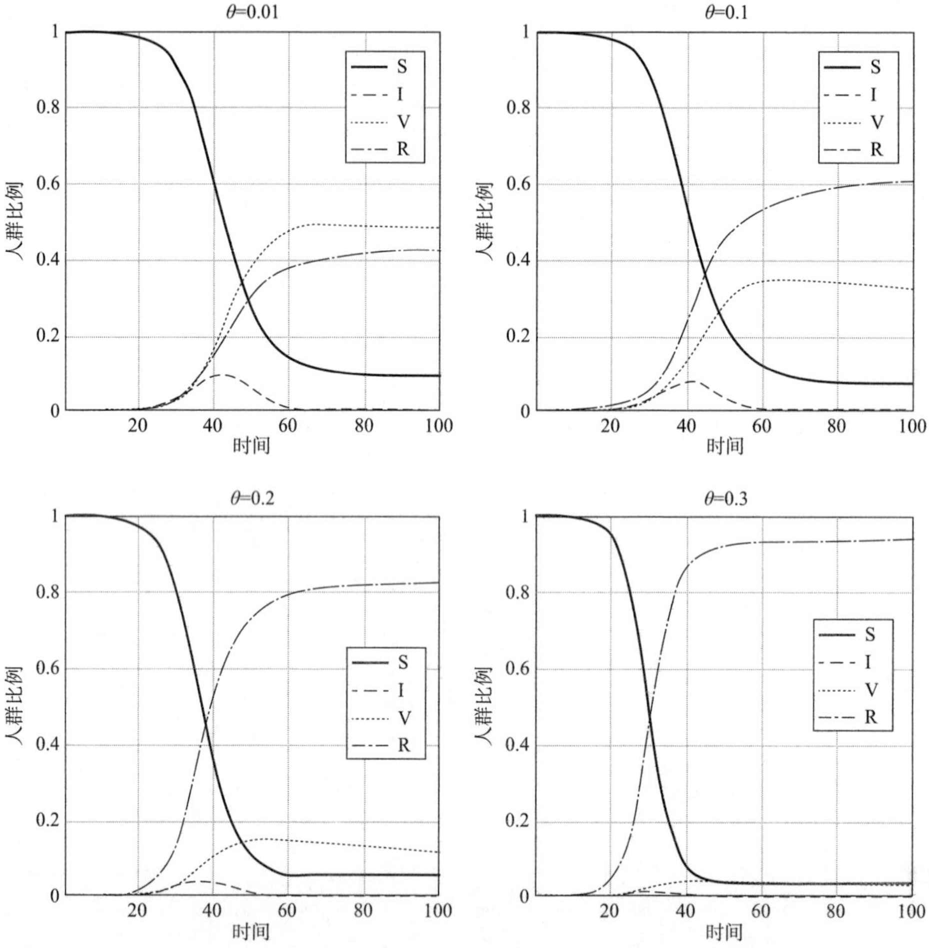

图4-26 SIRV模型中α_I=0.3、α_V=0.1、γ=0.2、λ=0.1、β=0.1、θ_R=0.1、η_R=0.01、η_V=0.01时，不同θ下易感者、感染者、变异者和康复者人群比例变化

间段扩展为0~200。由该图我们可以看出，当α_I很小时，如其为0.01时，原始信息的影响几乎在图上体现不出来，但会发现最终变异信息占据了一定比例（约10%），而康复态约为80%，另有10%的易感态（即对此类信息毫不感兴趣者）。随着α_I的增加，原始感染者数量（即感染态I）影响力开始上升，当其为0.9时还出现了较高的感染高峰。然而，最终由于信息的嬗变和引起的反对信息，感染态将最终分化为变异态V和康复态R。

α_I上升意味着原始信息在社会中的影响力增强，也意味着变异信息的来源增多，最终我们会看到，α_I上升后，影响最大的是变异信息的传播，我们发现随着α_I上升，即当α_I为0.3、0.6、0.9时，变异态迅速上升到达峰值，之后在反对信息

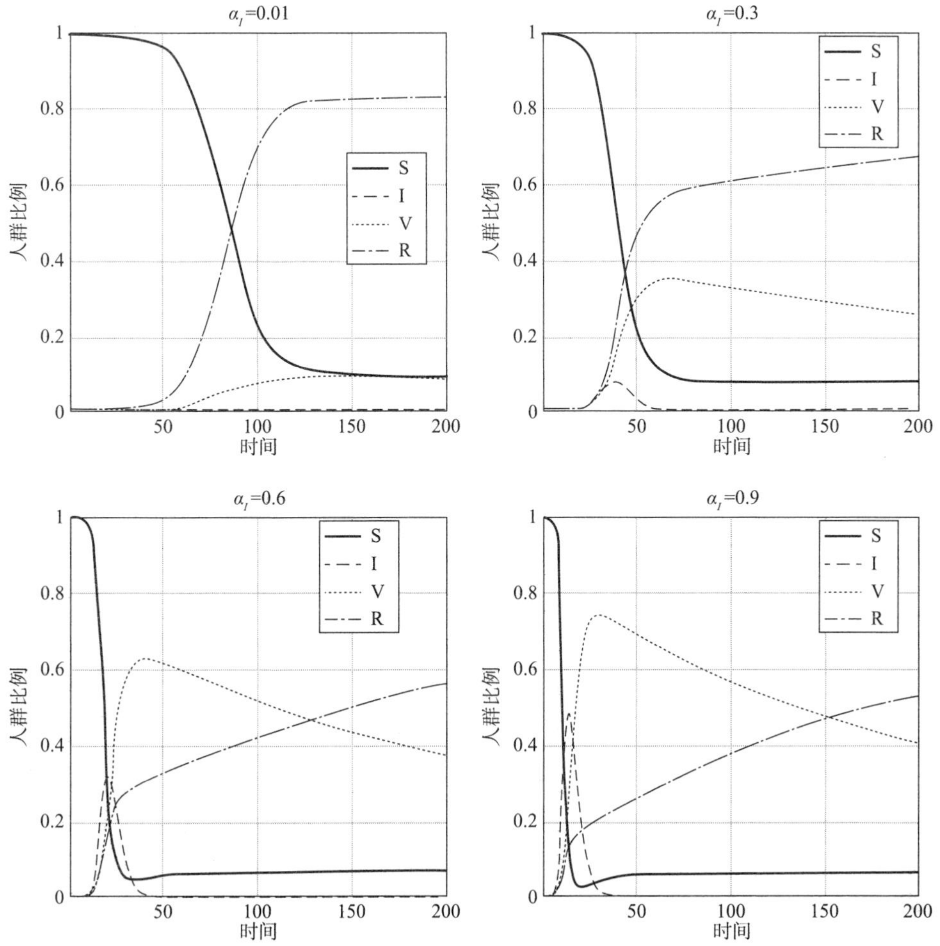

图4-27　SIRV模型中 α_V=0.1、γ=0.2、λ=0.1、β=0.1、θ_R=0.1、θ=0.1、η_R=0.01、η_V=0.01时，不同 α_I 下易感者、感染者、变异者和康复者人群比例变化

的影响下开始下降。经过扩大研究范围（比如时间线扩展为0~1000），我们能够发现变异态V到达峰值后，开始以指数形式下降，最终达到10%左右，经过的时间步数大约为800步。这说明此时变异态的影响起了重要作用。如前所述，变异态和康复态最终比例直接取决于相应的参数的关系，如θ、θ_R以及λ、α_I、α_V等参数的相对大小，而根本原因则在于社会环境的影响。如果嬗变信息更能激起人的兴趣则其影响力更大，反之，如果反对流言的信息更符合人们的期待或者人们对辟谣者更加信任，则康复态占据更主要的作用。

由模拟结果可以看出，在考虑反对意见（对于流言而言，即辟谣）的情况下，信息的传播会受到限制。在存在辟谣的情况下，流言信息的传播将变得比较困难。不过，由于信息可能存在嬗变，嬗变后的流言可能会传播得更加剧烈，最终在社会上会有一部分人深信流言（包括嬗变的流言）。至于社会中为何会有人相信流言而有人会相信辟谣，这除了与个人状态（如自我认知、自己周围的小环境）有关外，更重要的是与社会环境相关。正是社会大环境决定了流言能否大规模传播。

4.5 微分模型评述

基于传染病的微分模型能够定量模拟流言的传播及其影响，并且可以通过设定不同参数以及不同参数对不同状态人群进行分析。例如，SIR模型可以描述感染者（I）、易感者（S）和康复者（R）之间的相互作用。然而，微分模型是一种基于系统均衡状态的模拟方法，它假设系统中的节点是相同的，忽略了节点之间的差异。比如有些节点拥有比其他节点要高得多的邻接节点（我们将这类节点称为高度节点或高度数节点），有些节点更易于被流言感染，有些节点则正好相反。微分模型的特性使其无法完全模拟出这些差异。当然，在宏观上的模拟也是微分模型的优点，这使得其可以不必考虑这些。

微分模型也不能模拟不同结构的体系。即使不考虑系统中各节点的差异，比如我们可以设定每个节点的邻接节点数都一致，但不同体系下连接情况也可能不同，比如在随机网络中，这些邻接节点可能分布在体系的各个位置，而在非常规则的网格中，某节点的邻接节点则只能在其周围分布。本书下一章将会讲到，上述随机网络和规则网络可分别用来模拟网络传播和传统人际传播的社会构型。不过，微分模型难以模拟这些结构的差异，即微分模型很难反映不同社会结构对流言、信息传播的影响。

实际上，社会结构对流言是有一定影响的，比如网络传播就和传统的人际传播不同。网络传播可以跨越时空限制，而传统人际传播、群体传播只能在有限的范围内传播。这就使当前网络可以让一件事很快传遍世界各个角落，也可以使一条信息的热度很快被另一条信息给取代，而传统的人际、群体传播则很难做到这一点。因此，对于模拟流言在不同社会结构下的传播影响，单纯的微分模型存在局限性。

微分模型也很难模拟出不同因素对模型中各参量的影响。以SIRV模型中反映反对信息提出概率的参量θ_R为例，社会环境对其影响取决于两个方面，一方面是反对意见提出者的人数，另一方面就是其敏锐度，即迅速发现并反对流言的能力。不过，微分模型很难将这两种因素区分，为进一步研究还需引入其他方法，如蒙特卡洛方法。

当然，相对于其他研究方法，微分模型也有自己的优点。微分模型比较简单，能够通过定量的微分关系式反映出流言传播的主要矛盾，它通过建立数学方程描述感染者、易感者和康复者之间的相互作用，使我们能够直观地理解流言传播的基本规律。

微分关系式实际上已经反映了流言传播中各个主要因素及其相互作用关系。这些关系式能够描述人群之间的转化过程，包括感染、康复、传播等过程，从而帮助我们分析流言传播的动态变化和趋势。这些关系式中的系数变化对传播行为的影响，可以帮助我们定量分析不同因素对传播过程的影响程度。通过调整这些系数，我们可以研究不同参数对流言传播的影响，并根据模拟结果来制定相应的防控策略。例如，在SIRS模型中，系数β表示了感染者向康复者的转化速率，而γ表示了感染者向传播者的转化速率。这些转化速率的不同取值会直接影响到康复和传播的比例，从而影响到流言的传播范围和传染力。通过定量分析这些系数的变化对流言传播行为的影响，我们可以更加深入地理解流言传播的动态变化和趋势。这有助于我们预测流言传播的发展趋势，评估不同干预措施的效果，并制定针对性的应对策略。

最后，微分模型的运算复杂度较低，且相比于复杂的基于网络的模型，微分模型的计算量较小，使用数值方法（如常用的Euler法、Runge-Kutta法或更高阶的方法）求解微分方程组，可以在相对较短的时间内得到结果，计算效率较高。这样一来，我们可以快速模拟和评估不同参数设定下流言传播的发展情况，并对不同干预措施进行比较和分析。这种快速评估的能力使微分模型成为研究流言传播的一种有效工具，也使其成为快速评估整体流言影响的工具。因此，如果我们希望快速从整体上评估流言的影响，微分模型是一个有效的选择，它可以提供关于流言传播的整体趋势和大致影响的信息。然而，如果我们想进行更精细的研究，如深入了解社会结构对流言传播的影响，那么我们需要引入其他模型和方法。在本书的第5章中，我们将引入网络结构对流言传播进行分析。

第5章

复杂网络模型下的流言传播分析

前文所述模型均未考虑到网络结构的影响，而现实社会中每个人所接触到的人是有限的，而且不同人接触到的人的数量也不一样。在这种情况下，网络中不同节点的传播能力也是不一样的，如一些网络大V，由于“粉丝”量很多，其传播信息的能力要远远强于普通节点，这类似于传染病中的超级传播者。故研究网络结构对流言传播的影响对于理解流言的传播是非常必要的。此处网络的概念类似于数据结构中的图。早期有关复杂网络系统中流言传播的研究多针对马尔可夫过程，即系统的状态只跟系统前一时刻有关，而与更早的时刻没有直接关联；近期有部分研究关注非马尔可夫过程，不过这些研究多集中于理论层面，手段也侧重于分析。这种研究方法固然可以找到信息传播、疾病传播所遵循的数学规律，如SIS、SIR等模型所体现的偏微分方程，但另一方面其也掩盖了传播领域的复杂特征。随着计算机技术的发展，人们完全可以利用大量节点对复杂网络传播进行模拟，这虽然不容易发现数学规律（更类似于飞行事故记录器），但可以较为精确的反映不同参数对个体和整体特征的影响，而这些参数可以由社会学、心理学等相关学科设定。本章将主要利用广义上的Ising模型和蒙特卡洛模拟方法来直接模拟典型网络结构下流言的传播情况，先介绍网络模型的设定，然后再对典型网络下流言的传播进行模拟分析。

5.1 网络模型的设定

5.1.1 Ising 模型

Ising模型的提出最初是为了解决物理学中的相变问题。相变是指物质从一种状态转变为另一种状态的过程，比如冰的融化就是水这种物质从固态到液态的相变。从微观角度来看，物质由原子或分子构成，它们之间存在着相互作用，微观结构的变化决定了宏观上相变的发生。Ising模型是德国物理学家Wihelm Lenz为了解释物质磁性相变而提出的一种模型，该模型由一系列格点组成，每个格点和周围的邻接点有相互作用，格点只有两种状态（对应自旋）。Lenz的学生Ernst Ising在周期性边界条件下求解了一维Ising模型，但并未在该模型中发现相变现象。美国物理学家Onsager在二维情况下也得到了Ising模型的精确解，发现在有限温度下Ising模型存在着相变，即在有限温度（相变温度）下，Ising模型排布有序，呈现出有序磁特征，而在相变温度下，则显示出磁无序状态。从微观角度看，Ising模型中的格点和传播动力学模型中的节点都以一定概率实现状态翻转，各节点均与邻接节点均有相互作用，所以利用Ising模型来研究传播动力学在理论上是可行的。

本节以二维Ising模型为例来介绍此类模型。如图5-1所示，在二维平面上分布着格点（节点）构成的点阵，每个格点有两种状态——自旋向上或者向下。设仅有相邻格点之间具有相互作用，某一分布$\{s_i\}$那么系统能量为：

$$E\left(\{s_i\}\right)=-J\sum_{(i,j)}s_i s_j-\sum_i b_i s_i \tag{5-1}$$

其中第一项代表相互作用能，第二项代表外部作用的能量（比如外磁场）。根据统计物理的有关知识，系统的配分函数为：

$$Z=\sum_{s_i=\pm1}\exp\left[-\frac{E\left(\{s_i\}\right)}{k_B T}\right] \tag{5-2}$$

式中：k_B——Boltzmann常数；

T——热力学温标。

配分函数在统计物理中占据重要地位，利用该函数可以求出内能、熵、自由能、比热等体现体系宏观特征的物理量。Onsager在没有外场参与的情况下发现体系的比热在某一温度不连续，系统发生了相变。由于Onsager的发现，人们可以通过Ising模型来模拟系统的变化（相变类似于质变），该模型在统计物理、计算机科学、社会学领域中都有重要应用，如Ising模型可以预测某事件对选举结果的影响。

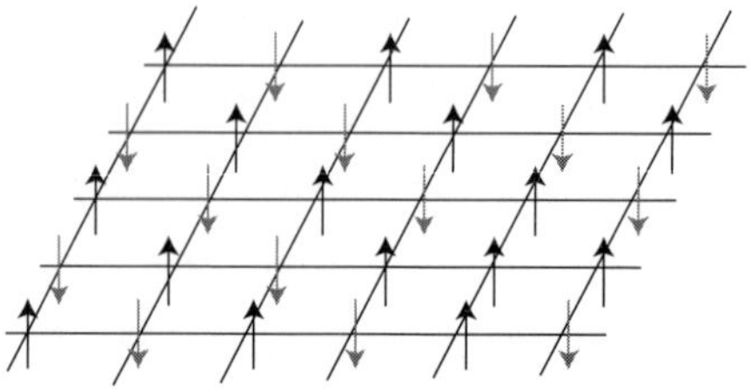

图5-1 二维Ising模型示意图

Ising模型也被用于网络传播动力学的研究。暨南大学张一笑等人基于Ising模型对SIS模型进行了改进，证实个人防护意识的提高会有效抑制疾病暴发，说明了疾病流行期间保持理性思考的重要性。其模型由两个相关的网络组成，即信息传播网和疾病传播网，旨在研究疾病的传播对网络信息的影响。该模型将原始Ising模型中的自旋态赋予新的含义，在信息传播网中，每个节点有不害怕（Unaware，U）和害怕（Aware，A）两种状态，U节点可以在接受信息或感染疾病后变成A节点，而A节点在接受更多信息之后变成U节点。张一笑等人将该SIS模型称为UAU模型，并和疾病传播网耦合在一起，称其为UAU-SIS模型。该模型类似于三维Ising模型，即每个节点除受本网络的影响外，也同另一网络存在相互作用。这种模型可以有效研究人们心理状态对疾病传播的影响，这对控制公共卫生事件具有重要的意义。

由于传统的Ising模型中节点只有两种情形，并且研究过程中多涉及统计物理计算，所以在信息传播领域的应用不多。但从上述研究内容来看，最近该模型已和传染病模型结合，在研究传染病传播方面起了独特的作用。如果扩展该模型的节点特征（比如赋予节点更多的状态参量），那么在计算能力日益强大的今天，该模型更能够描述流言等信息在复杂网络上的传播。

5.1.2 蒙特卡洛方法

蒙特卡洛方法是一种数值计算方法，该方法基于随机抽样和统计模拟。蒙特卡洛方法主要有三种类型：直接蒙特卡洛方法、蒙特卡洛积分以及马尔可夫链蒙特卡洛中的Monte Carlo算法。直接蒙特卡洛方法利用随机数来模拟复杂过程，比如在交通领域，利用随机数来确定汽车的行为；蒙特卡洛积分是利用随机数和概率来计算高维积分；马尔可夫链蒙特卡洛方法基于马尔可夫链构建具有一系列系统分布，并基于此进行抽样计算。

直接蒙特卡洛方法原理上比较简单，难点在于如何采用随机数来描述具体的现象。计算高维积分是蒙特卡洛方法的一个重要应用，在网络动力学领域，由于涉及的模型如SIR、SIS、SHIR等模型中参量复杂，解决其所涉及的微分方程时有时也需要求解积分，甚至是高维积分，下面简要介绍蒙特卡洛积分方法。

以一维积分为例，设有定积分：

$$I=\int_a^b f(x)\,\mathrm{d}x \tag{5-3}$$

为数值计算该积分，可将其写成如下格式：

$$I=\frac{(b-a)}{N}\sum_i f(x_i) \tag{5-4}$$

在蒙特卡洛方法中，x_i被随机选取，并使其在$[a,b]$区间上均匀分布，N是总的抽样数。显然，当N足够大时，式（5-4）所得结果将接近于式的精确值。值得注意的是，蒙特卡洛方法计算积分的时空代价与积分维度不直接相关，仅取决于抽样数，这对于计算高维积分是一个很大的优势。

马尔可夫链蒙特卡洛方法在很多方面都有应用。该方法的使用步骤是：先随机选取系统中的一个状态，然后从该状态出发尝试一个新的状态，如果生成的随机数满足设定的概率，则系统变化到新的状态，然后重复上述过程。由此可见，该方法基于马尔可夫过程，这一类基于马尔可夫链的蒙特卡洛方法又被称为“马尔可夫链蒙特卡洛方法”。如前所述，流言、流行病等在复杂网络中的传播通常可以看作一个马尔可夫过程，故这此类方法在复杂网络传播等领域有很好的应用前景。

蒙特卡洛方法应用很广泛。在传染病传播领域，早在2009年就有学者利用嵌入该方法的软件对输入型传染病监测数据进行了分布估计，发现蒙特卡洛方法可以很好地应用于传染病暴发早期预警。2011年，清华大学工程物理系李明等人利用蒙特卡洛方法建立了流感传播的预测模型。流行病学传播的预测需要计算基本再生数R_0，该参量表示感染者在恢复健康之前平均传染的人数；显然，当$R_0>1$时，疾病将加速传播，而当$R_0<1$时，疾病将趋于消失。基本再生数可写作：

$$R_0 = D \cdot N \cdot f \cdot x \tag{5-5}$$

式中：D——传染时间；

N——每日接触人数；

f——感染概率；

x——易感人数在人群中的占比。

这些参量均可当作随机变量，因此可以利用蒙特卡洛方法，基于随机抽样来模拟疾病传播过程。李明等人将上述随机因子以特定随机数方式引入，对于每一个因子设定一个阈值，在计算时产生一个随机数，若小于这个阈值则接受状态改变，反之则不改变。根据该模型可以得到每日新增确诊人数满足高斯分布特征，而总感染人数和Logistic函数类似，这些结论在误差范围内核真实数据接近。这说明蒙特卡洛方法是可以应用于传染病模型的。

Alkhateeb等学者利用基于时间的SIR模型进行了对比。在该预测中，N代表所模拟地域的人口数（即网络中的总节点数）。对比发现，相比传统的SIR模型，蒙特卡洛方法更能有效预测感染人数随时间变化的多峰值结构，展示出更准确的预测能力和更灵活的特征。

大连海洋大学的王志平老师等学者利用马尔可夫链蒙特卡洛模拟方法研究了病毒大流行对商品进出口等的影响，基于超网络探讨了在病毒大流行背景下如何进行危机管控。此处的超网络（Hypernetworks）是基于超图（Hypergraph）描述的网络，所谓超图是指节点（类似于普通图中的节点）和超边（Hyperedges）的集合，这里的超边指的是节点中的非空子集。在超网络框架下，王志平等学者采用了类似于张一笑等学者所提耦合网络UAU-SIS的UBU-SEIR模型，此处的U、B分别指“不相信”（Unbelieve）节点和“相信”（Believe）节点，用以描述在大流行背景下节点对不确定信息的相信程度。

流言等信息的传播从过程上看和传染病的传播过程具有相似之处，也受到多种因素的制约，这种相似之处使蒙特卡洛等方法在流言传播机制的研究中有了用武之地。现实中的网络更加复杂，流言传播受到的制约因素比传染病更多。2012年，匈牙利厄特沃什·罗兰大学的Nagy等人分别利用蒙特卡洛算法和SIS模型研究了大网络上的流行病学模型，发现蒙特卡洛方法和实际数据吻合度更高。一个原因就是前者可以设置更多的参数、更多的变量来描述整个过程。然而，如何准确地设置这些参数，是一个超越数学模型的问题，对于流言传播而言，寻找并赋予其参数更多的可能依赖社会心理学、传播学等社会科学领域的研究成果。

5.1.3 网络模型的设计方法

本节计划用基于复杂网络模型的方法来模拟流言的传播。网络中的节点性质与Ising模型相似，但与其目的不同的是，为模拟流言影响下的人群状态，此时的节点状态可以与Ising模型相同，如在SI模型、SIS模型中，只需设定两类节点即可，但也可不同，如在SIR模型中，可以设计三个节点状态，在其他模型中可以有更多。与节点相邻接的节点也不止其物理周边的节点（即根据坐标关系确定的邻近点），而是通过某个参数来存储其邻近节点，来反映复杂网络结构中网络节点的度并不均衡。在数据结构实现时，设计一个结构变量，其中存有模型节点的状态、邻接节点信息等。具体可使用数组、列表或字典等数据结构来表示网络节点和其邻接关系。为清楚地展示其数据结构，本书将其结构定义的伪代码展示如图5-2所示，除此之外，在节点属性中还可添加参量，反映节点对流言的态度，如在属性中添加表示拒绝率的参数，代表着节点的理性程度，来表示该节点对流言的抵制程度。属性中的邻居列表也可以分为两类，一类是单向发出，另一类是单向接收，这可以表示出社交网络中信息单向传递的特点。在现实生活中，一些人关注网络大V，而网络大V未必关注他们，所以此时这样的信息是单向的，这样改写可以反映出该特征。总之，关于节点的数据结构可以根据不同情况进行相应修改。

设计好节点的数据结构后，在具体模拟时还将设定节点数，并随机设定初始时的节点分布，确定节点数和初始节点分布后，可以使用蒙特卡洛模拟来模拟流言的传播过程。图5-3展示的是该方法的伪代码实现。首先，选择节点数N，通常在实验中我们选取较大的数值，如1000，以保证模拟的准确性和代表性。其次，根据流言制造者的特点，设置初始节点分布。一般情况下，我们将大部分节点设定为易感态，即999，而将少数节点设定为感染态，即1。在模拟过程中，我们可以随机指定每个节点的度，以反映节点度数不均衡对流言传播的影响。另外，可以针对初始感染节点的邻接节点进行状态指定，以反映环境和高度数节点对流言传播的影响。这样设计的网络结构可以更好地模拟真实社交网络中的复杂性和节点间的联系。

在进行蒙特卡洛模拟时，我们需要指定每一步的探测次数来反映流言传播的快慢。这个参数可以影响流言的传播速度和范围。此外，我们还可以给定接受参数，来反映流言在社群中被接受的程度。通过调整这些参数，我们可以模拟不同场景下流言传播的特征和趋势。

```
• 属性：
    状态(state) # 节点状态，可以是多个状态之一
    邻居列表(neighbors) # 存储与节点相连的邻居节点
• 方法：
    获取状态(getState)：
        返回节点的当前状态
    设置状态(setState)：
        接受一个状态作为参数，将节点的状态设置为给定的状态
    添加邻居(addNeighbor)：
        接受一个节点作为参数，将该节点添加到邻居列表中
    获取邻居列表(getNeighbors)：
        返回节点的邻居列表
```

图5-2 节点结构的伪代码实现

```
• 设定参数和初始条件：
节点数 (N)、初始节点分布 (initial_state)、蒙特卡洛步数 (steps)
• 初始化网络：
创建一个包含N个节点的网络
根据初始节点分布设置每个节点的初始状态
• 蒙特卡洛模拟：
重复进行蒙特卡洛步数次循环：
随机选择一个节点：
    从网络中选择一个节点(可以使用随机数生成器来选择)
更新节点状态：
    根据节点的状态和邻居节点的状态，更新选定节点的新状态(根据具体的模型规则)
• 输出模拟结果：
将每个节点的最终状态保存或打印出来，以观察流言传播的结果
```

图5-3 蒙特卡洛方法伪代码实现

蒙特卡洛模拟是一种有效的方法，结合节点的数据结构，这些算法能够帮助人们研究流言传播的行为和效应。通过合理设置节点数、初始节点分布、网络结构和模拟参数，我们可以更好地理解流言传播的机制，并提供决策者在社会管理中制定应对策略的参考依据。

在上述算法的具体实现方式上，本章采用Python语言进行代码实现。Python是一种功能强大的编程语言，广泛用于科学计算、数据分析和机器学习等领域。

Python拥有丰富的科学计算库（如NumPy、SciPy）和数据分析工具（如Pandas），可以方便地进行模拟和分析任务。

5.1.4 模拟流言传播的网络模型

不同的网络架构可以模拟不同的传播类型。为了模拟人际传播和群体传播等传统传播方式，我们可以使用规则的网络架构，如使用NetworkX软件包中的grid模型。在这种网络模型中，节点之间的连接方式呈现一定规律性，类似于人们在现实生活中的社交网络。这样的网络模型可以用来研究流言传播在密集社交群体中的传播方式和影响。一种典型的规则网络模型如图5-4所示，图中可以用不同颜色表示不同类型的节点（如红色代表感染态I，蓝色代表易感态S），除边缘点外，每个节点的度数都是4。采用周期性边界条件的情况下，边缘部分节点的度也可当作4。由该图可以看出每个节点只能影响其周边的区域，在流言或传染病传播时，其只能按部就班地向外传播。

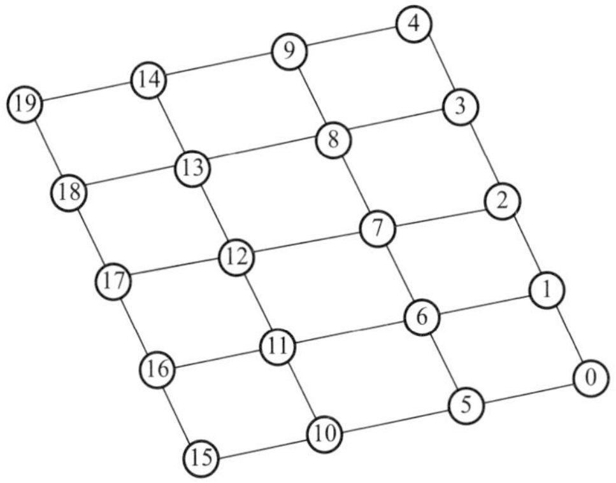

图5-4　规则网络图形示意图

为了模拟去中心化的传统网络传播方式，我们可以采用随机网络架构随机网络模型，这在网络传播中具有重要意义，它能更好地反映人与人之间的关联跨越地域和社会阶层的特点。这种网络模型适合用于研究广泛社群中信息传播的速度、范围以及不同社会群体之间信息传播的交叉影响。我们选择使用NetworkX中的random模型来构建随机网络。一种典型的随机网络架构如图5-5所示。在这种随机网络架构中，节点与非邻近节点之间也可以建立连接，与规则网络相比，这种架构具有明显的差异。我们将平均度数设定为4，与规则网络相同，但从图中可以观察到节点之间的连接方式与规则网络明显不同。这种随机网络模型能够更好地反映传统网络传播模式中的特点，其中包括信息传播的无序性、多样性和不确定性。

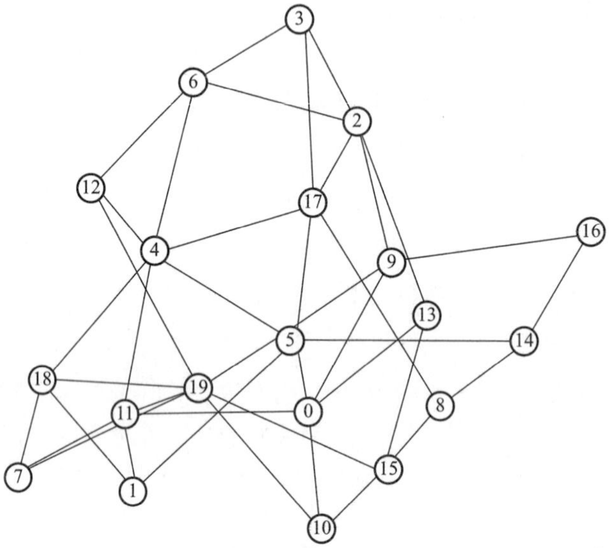

图5-5　随机网络模型示意图

当代网络传播的再中心化现象引起了对网络传播架构的关注，有向图模型成为一种合适的模拟方法。在这种模型下，我们可以运用多种算法来研究重要节点在流言传播中的作用以及网络中的影响力扩散。当前，PageRank算法是一种常用的影响力评估算法，通过计算节点的连接关系和传播概率来确定节点的重要性。在有向图模型中，PageRank算法可以帮助我们识别那些具有较高传播能力和影响力的节点，这些节点可能在流言传播中扮演着关键角色。另外，社区检测算法也是研究再中心化网络传播的有力工具。这些算法能够将网络划分为不同的社区或群组，揭示网络中形成的密集连接结构。通过社区监测，我们可以进一步研究重要节点在不同社区中的传播影响力和信息扩散能力，深入了解网络中的局部传播特征和全局传播效应。通过分析模型的传播结果，我们可以揭示重要节点在流言传播中的作用以及网络中的影响力扩散情况。总之，有向图模型结合PageRank算法、社区检测算法以及其他影响力传播模型，可以帮助我们深入研究再中心化网络传播中的重要节点作用和影响力扩散。这些方法的应用有助于揭示网络传播中的关键节点、传播路径和影响机制，为流言传播的控制和信息传播策略的优化提供科学依据。

图5-6展示的是一个再中心化的网络模型示意图，可以看出9号节点作为出发节点，有多个弧线与外界节点相连，9号节点可以被认为是一个中心。从图也可以看出，再中心化的网络模型即为有向图，端点和端点是通过有向线段连接的，也就是说信息的传播通常是单向的，除非构成循环图。这也反映了当代再中心化网络传播的特点，即网络大V很难被一些普通用户的观点所影响，但网络大V的中心化节点却可以影响普通用户。

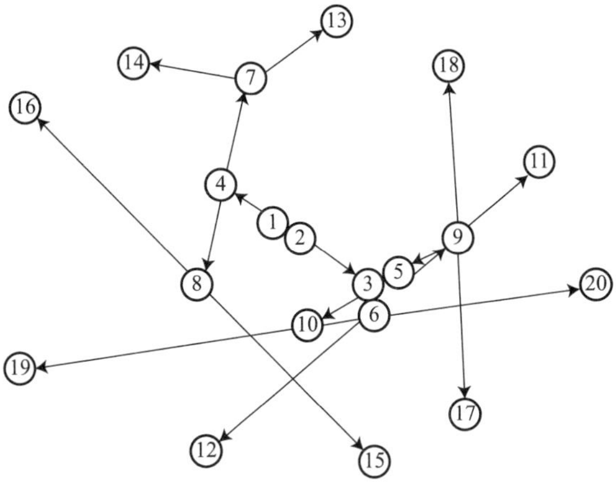

图5-6　再中心化网络模型示意图

网络模型还可以用来模拟组织传播和大众传播等传播方式。对于这两种传播方式，网络架构主体都是相对规则的，这反映出传统方式下人的社交网络结构特点。对于组织传播而言，模型在执行模拟运算时需要注意一些节点的行为一致，以反映组织外传播的特点。这些节点可以代表组织内的信息传播渠道，如官方账号、组织成员或特定媒体，它们在网络中扮演着重要角色。通过使这些节点的行为保持一致，我们可以模拟组织传播中信息的一致性和有针对性。

而对于大众传播，除了相对规则的节点排列以反映传统社交结构外，我们还需要考虑度数较高的节点的存在。这些节点可以被视为代表大众传媒机构的节点，如电视台、广播电台或社交媒体平台。它们在信息传播中具有较大的影响力和覆盖范围。如图5-7所示的网络模型，我们可以将一个节点（如节点1）设定为度数较高的节点，以便其代表大众传媒的角色。与相对规则节点相比，该节点向外发出的链接较多，代表了大众传媒机构传播信息的广泛性。然而，作为接收节点，它所接收的连接相对较少，这反映了大众传播中信息流动的单向性和较少的反馈机制。其余节点是规则排列的格点，代表了传统传播方式中人际传播、群体传播的特点。这些节点之间的连接是双向的，模拟了人际、群体之间的信息交流和互动。

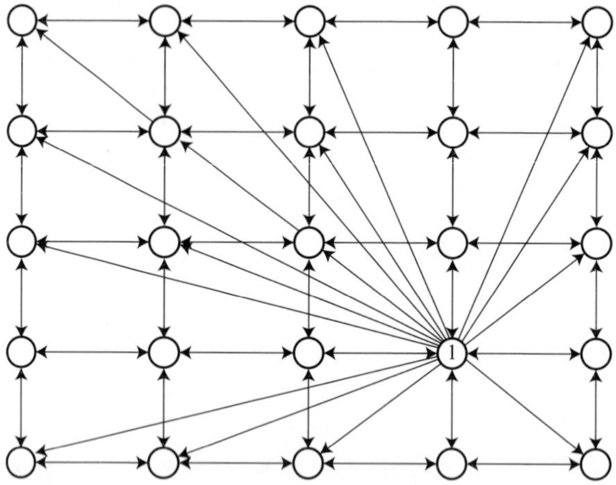

图5-7　主体为规则网络时存在高度节点时网络示意图

综上所述，网络模型可以根据不同的传播方式来构建不同的网络架构，以更好地模拟传统传播中的组织传播和大众传播特点。这些模型的应用有助于我们深入理解信息在不同传播方式下的扩散规律和传播效果。

5.2　基础传染病模型下网络构型对流言传播的影响

利用类Ising模型等网格模型可以模拟不同传播方式对传播行为的影响，从而可以直观展示网络传播和传统传播方式对流言传播的影响，模拟的基本原理是：不同的传播方式对应节点的度是不一样的。在网络传播中，节点平均度数较高，并且节点之间的连接并不规则。这意味着流言可以在网络中快速传播，并且很容易影响大量节点。而在传统传播方式下，流言一般只在社区中传播，节点的度数较低，连接相对有限，因此流言传播的范围和速度都会受到限制。通过对节点设置不同的度我们可以模拟不同传播方式，从而比较它们在流言传播过程中的差异，可以更好地理解网络传播和传统传播方式对传播行为的影响。本节将在基础传染病模型下对网络构型对流言传播的影响进行研究。

在一般互联网传播过程中，特别是在没有所谓网络大V介入的情况下，互联网的参与者其实是平等的，因此本节的模拟采用无向图，并且将参与节点的度数设定为大致相当。由于度数采用概率方式设定，实际上不同节点的度数略有不同，比如没有网络大V这般有节点且拥有超级多的邻接节点。这种设定是符合互联网实际的，毕竟即使互联网参与用户平等，但其实每个用户关注和被关注的人数也还是略有不同的。考虑到微分模型中已经研究了不同传染系数α、康复系数β等参数对相应模型下流言传播的影响，在本节模拟过程中将节点转变其状态的概率设置为常数，仅从网络分布的规则性以及网络节点的平均度数来分析流言的传播。此外，本节将先着重讨论去中心化背景下网络构型对流言的影响，之后还将对再中心化网络、节点状态改变概率为变量时的情况进行讨论，以反映网络大V等拥有较多连接节点的节点的影响。

5.2.1 SI模型下均衡度数网络结构的影响分析

本节利用Python中的NetworkX生成了不同的模型，并在基础传染病模型之一的SI模型框架下研究不同传播方式对流言的影响。此次在模拟过程中设定每个易感节点S接触到感染态I时被感染的概率为固定值0.1，本章用α'表示。请注意，此时的感染概率值α'并不等同于微分模型中的传染系数α，后者还将受到接触次数等参数影响。

需要指出的是，微分模型计算效率较高，而采用Matlab程序计算，模拟不同α值下感染曲线，运算和画图时间大约为100ms[MATLAB R2018，Intel（R）Core（TM）i7-6700@3.40GHz，32GB]，与采用Python运算的时间类似。微分模型的运算时间与设定的参与节点数无关，原因在于它的本质是解方程，节点数只体现在初始值。然而，蒙特卡洛方法不同，其本质是每一步都要遍历所有的节点，它运算的时间要远长于解微分方程组，并且时长随着遍历节点数目的增加而增加。N=1000时，运算一个平均度下的网络大概需要20s，而N=10000时，则约需5min。考虑到N=1000时已经完全可以反映网络流言的传播，故将模拟的节点数选择为N=1000。

图5-8展示了在随机网络中，使用SI模型框架下感染曲线随时间的变化。时间通过蒙特卡洛算法模拟的步数来表示。观察图中的曲线可以发现，随着平均度数的增加，感染率迅速上升。当平均度数k=4时，感染率已经呈指数形式增长。而当k=100时，几乎所有节点在2~3个步骤内全部被感染。这符合我们的预期，

说明在与流言传播者接触时感染概率相同的情况下，传染速率随着节点度数的增加而快速增加。需要注意的是，在k=4的情况下，感染率的增长趋势并不十分平滑。这是蒙特卡洛模拟的特性所致，一些节点可能并不按照SI模型方程所定义的方式被感染，而是存在一定的随机性。此外，我们需要关注平均度数为1的情况。每次模拟的结果都可能有所不同，有时甚至可能没有将流言传播出去。这是因为在设置中，平均度数为1，一些节点的度数为0，这在很大程度上阻碍了节点之间的连接和流言、信息的传播。在互联网时代，每个节点的度数（即人们的联系人数量）都有所不同。高度联通的网络使信息传播更加迅速和广泛，因此流言在这样的网络中传播的风险也相应增加。

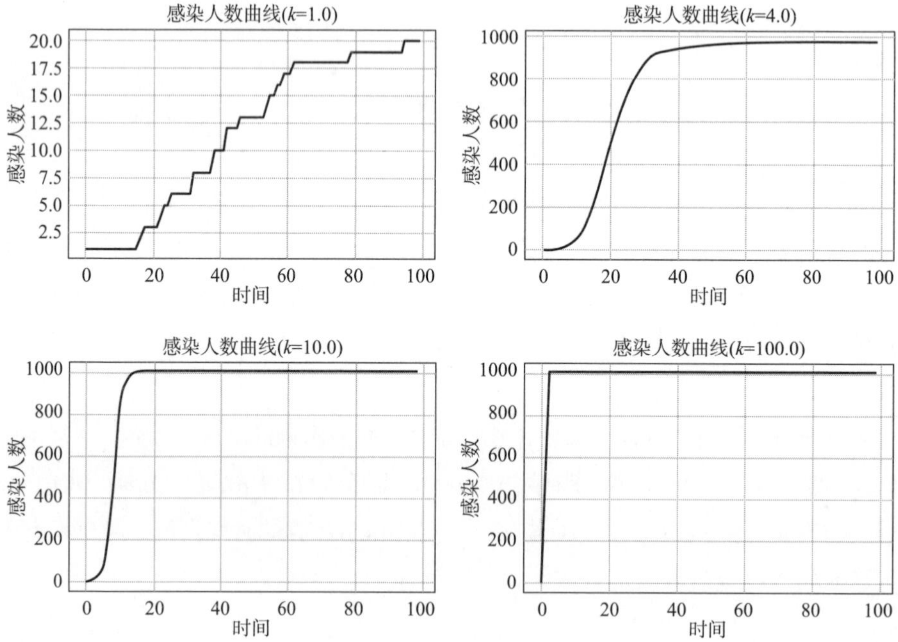

图5-8　不同平均度数随机网络中SI模型下感染数随时间的变化

网络对流言传播的影响不仅在于网络成员（节点）的度数较高，还在于网络连接了不同阶层和地域的人。这使流言传播呈现出新的特点，即一旦流言在某处产生，可能迅速传播到其他地方。即使在节点度数相同的情况下，这种新特点也会影响流言的传播。如图5-9所示规则网络下SI模型中感染数随时间的变化，这是在规则网络（图5-4）下感染者数量随时间（蒙特卡洛模拟步数）的变化关系。我们进行了多次模拟，由于蒙特卡洛方法的特性，每次的情况都有所不同。

然而，在考察的时间范围内，最终感染者数量都保持在800个以下，甚至有些模拟结果仅有300个感染者。从图中可以看出，此时流言传播系数α相对于随机网络而言要小得多。

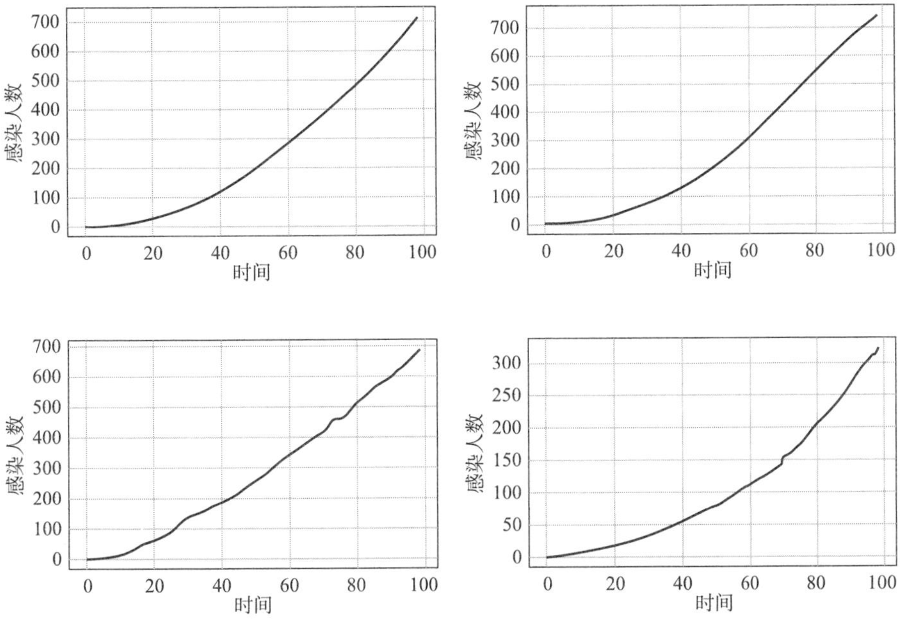

图5-9 规则网络下SI模型中感染数随时间的变化

在网络没有普及的时代，口口相传的流言传播方式类似于在规则网络中的传播。由于缺乏技术支持，人们只能依靠自己所处的社交环境来获取和传播消息。信息的传播受到了时间和空间的限制，消息的流动速度较慢且范围有限。人们通常只能从自己的亲朋好友或社区成员那里获得消息，并通过面对面的交流传播给其他人。

然而，在网络时代，情况发生了巨大的变化。随着互联网和社交媒体的普及，人们获得和传播信息的方式变得更加便捷和广泛。通过互联网，人们可以迅速访问新闻、文章、社交媒体平台和在线论坛等信息资源。无论是文字、图片还是视频，信息可以通过各种形式迅速传播到全球范围内的受众。这种全球性的连接和信息流动性，使流言传播的速度和范围大大增加。一旦有流言在某个地方产生，通过互联网和社交媒体的传播，它可以迅速蔓延到其他地区甚至更遥远的地方。人们可以通过分享、转发、评论和点赞等方式来扩散信息，在短时间内传播给大量的受众。

上述结果表明，网络时代信息传播快的原因不仅在于节点的度数增加，而且在于网络连接了不同阶层和地域的人。这样的网络架构使信息的流动不再受时间和空间的限制，而是可以迅速传播到不同地域、不同阶层的人群中。信息可以迅速从一个地方传播到另一个地方，无论是在同一个城市、国家，还是跨越国界。这也解释了为什么在网络时代，流言传播的速度和范围更大。

5.2.2 SIS模型下均衡网络结构的影响分析

本小节依然采用SI模型的分析方式，如前文所述，SIS模型中会引入一个康复系数β反映感染态I复原为易感态S的概率，此处，我们在蒙特卡洛模型中依然令易感态S和感染态I接触时每步感染的概率α'为0.01，而令每步感染态I复原为易感态S的概率β'为0.005。尽管α 和α'含义不同，但在SIS模型中β和β'含义很接近。依然选择总的节点数N=1000，在随机网络框架下，SIS模型中感染数随时间（由蒙特卡洛运行的步数反映）的变化关系如图5–10所示。总体来看，当节点平均度数k较大时，感染数随时间的变化和微分模型所得结果类似。但也可以明显观察到其与图4–4等所得的曲线不同，此处曲线存在波动，这反映了蒙特卡洛方法的特点，即通过概率来模拟节点行为，因此节点行为具有一定的波动性，这种随机性使模拟更加贴近现实情况，因为真实世界中的节点行为也存在一定的随机性。另外，我们还可以观察到，随着节点的平均度数k增大，感染数量的达到高位时间和高位平均数量也相应增大，这和微分模型中α和β不同关系下对应的感染曲线相似（当然，此处没有特意模拟$\alpha<\beta$的情形）。当k=100时，感染数量几乎在模拟开始后立即达到最高值。这说明在高度连接的网络中，信息传播速度更快，感染者的数量迅速增加，达到峰值所需的时间较短。同时也能发现，尽管在k=100时几乎所有节点都处在感染态，但在高位有波动，反映了存在自愈时流言和传染病传播特点，这是微分模型无法显示的（其显示曲线较为平滑）。另外，在图5–10中我们可以观察到，当节点平均度数k为1时，即社交网络受限的情况下，流言的传播模式与SI模型类似。在这种情况下，曲线的变化具有较强的随机性，且流言的传播受限，很难在社交网络中扩散。图中显示受感染者的最大值仅为4，并在低位波动，这表明在社交受限的情况下，流言制造者和传播者接触的人非常有限。由于信息无法有效传播，包括流言在内的信息很难被广泛传播，因此受影响者的数量非常有限。社交受限的情形可能跟互联网监管有关，这个模拟

结果说明了互联网监管的必要性，其对遏制流言传播具有重要意义。

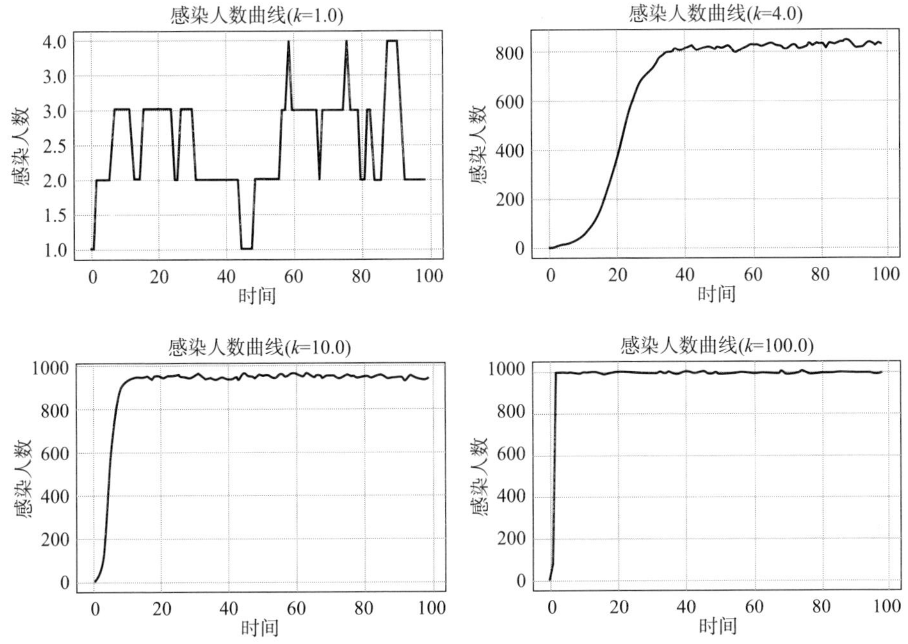

图5-10　不同平均度数随机网络中SIS模型下感染数随时间的变化

我们还模拟了规则网络中SIS模型框架下流言的传播，如图5-11所示，与SI模型类似，规则网络中流言的传播效率要远低于具有相同平均度数的随机网络（如k=4的情况）。这是因为在规则网络中，人们的相互接触和交流受到固定的规则和空间限制，与随机网络相比，信息传播的路径更受限制。在图中显示的感染曲线中，除了右下方的子图外，其他曲线均未达到峰值，并且存在波动。这反映了蒙特卡洛模拟的特点，即模拟过程中的随机性和节点行为的波动。尽管某些节点可能处于感染状态，但由于网络结构的限制和节点之间的连接模式，流言的传播速率较慢。

在图5-11右下方的子图中，流言制造者在经过2步之后变为易感态，并未将流言传播给其他节点。这说明在传统的人际传播和群体传播中，由于时空条件的限制，人们的相互接触和交流是有限的，导致流言传播速度较慢。蒙特卡洛模拟准确地反映了这一现象，它基于概率的模拟方式能够捕捉到节点行为的随机性和流言传播的不确定性。这种模拟方法可以使我们更好地理解传统人际传播和群体传播中的流言传播机制。

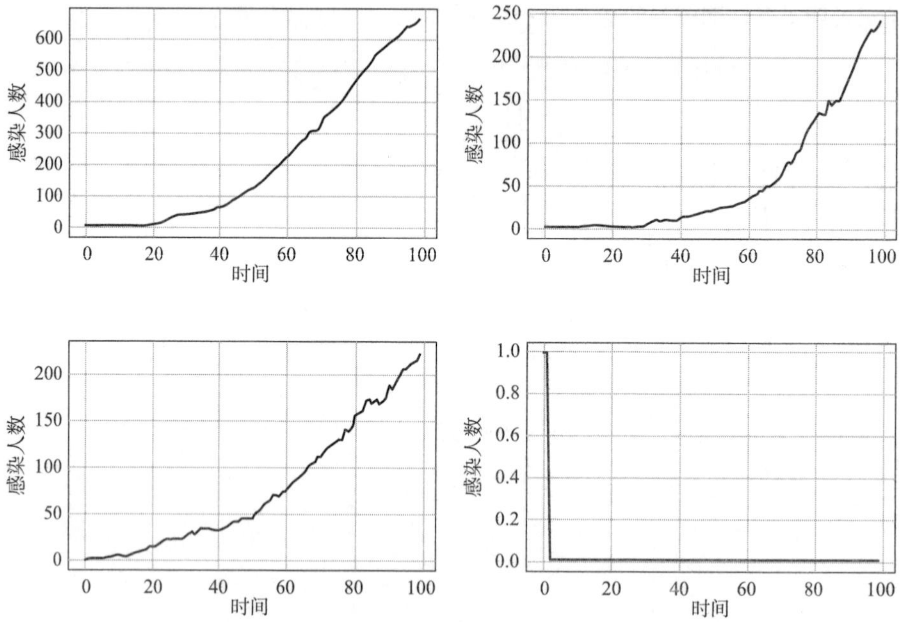

图5-11 规则网络中SIS模型下感染数随时间的变化

5.2.3 SIR模型下均衡度数网络结构的影响分析

关于SIR模型，根据前文所述，SIR模型和SIS模型类似会引入康复系数β反映感染态I转变为康复态R的概率，此时的康复态R将不再被感染。类似于SIS模型，我们仍然使用蒙特卡洛模拟方法，并假设易感态S和感染态I相遇时每步感染的概率α为0.01，而每步感染态I转变为康复态R的概率β'为0.005。与SIS模型类似，对应到SIR微分模型中，α和α'含义不同，后者仅表示接触时感染概率，而前者反映的总体感染速率，β和β'则含义相似。

图5-12显示的是在不同平均度下，随机网络中SIR模型下不同状态人群数量随时间的变化。从图中可以观察到，当k=1时，与SIS模型类似，流言在人群中根本没有流传开，这是符合我们预期的，即社交行为受限的情况下，流言等信息根本无法有效传播。其次，随着平均度k的增加，感染者数量达峰时间将会推后，且最高峰值将会减小。当k=100时，感染者数量在2~3步就达到了峰值，这与图4-8中α=0.8、β=0.1时的情况类似，但此时真实对应的传染率更高，因为图4-8中感染者比例始终没有到达接近于1的时候。对于易感态而言，在k=4时，

最后依然有部分节点一直处于易感态，并且感染态数量随时间发展趋于平稳，这与图4-7所示α=0.5、β=0.3时的情况相同，表明当传染率比康复率稍高时，群体中的一部分人始终不受流言的影响。可以看出，随着时间的推移，最终社会群体中将只有康复态和易感态两种状态，这说明在该模型框架下，最终流言的影响将会被消除；不过也应看到，当平均度数k增加时，最终社会中将全部是康复态R，真实情况中，这说明所有人都被流言影响过，这点和微分模型所得结果相近。

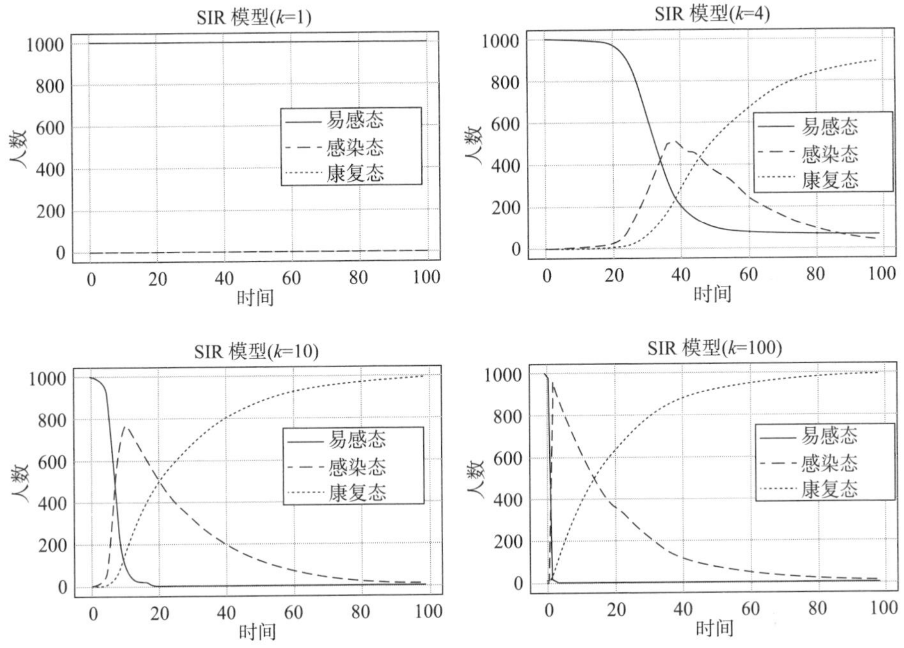

图5-12　随机网络中SIR模型下不同状态人群数量随时间的变化

另外需要说明的是，与SI模型、SIS模型下蒙特卡洛方法所得的曲线相似，图5-12中的曲线也不平滑，这种波动性、随机性正体现了蒙特卡洛模拟的特点，它使模拟更加贴近现实情况。在真实世界中，节点行为存在一定的随机性，人们的行为受到多种因素的影响，如个体偏好、社交关系和环境条件等。通过引入随机性，蒙特卡洛方法能够更好地模拟这种现实情况，使我们更准确地理解和预测流言传播或疾病传播的行为。

我们也研究了规则网络中SIR模型下的流言传播状况，结果如图5-13所示。此处采用规则网络，每个节点的度数为4，和图5-12中k=4的节点情形相比，此时感染者数量随时间上升较慢。图5-13所展示的四次测量结果均显示，感染曲线达峰时间较图5-12中（时间t=37）要推迟，峰值高度也要低，随机网络中峰值约为500，而此处仅为200左右。上述结果和SI、SIS模型相似，这再次说明，社交网络构成较规则时，流言传播速度和力度都比不规则的社交网络低。从传播学角度看，这说明传统的人际传播和群体传播速度比新兴的网络传播速度低得多。

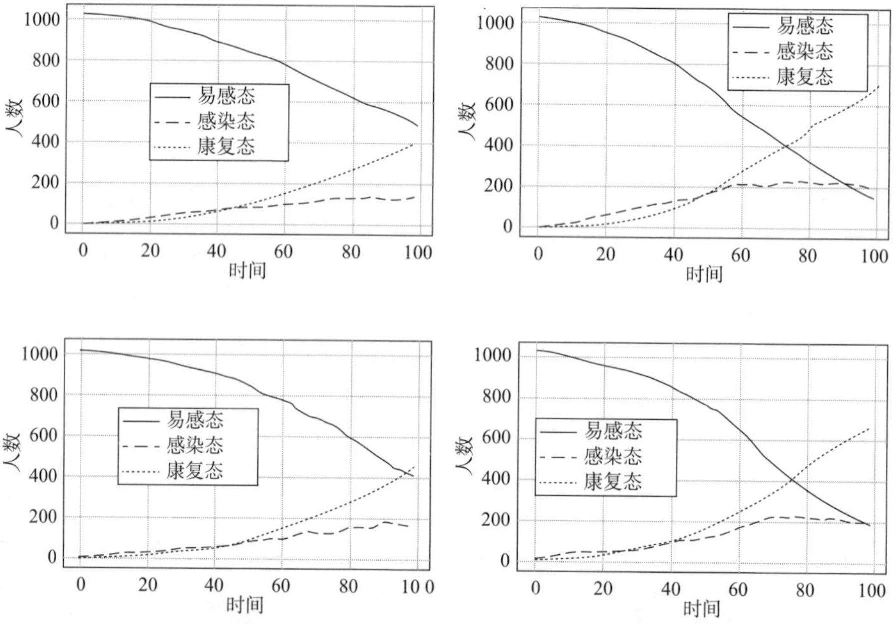

图5-13　规则网络中SIR模型下不同状态人群数量随时间的变化

在我们的模型中，将传统人际传播和群体传播的普通节点的度数设置为4，这反映了在传统社交方式下，人们的交往有限；而在网络时代，节点平均度数可以设置为100，反映出互联网时代人们交往连接的特点。人们在互联网时代之所以联系紧密（或者说度数较高）的一个重要原因是，互联网为人们提供了更广阔的交流平台和更便捷的信息传播渠道。通过社交媒体、即时通信工具和在线论坛等，参与者可以快速获取信息并与他人进行互动，这使参与者能够接触到更多的节点，扩大了信息传播的范围和加快了传播速度。此外，互联网文字、影像的记录特征可以使得人们言论的影响跨越时空，一个人所发的帖子、文章可以在互联网上存在很长时间，影响更多的人，这跟传统人际、群体传播即时性交流有很大不同。这种特征使互联网节点的邻接节点数更多，即节点的度更高。

5.2.4 再中心化对流言网络传播影响的模拟研究

再中心化又使网络传播呈现出新的特点，正如前文所述，再中心化后，网络大V在信息传播中起了重要的作用。为了研究网络大V对信息传播的影响，本小节我们基于中心化网络构型对该现象进行了研究。这种网络是具有特殊的网络拓扑结构，其中少数节点具有极高的度数，而大多数节点的度相对较低，这种节点可以看作在随机网络中添加度很高的节点来模拟大V。在信息传播过程中，这些高度中心化的节点扮演着重要角色，它们在传播过程中具有更大的影响力和传播能力，能够更快地将信息传递给其他节点。

具体实现时，首先创建一个有向图，并设置节点的初始状态。在网络构建过程中，我们选择了少数节点作为高度中心化节点，并为它们添加了出边，以增加其度数。对于其余节点，我们根据连接规则添加边（这里将普通节点的度统一设定为4），形成一个中心化的网络结构。对于网络传播的中心化模型，可以参考图5-6，其每个节点根据其当前状态和传播参数来更新状态。具体而言，我们考虑了不同类型节点之间和相同类型节点之间的传播概率。高度中心化节点向普通节点的传播概率较高，而普通节点之间的传播概率较低。这样设计的目的是模拟网络大V对信息传播的优势。通过进行蒙特卡洛模拟，我们记录了每个时间步骤的感染人数、易感人数和康复人数。通过绘制感染人数和状态随时间的变化曲线，我们可以观察到网络中心化对信息传播的影响，特别是网络大V的影响。

中心化随机网络模型中SI模型下感染状态I人群数量随时间的变化如图5-14所示。在模拟过程中，考虑到中心节点所发出信息被普通节点接受的概率很大，此处我们将该概率值α_c'设定为0.95，而将普通节点接受普通节点信息的概率α'设定为0.1，这与图5-8中的设定相同。鉴于主要考察中心节点的影响，我们这里将初始的感染者设为中心节点之一，网络依然采用1000个节点，从中随机选取2个节点作为中心节点。

从模拟结果中可以看出，当中心节点的度k=4时，结果与不考虑中心节点、平均度为4的随机网络相近，这说明单纯提高个别节点的传播概率而不提升其度对流言传播影响不大。而当中心节点度提升时，感染者提升速度明显加快。当中心节点度k=100时，可以看出与之相连接的节点迅速被感染，而之后其进程类似于去中心化的随机网络，但达到最高值的时间有明显提升；k=500、k=900则传播速率提升更加明显，特别是当k=900时，感染者上升趋势如同直线，仅在

900→1000时，出现类似于去中心化节点中的平稳连接。与图5-8中去中心化随机网络相比，这些曲线呈现出自己的特点，即开始传播时并不平稳，但到接近最高态时出现平滑连接，反映了信息开始传播很急、达到最高态前传播变缓的特点。图5-14所示为k=900时的曲线。

网络时代虽然每个人在每个节点接触到的人较传统时期大幅提升，但对普通人而言，其所受关注程度相比网络大V而言仍较低。流言如果没有网络大V介入，虽然也能传播开来，但其传播力度将被有效削弱。模拟结果和真实传播行为均说明，治理网络流言的关键在于加强对网络大V的管控。

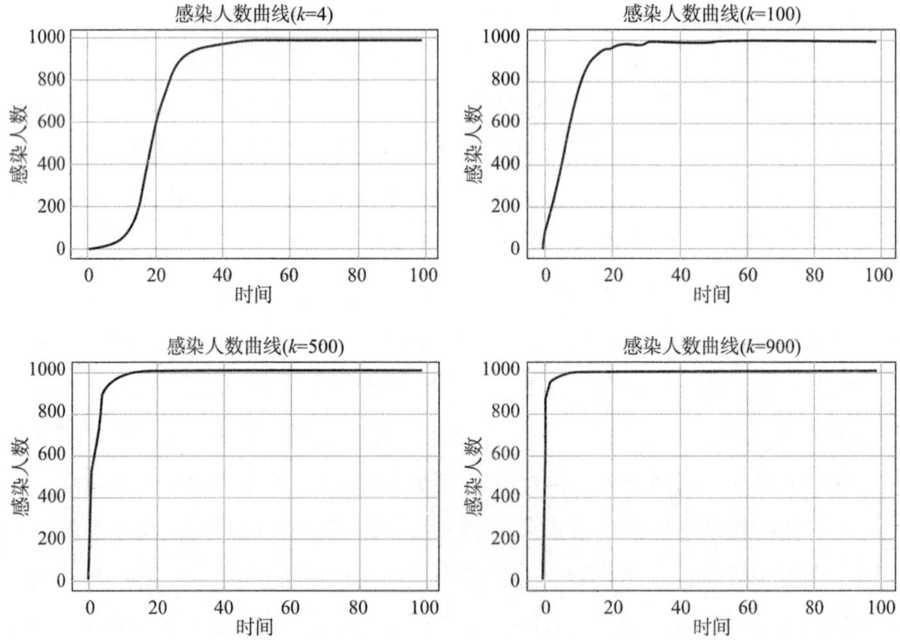

图5-14　普通节点在一次试探中感染概率α'=0.1时，中心化随机网络中SI模型下感染状态人群数量随时间的变化（图中k代表中心网络的度）

为了进一步表明该结论的正确性，我们还模拟了当普通节点传播概率α'为0.01时的情形，结果如图5-15所示。可以看出此时由于传播概率的下降，感染态人群数量随感染时间的变化较图5-14所示情景有明显放缓。不过随着中心节点度的增加，感染率随时间上升速度又明显加快，当中心节点度k=900时，出现了直线上升的态势。另外需要指出的是，图5-15中图像并不平滑甚至还有突变，这一方面是蒙特卡洛模拟特有的现象，另一方面是我们在模型中指定了两个高度节点，出现突然增长是另一个高度节点被感染然后传播给与之相关联的节点，如果只有一个节点的度较高，则这种突然增长的状态将不再存在。

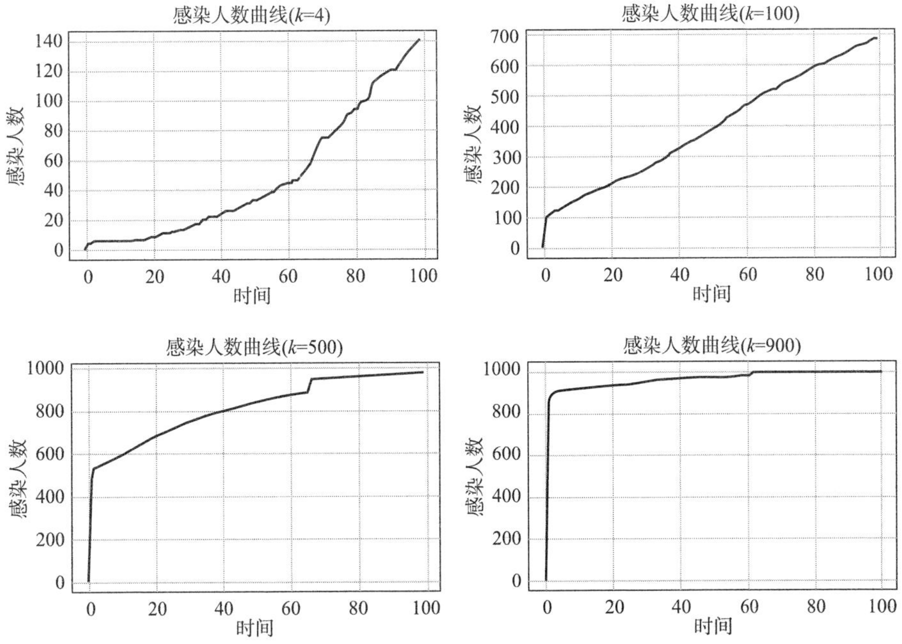

图5-15　普通节点传播概率 α'=0.01时，中心化随机网络中SI模型下感染状态人群数量随时间的变化（图中 k 代表中心网络的度）

在网络传播过程中，一般用户所发信息很难被其他大量用户关注并转发，因此其发出的信息影响力有限，这类似于本模拟中的普通节点，然而网络大V则不同，其在网络中有很强的影响力，这类似于本模拟中的高度节点。从图5-15可以看出，当中心节点的度 k=4时（即其与普通节点相同，只是表示影响因子的 α' 大一些），受感染节点的数目随时间上升得十分缓慢，这表明流言的传播力较弱，留给相关部门反流言的时间非常充足。事实上，互联网信息更新极快，最新的信息会减弱先前信息的影响力，一般情况下即使不采取措施该流言的影响力也将很快趋于消失。而当 k=900时，受感染节点的数目随时间上升得非常迅速，这表明流言的传播力非常强，网络舆情高度紧张的情况下也许会引发新的问题，相关部门需要迅速采取措施来应对和控制流言的传播。由此可见，中心节点的度对于信息传播和流言扩散的速度和规模起着重要的影响。网络大V作为高度节点在网络传播中具有更大的影响力，而一般用户的影响力相对较小。这种差异性值得相关部门重视，当前网络大V其实在某种程度已经取代了大众传播中传播机构的作用，然而，其又缺乏大众传播中“把关人”的限制，在网络大V节点具有高度影响力的情况下，根据本次模拟的结果，相关部门应该考虑对这类节点加以管控。

我们也在中心化随机网络中对SIS模型下的流言传播行为进行了模拟研究。这里，我们将蒙特卡洛方法下每一次试探中节点康复概率β'设为感染概率α'的一半，依然将中心节点向外传播信息时被普通节点接收的概率值α_c'设定为0.95，图5-16展示的是α'=0.1、β'=0.005时，中心节点不同度下感染人数随时间的变化关系，同样，我们将普通节点的度设为4。由图可以看出，中心节点度k=4时，感染人数随时间变化与图5-10中节点平均度k=4的行为相似，这再次说明尽管中心节点拥有较高的传播概率（即说服力），但在其连接范围较小时，并不会对流言传播产生较大影响。随着中心节点度的增加，流言传播力开始增强，特别是初始时候，不过在高位时期曲线会出现波动，这与均衡随机网络有相似之处，但后者高位的振荡并不十分剧烈，主要原因还是平均度高，每个节点都能受多个节点的影响也能影响多个节点，这使流言影响力维持时间长。在实际网络传播中，正如前文所述，普通节点的影响力很弱，大V等中心节点起了主要作用，一般传播中容易出现波动现象。

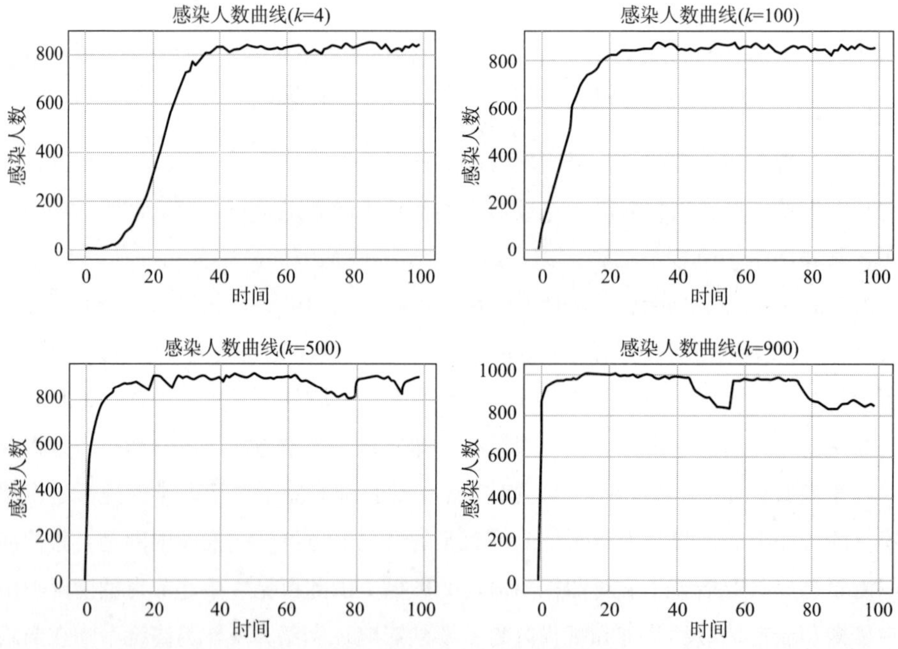

图5-16　普通节点在一次试探中感染概率α'=0.1、康复概率β'=0.05时，中心化随机网络中SIS模型下感染状态人群数量随时间的变化（图中k代表中心网络的度）

在感染概率α'较小时，我们研究了SIS模型下的感染数随时间变化，典型结果如图5-17所示。在这种情况下，其与SI模型类似，传播概率下降，导致感染速度减慢。由于我们设定了较低的康复概率，因此曲线呈现较为平滑的趋势。图中的较大波动可能是由于另一个度较高的节点被感染所引起的。由于设定康复概率同样较低，所以此时曲线显得比较平滑，图中的较大波动可能是由于另一个度较高的节点被感染所引起的。在这种情形下，我们可以观察到不同中心节点度的影响。结果表明，中心节点度越高，流言传播的速度越快。这再次验证了控制少数大V节点对于遏制流言传播的重要性。

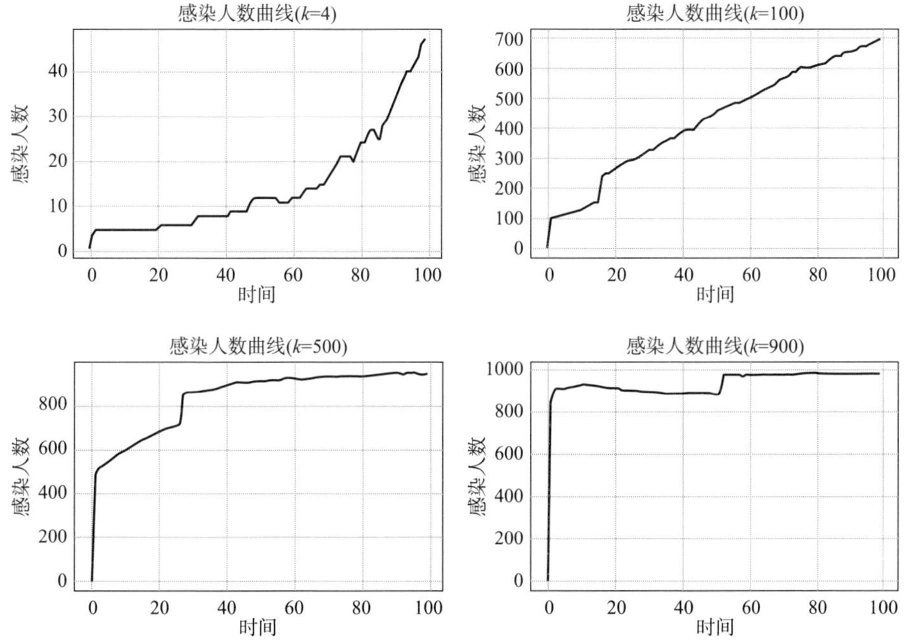

图5-17　普通节点在一次试探中感染概率α'=0.01、康复概率β'=0.005时，中心化随机网络中SIS模型下感染状态人群数量随时间的变化（图中k代表中心网络的度）

在中心化随机网络架构中，我们还研究了SIR模型中流言传播的行为。其中α'=0.1、β'=0.05的结果如图5-18所示。从中可以看出SIR模型中感染者数量随时间推移会出现峰值，这与去中心化的网络中所得结果相同。在普通节点的平均度为4的情况下，中心节点若也是4则体现不出其传染性强（在流言中意味着煽动性强）的特点，尽管其向外传递信息时令其他节点接受自己观点的概率很高（此时α'=0.95），但由于度较低，接触人数有限，所以影响力有限。图5-18中的中心节点度k=4时，感染者、康复者、易感者等群体数量随时间的变化和

图5-12中平均度k=4时的情形类似就反映了这一点。随着中心节点度的增加，可以看出感染者数量达峰时间会提前，峰值高度也会增加，这点和去中心化随机网络中平均度数增加的结果相同。这是很正常的，中心节点度数增加也意味着平均度数增加。当中心节点的度k=900时，可以看出感染者数量迅速到达峰值，这与去中心化时平均度为100时情况类似。这再次证明控制大V等中心节点的重要性，这些中心节点具有更高的度数和更广泛的传播范围，可以迅速将流言传播给其他节点。因此，通过监测和干预这些具有高度影响力的节点，我们可以有效地控制和遏制流言的传播，保护社会秩序和公众利益。

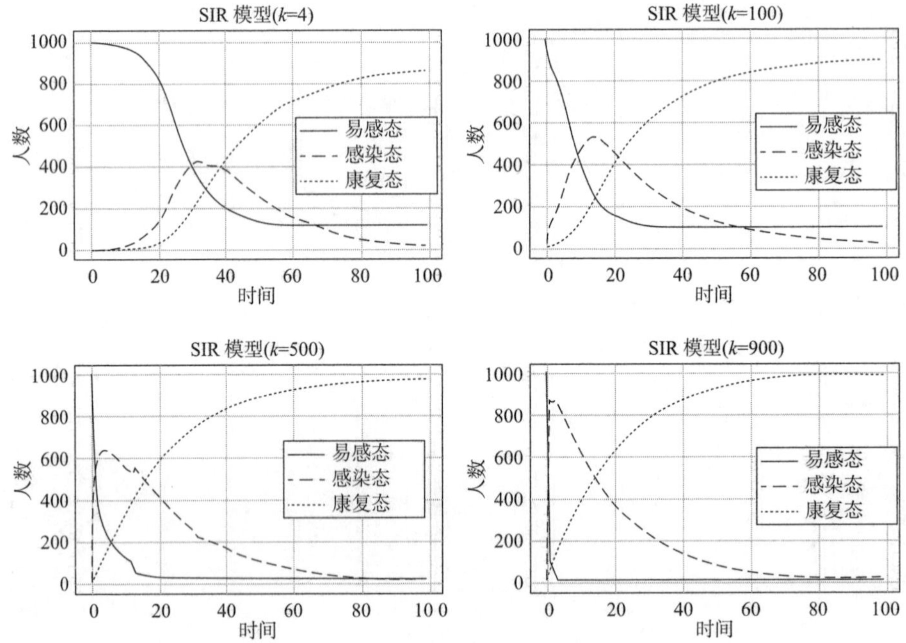

图5-18　普通节点在一次试探中感染概率α'=0.1、康复概率β'=0.05时，中心化随机网络中SIR模型下不同状态人群数量随时间的变化（图中k代表中心网络的度）

在感染概率较小的情况下，我们也研究了中心化随机网络模型中SIR模型下不同状态人群数量随时间的变化，结果如图5-19所示。我们发现，当中心节点度k较小时，如k=4、k=100时，感染率曲线尽管上升迅速（这主要是我们设定中心节点传播信息时普通节点接收概率α'=0.95），但都没有传播开来。这一观察结果表明，在中心化随机网络模型中，即使中心节点具有较高的传播能力和影响力，但当感染概率较小时，流言或传染病也很难在网络中扩散开来。这是因为感染概率低导致感染者的传播能力有限，而中心节点的接触人数也受限于其度数，无法迅速将流言或传染病传播给大量的普通节点。从社会心理学角度看，当社会环境因素不具备某种信息传播条件时，其很难传播。不过，我们从图5–19可以看出，当中心节点度进一步提升时，感染者峰值数量会有明显上升，当中心节点度k=900时，感染者数量和时间曲线与图5–18已没有太多差别。这说明当大V影响力很大时，其完全可以左右网络舆论。有关部门可以从活跃粉丝中对某些大V进行适当管控，以免造成舆情。需要说明的是，在图5–19中，我们将康复概率β'依然设定为0.05，高于普通节点的传染概率α'。这主要是考虑到传染概率低的情况下，康复概率其实往往比较高，因为从社会心理学角度来看，传染概率低意味着当时的社会环境、文化氛围并不支持该流言传播，即使人们接受了该流言，也会很快将其遗忘。此外，我们已经考察了SIS模型下β'为0.005时的情形，尽管二者模型不同，但此时康复概率较小的情形根据前面研究成果也不难得出。

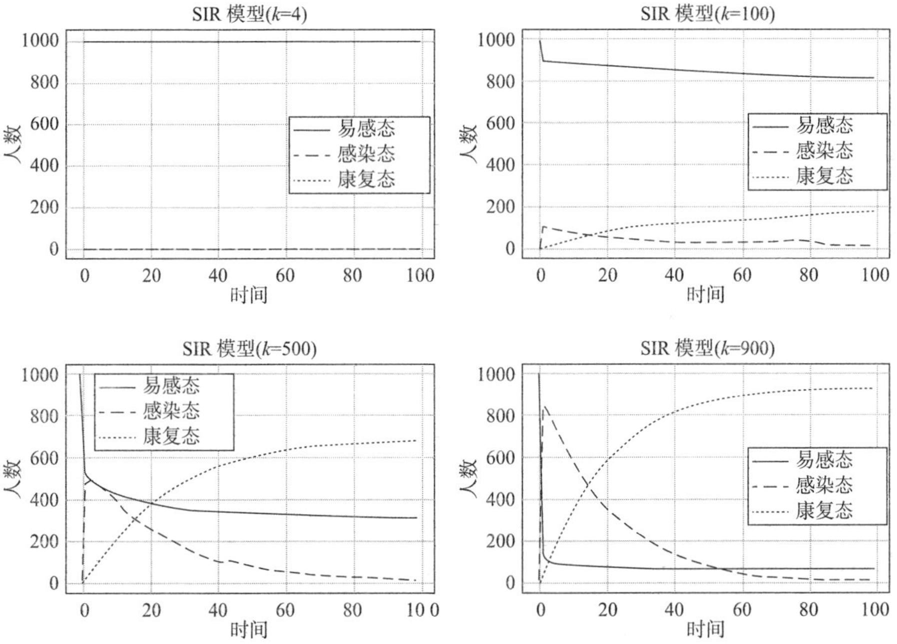

图5–19　普通节点在一次试探中感染概率α'=0.01、康复概率β'=0.05时，中心化随机网络中SIR模型下不同状态人群数量随时间的变化（图中k代表中心网络的度）

从上述在基本传染病模型下对中心化随机网络的模拟结果中，我们可以得出结论：社交网络中的中心节点（大V）对信息传播具有重要影响力。中心节点的影响力主要源于其度数高，即与之相连通的节点数目非常多，这能够对其他节点造成影响。虽然在感染概率较低时，一般的大V制造出的信息传播也比较困难，但当其度增加时，这些节点便具备了显著的传播能力，可以左右网络舆论。因此，相关部门可以采取适当的管控措施，监测和管理活跃粉丝数量较多的大V，以避免不良舆情的产生。这对于维护社交网络乃至社会环境的健康和稳定都具有重要意义。

5.2.5 大众传播的蒙特卡洛模拟

我们还用中心化的规则神经网络采用蒙特卡洛方法模拟了大众传播情况下信息的影响力。此处之所以没有用“流言”一词，是因为在大众传播下，由于媒体的把关人模式，其所传递的信息通常为有根据的信息，并非传统意义上的流言。不过根据我们在前文分析的结果，从社会心理学和传播学角度来看，普通人是难以分辨其接收的信息是流言、谣言还是有根据的信息。事实上，在当前网络传播中，相当一部分人可能把某些大V传递的信息当作“有根据的信息”，从而造成流言的传播。因此，研究大众传播模式下信息的传播，对于分析流言的传播也具有参考意义，其可以分析传媒机构误播信息后的结果，并能探讨再中心化网络传播和传统传播的区别。模拟传统大众传播的网络为如图5–7所示的具有高度节点的规则网络，具有较高度的节点表示大众传媒机构，而规则的网络则表示传统传播模式下具有相对固定社交网络的民众。

首先，我们采用SI模型对大众传播进行研究。为了便于对比，我们采用和中心化随机网络模型相同的参数，即中心节点的传播概率α'_c=0.95。图5–20显示的是普通节点之间在一次试探中流言接受概率α'=0.1时的情形。与相同参数的中心化随机网络结果（图5–14）的相比，当中心节点度k=4时，此时的感染效率明显低于随机网络模型，这与前文所得结果类似。正如对中心化随机节点分析中指出的那样，k=4意味着中心节点影响力和普通节点一致，那么整个传播行为和先前所用均衡网络一致。如前文所述，在度相同的情况下，信息在随机网络（即网络传播）中的传播将突破时空地域限制，从而比传统传播方式传播得更快。

从图5–20中还可看出，当中心节点度k为100、500和900时，对应感染数量随时间变化关系与图5–14中相似，这说明当中心节点的度高到一定限度时，基础网络结构对流言传播的影响将减弱。这是很容易理解的，因为大众传媒所传递的内容本来就是跨越地域甚至时间限制的，即使在前网络时代，大众传媒的影响也可以说是覆盖全社会的。

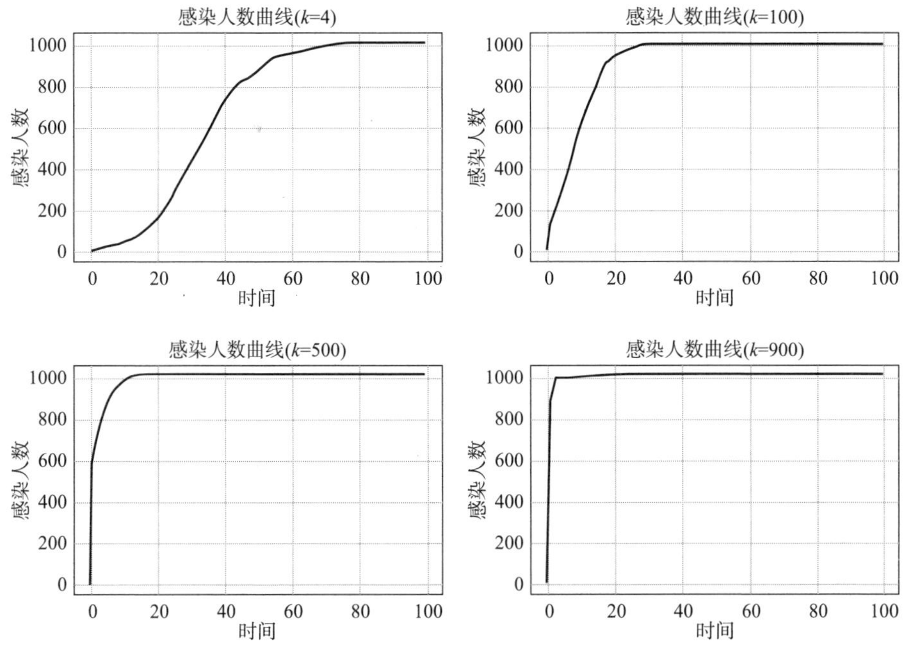

图5-20　普通节点传播概率α'=0.1时，中心化规则网络中SI模型下感染状态人群数量随时间的变化（图中k代表中心网络的度）

我们也研究了普通节点传播概率α'=0.01时的中心化规则网络中SI模型下的情况，所得结果和图5-20显示的类似。这些定量的模拟结果也可以说明，在网络时代，网络大V拥有了很强的传播力，甚至已经可以取代传统媒体机构的作用。在缺乏把关人的情况下，任其发展对社会是无益的，极易造成流言的传播。

SIS模型、SIR模型也在中心化规则网络框架下被进一步研究。在参数相同的情况下，这些模型所得结果和SI模型结果相似。图5-21展示的是普通节点感染概率较小（α'=0.01）、康复概率相对较大（β'=0.05）时SIR模型中信息传播情况，此时所用的参数值与图5-19相同。通过两图对比，可以看出它们的传播行为非常相似，随机网络传播信息（或者说流言）的优势在中心节点具有较高度时相比规则网络并不明显，这再次定量证明了这进一步支持了网络大V在信息传播中与传统传播机构相媲美的观点，也再次说明加强对网络大V进行监管的必要性，考虑到网络信息传播极快，必要时可以对网络大V实行“把关人”制度。

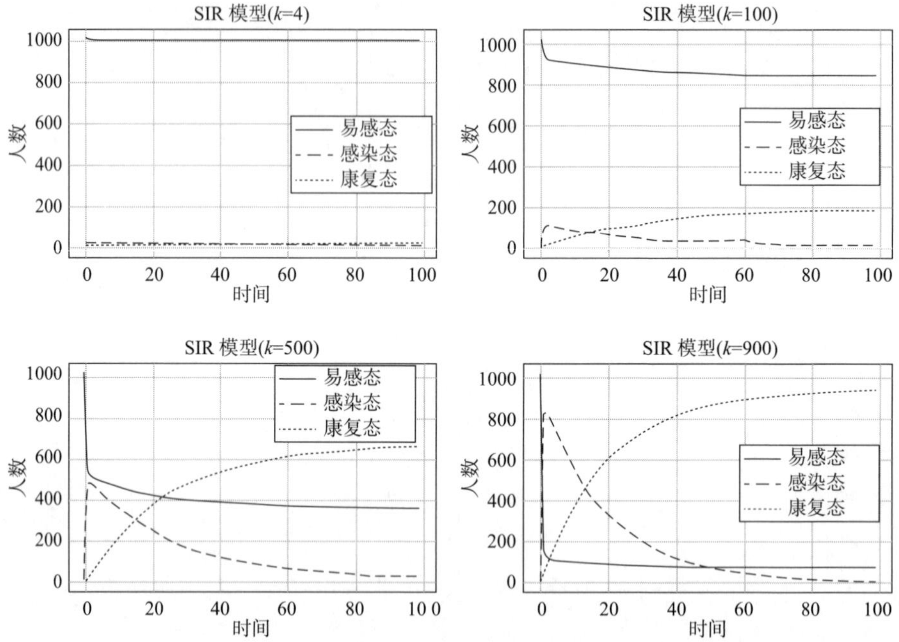

图5-21　普通节点传播概率 α'=0.01、康复率 β'=0.05时，中心化规则网络中SIR模型下感染状态人群数量随时间的变化（图中 k 代表中心网络的度）

需要说明的是，这两节的研究模型都建立在普通节点对中心节点所传递信息具有较高认可度的基础上。随着网络时代各种信息的冲击，原来传媒机构的认可度可能会出现一定程度的下降，因此有必要研究当普通节点对中心节点信任度下降时的情形。同时，考虑到不同基础传染病模型在研究信息传播力的相似性，我们主要通过SI模型来探讨不同 α'_c 下流言的传播力，为便于比较，此时将模型中心节点的度设为500，并且对于不同的 α'_c 固定 α'。

图5-22显示的是中心化规则网络中普通节点相互传播时感染概率 α'=0.1不同 α_c' 对应的感染人数曲线。由图中可以看出，随着 α'_c 的减小，感染曲线初始时随时间的推移其增长速率不断减小，但是当与中心节点连接的节点被充分感染后，曲线的最终形态趋于一致，这说明当中心节点发出消息后，如果没有做后期动作，则流言的传播主要依赖于普通节点之间的传播。将该图像和SI模型下节点度均衡网络时的行为（图5-9）相比可以看出，即使传播概率一样，但由于中心节点度较高，此时SI模型下信息传播速率仍然较 k=4时的规则均衡网络高很多。结合图5-20也可以看出，中心节点的影响力大是因为其邻接节点数（即度）较多，而非相较于普通节点更让人信任。这样的结果其实也给我们另一个启示，那便是

大众传媒机构的影响力大更多的并不在于其权威性或者群众对其的信任程度，而在于其连接的人数（比如报纸的发行量、电视的收视率等），只要受众多，其观点和内容通常都会有人接受并在社会上造成影响。当然，受众数量也是会受到媒体权威性影响的。我们的模拟结果只是表明，当受众数量足够多时，媒体传播信息的认可程度对其影响力影响并不是十分明显，而受众数目更起了重要作用。

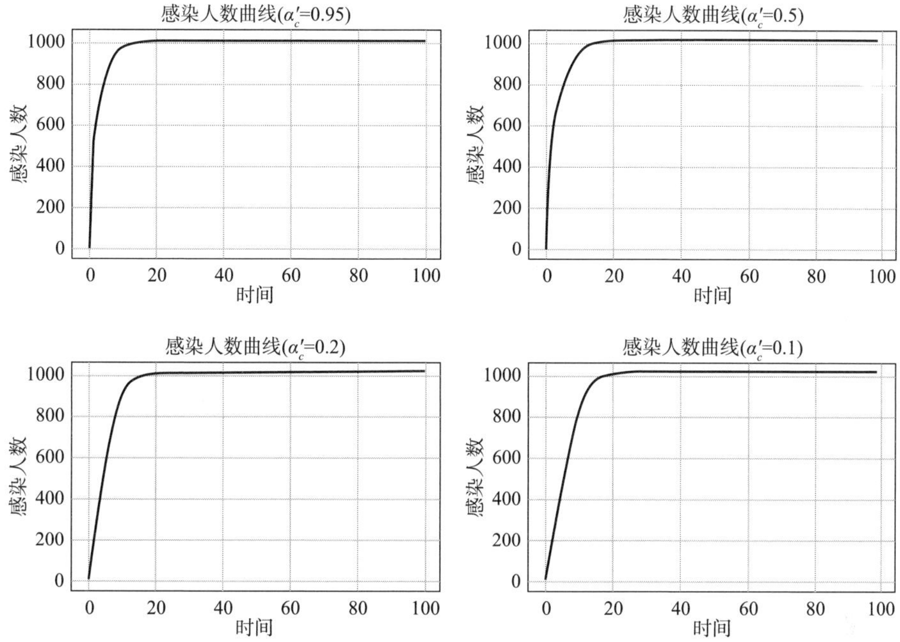

图5-22　普通节点传播概率 α'=0.1时，中心化规则网络中SI模型下感染状态人群数量在不同中心节点传播概率下随时间的变化（图中 α'_c代表一次蒙特卡洛试探时，中心节点的传播概率）

我们还研究了中心化随机网络下中心节点影响力随α'的变化趋势。在参数与中心化规则网络相同的情况下，其所得结果如图5-23所示，对比无中心节点时的结果（图5-8）和影响力很大但中心节点度不同的结果（图5-14）可以看出，在模拟网络传播的随机化网络中，中心节点的影响力也更多地取决于其相接节点的数目（即它的度）。这也验证了如今网络传播中“流量为王”的概念的合理性。因此，即使某些网络大V在外界看来并不具备权威性，容易引起争议，但由于其拥有众多的粉丝，他们往往也会成为流言传播中重要的中转站。虽然这些粉丝不一定完全相信网络大V所说的话，但只要中心节点连接的邻接节点足够多，总能产生一定的影响力，而影响力更容易与邻接节点的数量（即粉丝数目）密切相关。

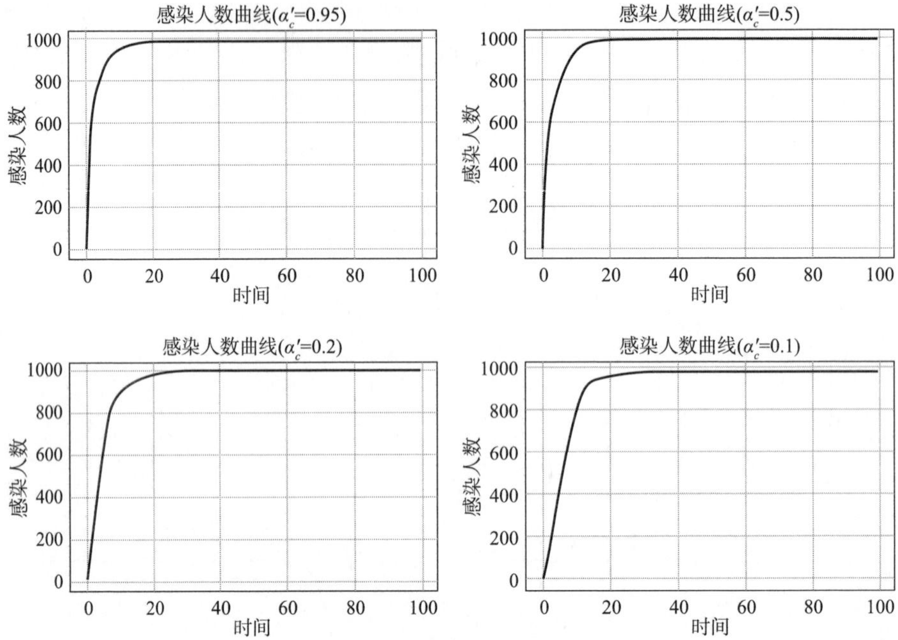

图5-23 普通节点传播概率 α'=0.1时，中心化随机网络中SI模型下感染状态人群数量在不同中心节点传播概率下随时间的变化（图中 α'_c 代表一次蒙特卡洛试探时，中心节点的传播概率）

本节通过中心化网络对信息传播进行了模拟研究，揭示了中心节点在信息传播中的重要作用。无论是大众传媒机构还是个人网络影响者，他们的影响力都与其所连接的节点数量密切相关。考虑到大众传媒的“把关人”模式，其影响属于可控范围，而网络大V目前“把关人”模式还不成熟。因此，在网络传播中，有关部门应该在保障信息准确性的前提下，关注那些具有大量关注者的中心节点，并加强对其影响力的理解和管理。这有助于更好地应对信息传播的挑战，同时也能更好地利用网络传播中的影响力来促进社会的正面发展。

5.3 有信息嬗变时的蒙特卡洛模拟

在信息传播的过程中，人们常常会遇到同一信息的不同观点、反对意见或者信息的变异形式。这些因素可能对流言的传播产生重要影响，因此在研究信息传播现象时，了解反对意见和信息嬗变的作用十分关键。SIVR模型、SIHR模型、nSIR模型等修正的微分组模型已经对其进行了一定的探讨，但是正如我们之前所述，微分模型是建立在均衡状态下的模拟形式，难以反映社会的空间结构，而且信息的变异、反对意见的提出很多时候是时序过程，即信息最初提出时并未有嬗变，只是传播过程中会产生嬗变。时空的不均衡性是微分模型难以模拟的。为了更切合实际模拟流言传播过程中反对意见和信息嬗变的特点，我们使用了蒙特卡洛方法对其进行研究。本节先讨论有信息嬗变时的情景，主要针对mSIVR模型进行研究。

5.3.1　均衡网络中原始信息传播力对流言传播的影响

在第4章中我们讨论了利用微分方程组模拟考虑变异的传染病模型SIVR模型，当时指出这类模型存在的一个问题便是没有考虑变异者对其他节点的影响，之后我们介绍了改进的SIVR模型，其考虑了变异节点V对易感态的影响。本次在蒙特卡洛模拟时也引入该特征，即设定一个参数反映信息的变异，通过概率来反映感染节点I在试探中自发转化为变异节点的特征。依据蒙特卡洛模拟，此处的网络依然分别采用均衡随机网络、均衡规则格点网络、中心化的随机网络来模拟不同的传播模式，同时为探查不同参量对流言传播行为的影响，此处依然采用控制变量法进行模拟。

我们先研究去中心化均衡网络中不同网络构型下流言的传播。节点平均度的影响在基础传染病模型中已经进行了充分讨论，结果显示平均度越高流言传播越剧烈，这是显而易见的，所以此处不再进行研究。为了比较不同网络结构下流言的传播情形，我们将普通节点的度均设为4。本节先讨论原始信息在不同感染率下流言的传播。为了体现变异节点的传播影响力，此处将表征变异信息传播能力的概率α'_v设定为普通信息传播概率α'的2倍，而将康复概率β'_v设定为普通节点康复概率β'的1/2。需要再次指出，此处所述概率指的是在一次蒙特卡洛试探步骤中，相应节点状态改变的概率，如α'代表被易感节点S在和感染态I接触时，在一次蒙特卡洛试探中S节点变为I节点的概率。本节我们先将β'固定为0.05，感染态I自发变为变异态V的概率λ设为0.005，来研究不同α'对传播行为的影响，反映原始信息的不同传染概率。所得结果如图5-24和图5-25所示。前者为规则网络，主要用来模拟传统社会中人际传播和群体传播；而后者则为随机网络，用以模拟去中心化的网络传播，即传统网络传播。

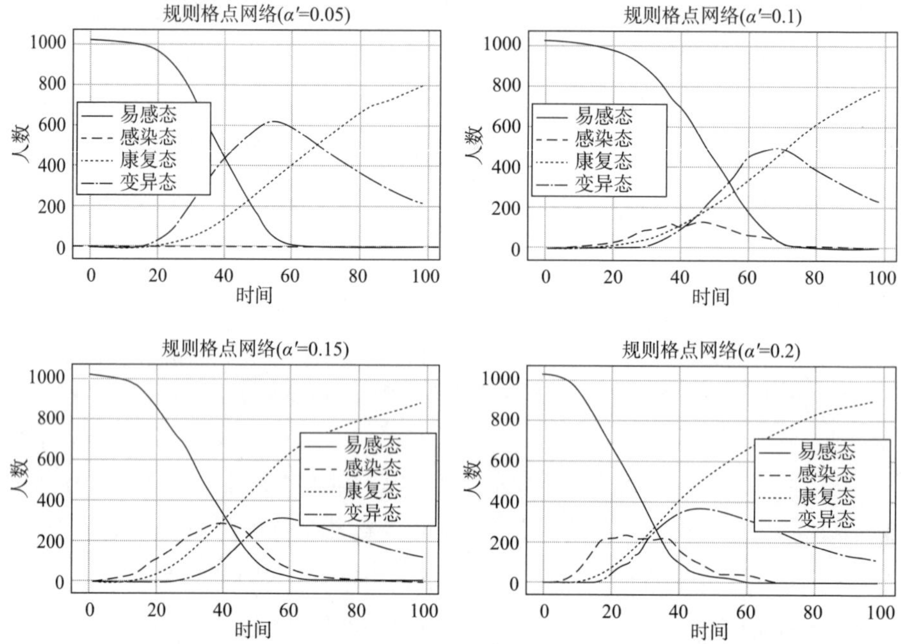

图5-24　原感染者康复概率 β'=0.05、变异者康复概率 β_v'=0.025、自发变异率 λ=0.005时，规则均衡网络中mSIVR模型下感染状态人群数量在不同原信息传播概率下随时间变化

由图5-24可以发现，当 α'=0.05时，感染态I几乎处在低位不动，这是因为 α' 和 β' 相等，根据SIR模型模拟结果，此时原信息是难以传播的；不过变异后的信息由于传播率上升和康复率下降，在一段时间（20个时间步骤）之后开始迅速上升，并在 t=55左右出现峰值，最终所有易感人群S均被感染。当 α' 提升后，感染态I开始上升，与此同时变异态V相对下降，这是因为两类不同的信息存在着一定的竞争关系（这两类信息都可被视为流言）。不过当 α' 更高时，其峰值高度并未有明显提升，而变异态V的峰值则不仅提前而且又有回升，这是因为变异态V的基础是感染态I，感染态多将会产生更多的变异态。蒙特卡洛模拟结果和微分模型结果颇有相似之处，这是因为它们来自于同一个模型。不过，由于是蒙特卡洛模型，模拟出的结果并不平滑，这更符合实际情况。

我们还研究了随机均衡网络的情况下的情形，在参数与规则格点网络相同的情况下，所得结果如图5-25所示。此时可以看出，变异态的传播要较规则网络快，达峰时间较快，而峰值高度都要高于规则网络的情形。不过，此时变异态在高位维持时间不如规则网络中长。这是因为对应于传统人际传播、群体传播的规则网络，对应于网络传播的随机网络节点接收信息可以跨越时间、空间的影响，正如我们在前文所指出的那样，在度相同的情况下，信息在随机网络中的传播速度也要高于规则网络。由图5-25我们还能看出，即使是原始信息，其对应的感染态达峰时间也要较规则网络提前，并且峰形较规则网络锐利。这些结果可以说明，在网络传播中，由于人们接收的信息跨越时空地域限制，“其兴也勃焉，其亡也忽焉”，即流言的影响虽然剧烈但持续时间有限。

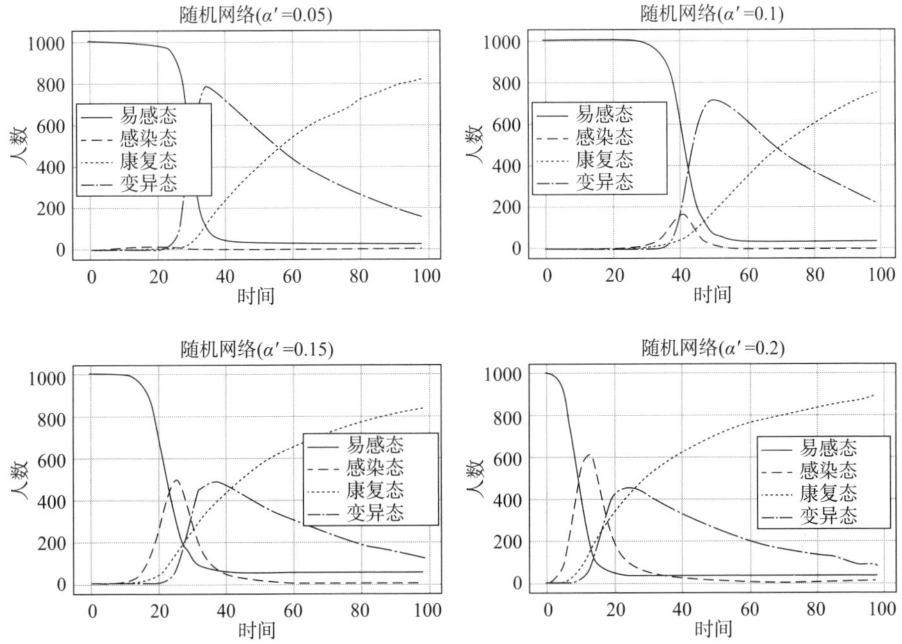

图5-25 随机均衡网络中mSIVR模型下感染状态人群数量在不同原信息传播概率下随时间的变化（所有参数设置及含义与图5-24相同）

5.3.2 均衡网络中嬗变信息传播力对流言传播的影响

我们也研究了变异节点的康复率和感染率对信息传播的影响。为了体现出变异信息相对于原信息的传播概率，此处模拟时我们固定普通节点传播概率α'为0.1，然后设定不同的变异节点传播概率来看其传播情况。图5-26、图5-27分别显示的是规则网络和随机网络。对比之前研究结果可以看出此时的规则网络和随机网络对信息传染行为的影响与之前的研究结果相似，即当平均度相同的情况下，信息在随机网络中传播得更快。这再次体现了网络时代信息传递的便利性。

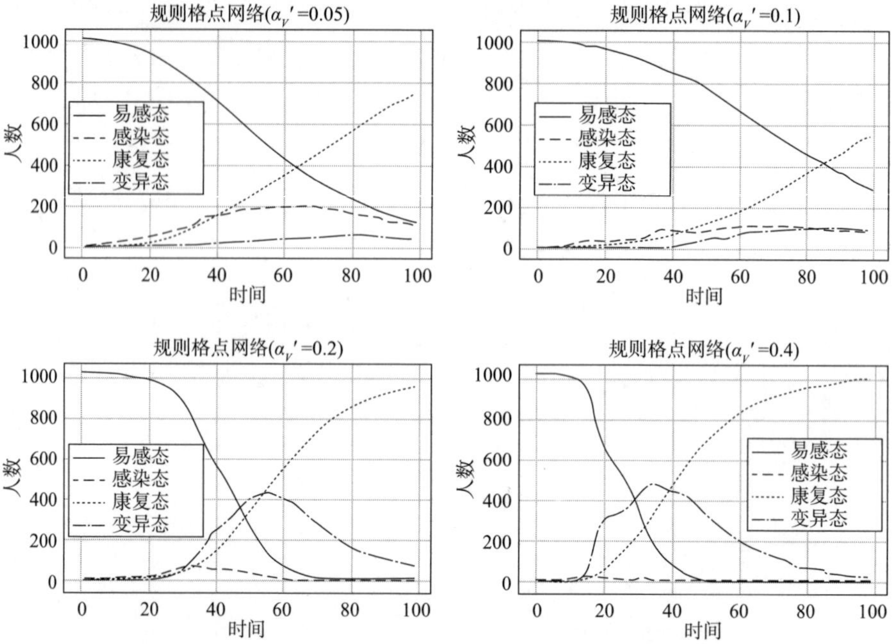

图5-26　感染者康复概率 β'=0.05、传播概率 α'=0.1，变异者康复概率 β_v'=0.025，自发变异率 λ=0.001时，规则均衡网络中mSIVR模型下感染状态人群数量在嬗变信息的不同传播概率下随时间的变化（图中 α_v'代表一次蒙特卡洛试探时的变异信息传播概率）

将变异信息传染率和传统信息传染率对比可以看出，当$\alpha_v' \leqslant \alpha'$时，在考察的时间范围内，受流言信息影响者（即变异信息和原信息影响者）中主要是原信息感染者I，这是因为自发变异率较低以及变异信息传播效率较低。当$\alpha_v' \geqslant \alpha'$时，可以看出初始时原始信息扩散较变异信息快，不过二者都处在较低传播范围，但过了某一时刻后，变异信息扩散速度较原始信息快得多，主要原因在于此时变异信息传播效率较高，当变异者积累到一定程度后，其传播影响力有明显增加。

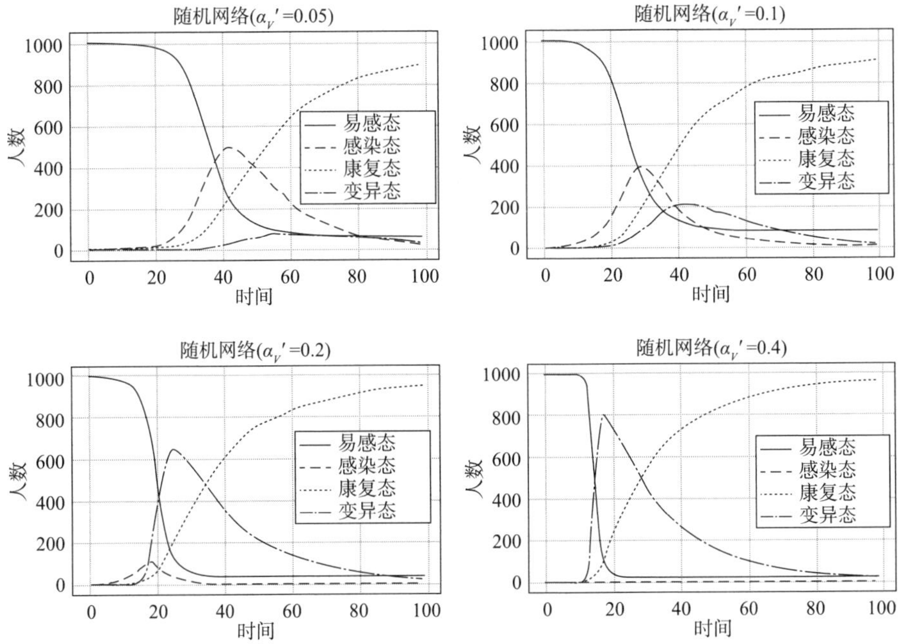

图5-27　随机均衡网络中mSIVR模型下感染状态人群数量在嬗变信息的不同传播概率下随时间的变化（所有参数设置及含义与相同）

上述内容主要研究传播概率的影响，我们对变异节点康复概率的影响也进行了研究。图5-28、图5-29分别展示的是在去中心化的规则网络和随机网络中流言的传播情况。由它们可以再次看出在平均度相同的情况下，无论是原始流言信息还是嬗变信息，在随机网络中的传播速率都较快，而且嬗变信息影响的出现也较规则网络早。这充分反映了网络时代信息更迭快的特征，所以对待网络流言时应该正确评估其影响。不过，考虑到记忆效应，解决网络流言最根本的方法还是加强治理，消除其传播的路径。

对于受嬗变信息影响的节点（即变异节点V）而言，随着其康复概率β_v'的上升，流言的传播呈现不同的态势。当其康复概率较小时，如β_v'=0.025时，无论是规则网络还是随机网络，均出现了变异节点数量高峰，这说明嬗变的信息影响了更多人，人们对其较为信任且不能意识到其错误。当康复概率较大时，如β_v'=0.2时，总体整体感染数量（包括感染节点I和变异节点V）下降。这其实说明原始流言有逻辑漏洞，当对其进行推论时，往往会得到比较荒谬的结果，因此人们不仅不相信其推论的结果（即变异信息），也不会相信其原始信息。

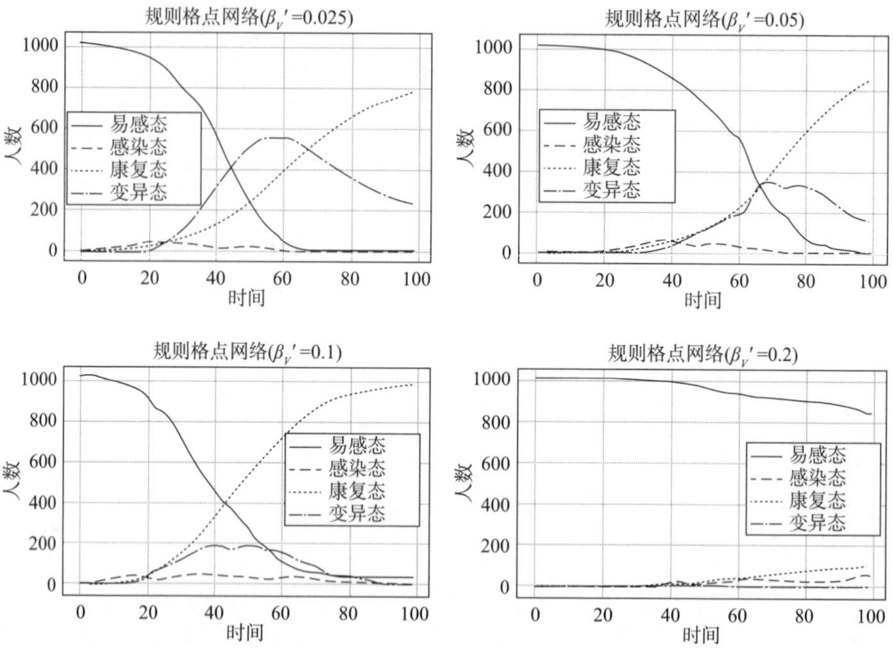

图5-28　感染者康复概率 β'=0.05、传播概率 α'=0.1，变异者传染概率 α_v'=0.2，自发变异率 λ=0.001时，规则均衡网络中mSIVR模型下感染状态人群数量在变异节点的不同康复概率下随时间的变化（图中 $\beta_v{}'$代表一次蒙特卡洛试探时的变异节点康复概率）

对比图5-28和图5-29我们还能发现，在规则网络中，无论是原信息还是嬗变信息，尽管其传播强度不如在随机网络中，但其持久性很强。当网络传播中的相关信息影响已趋于结束时，在传统的人际传播和群体传播模式（即反映在模型中的规则网络）中，该类信息的传播仍在持续。如前所述，传统的信息传播方式与其社会结构密切相关，传统的社会传播结构是一种相对规则、封闭的结构，不像网络传播可以突破时空、地域的限制。这样的社会结构呈现较大的稳定性，人们很难受到新信息的影响，当然其内部的信息也很难传递到别处。也就是说，某一信息可能会在该社会环境中长久传播。这固然难以在短期内对社会稳定造成冲击，但从长期来看这却可能对社会发展造成不利影响。这种情况下，如果某一信息具有误导性、不准确或对社会造成负面影响，它可能会在传统社会结构中长期存在，并持续影响人们的思想观念、价值观和行为模式，这可能导致社会的保守化、固化和缺乏创新，使社会进步受到限制。

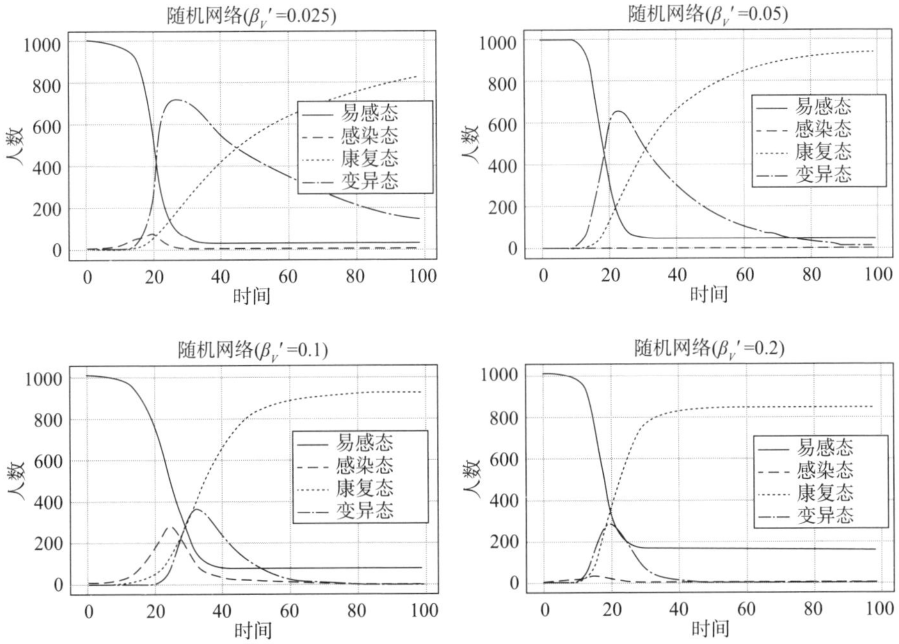

图5-29 随机均衡网络中mSIVR模型下感染状态人群数量在变异节点不同康复概率下随时间的变化（所有参数设置及含义与图5-28相同）

5.3.3 均衡网络中嬗变的时延效应对流言传播的影响

前述假定没有考虑时延效应，即流言的嬗变产生在其流传一定时间之后。我们利用蒙特卡洛方法研究了这一现象，此处的研究依然采用控制变量法，设变异仅在某个时间节点（此处称为变异时间点）后开始出现，以此模拟信息刚出现时，由于环境限制以及人们接受信息思考过程的限制，其难以嬗变的现象。在考察时间段内，不同网络构型下不同变异时间点对应的信息传播行为分别如图5-30和图5-31所示，具体参数见图题。

在信息传播上，跟之前结果类似，信息在随机网络中传播比在规则网络中快。然而，当变异时间点较晚时，规则网络中的变异信息传播强度却大于随机网络。这说明在传统的人际传播和群体传播中，由于信息迭代速度较慢，同一类别的信息更容易长时间传播，并在传播后期引发新的嬗变信息。这也进一步证实了信息茧房效应的存在。从变异开始的时间节点看，一般情况下，变异时间开始得越晚，原信息的影响力就越大。

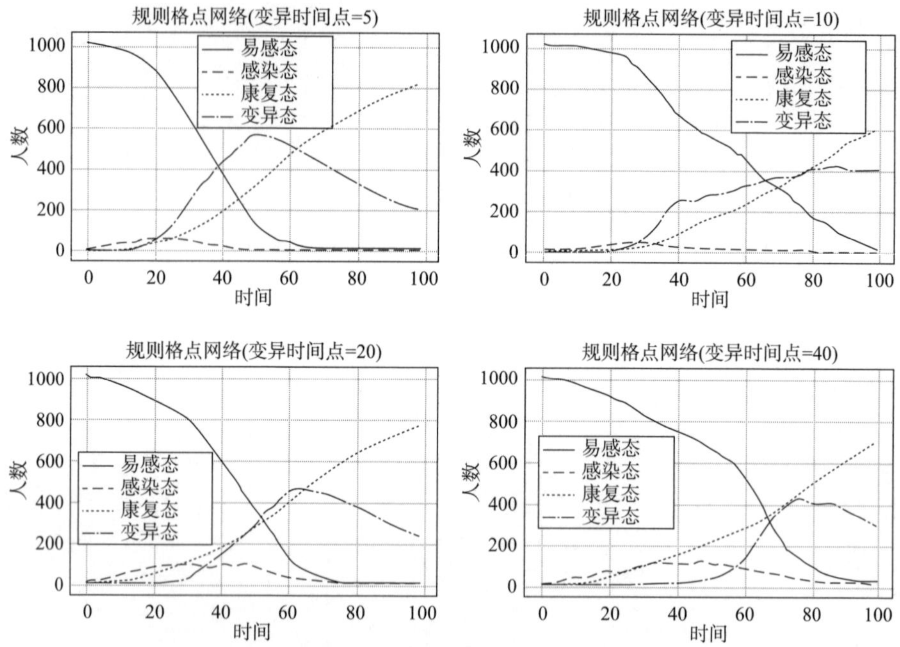

图5-30 感染者康复概率 β'=0.05、传播概率 α'=0.1，变异者康复概率 β_v'=0.025、传染概率 α_v'=0.2，自发变异率 λ=0.001时，规则均衡网络中mSIRV模型下各状态人群数量在不同变异时间点下随时间的变化关系

在随机网络中，易感态I没有随着变异时间点的变化有明显变化，这表明在网络传播中人们接收信息效率高，遗忘速度快。但在规则网络中，易感态快速下降点随着变异时间点的推迟而推迟，这说明此时变异态起作用，其原因在于规则网络中信息传播慢而持久，有足够易感态被感染。考虑到网络时代的信息茧房效应，这将加剧不良信息的存在时间和嬗变概率以及影响强度。所以，应该采取措施，减弱或消除信息茧房，比如限定平台的算法推荐精度，应允许一部分其他观点被用户接收。

5.3.4 均衡网络中康复态感染嬗变信息时的情况模拟

以上研究没有考虑康复态会有一定概率被再次感染的情况。考虑到嬗变信息的感染概率较高，我们假设有一部分康复态会在接触变异态V时再次感染。设定此时感染的概率为 α_v' 的1/10。由于规则网络和随机网络对信息传播行为的影响已有了较为充分的研究，故此处仅研究随机均衡网络。在其他参数选择与

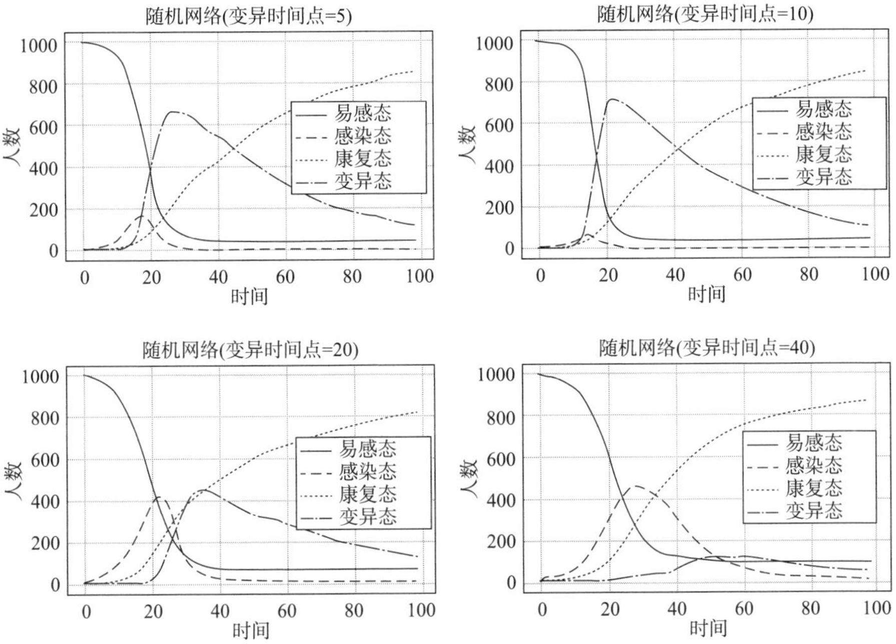

图5-31　随机均衡网络中mSIRV模型下各状态人群数量在不同变异时间点下随时间的变化关系（所有参数设置及含义与图5-30相同）

图5-30相同的情况下（$\alpha'_v=2\alpha'=0.2$，$\beta'=0.5$，$\lambda=0.001$），我们可以得到不同变异节点康复参数的情况下的各类人群随时间的变化，如图5-32所示。由此可以看出，在考察的时间范围内，当β'_v较小时（即$\alpha'>\beta_v'$时），变异态感染者V在高位出现了平稳波动状态，这说明嬗变的信息由于康复率低而传播率高，出现了持续影响，这点跟SIS模型有相似之处，表明变异信息引起了相当一部分受众的兴趣，从而出现了持续传播。

在网络时代，由于信息变化、更新十分迅速，很多信息的热度是以小时来计算的。SIRV模型从某种意义上也可以看作两种信息的竞争，此时V状态不能被简单认为是嬗变的信息，而应被理解为新的信息。从模拟结果可以看出，当新的信息更能引起人们兴趣时，它会迅速取代原有的信息而成为人们新的关注点。然而，如果在网络时代一种信息能够被人长久讨论，其必然与其他因素相关，比如线下的环境。由于网络传播可以跨越时空，某类信息被长久讨论意味着众多网民所处环境能激发他们对这类信息的兴趣。从这个角度看，根除或治理流言传播的一个途径就是改善他们所处的社会环境。

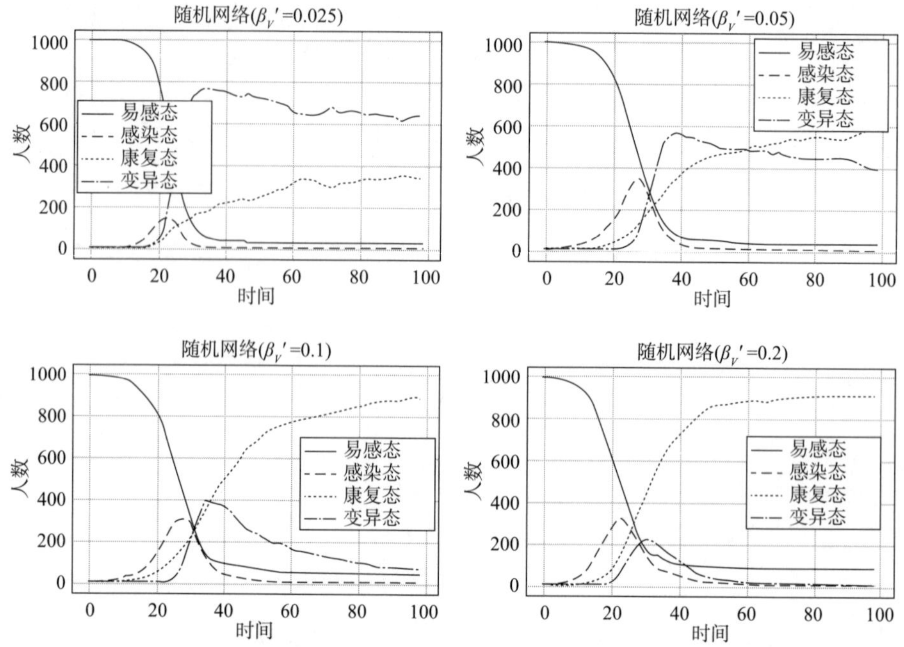

图5-32　感染者康复概率 β'=0.05、传播概率 α'=0.1，变异者传染概率 α_v'=0.2，自发变异率 λ=0.001时，康复态存在被变异态感染情况时（感染概率为0.1α_v'），变异者不同康复概率下随机均衡网络中mSIRV模型中各状态人群数量在不同下随时间的变化关系

除了社会环境因素外，有组织的炒作也是影响信息长久传播的因素之一。这种情况属于组织外传播的一种，其中的节点将失去个体自由度，受整体控制。在这种情况下，统计数据可能会显示某种信息一直属于网络热点。为了消除这种情况，可以采用语义检测等手段来发现看似不同的节点实际上展示出相同的行为模式，从而揭示组织性炒作的存在并加以消除。

5.3.5　论人际、群体和网络传播信息嬗变的影响

由前文的模拟结果可知，决定信息嬗变的是其传播概率α_v'和康复概率β_v'，如果其不变，变异节点随时间的变化规律在不同α'和α_v'下非常类似，不过α'为0.01时的变异节点峰值要比其为0.1时高。普通节点中表示在一次蒙特卡洛模拟中被感染态I感染的概率α'，其实表示了普通大众对中心节点（即网络大V或传媒机构）所发出信息的感兴趣程度。这与α_c'不同，α_c'更多表示普通大众对中心节点的信任程度，α_c'越高代表着普通节点越信任中心节点。当α'为0.01时，相较于

其为0.1时，意味着原始信息更不被人重视，随着时间推移，很快被人遗忘。而α_v'代表着从中心节点中发出的原始信息中解读出的新信息被人关注的程度，显然当α_v'比较高时，意味着这些嬗变信息在普通大众中引起了较大的兴趣和注意。这种信息的嬗变往往会给信息发出方带来意想不到的结果。这也给大众传媒机构或网络大V提出更多要求，即宣传或报道时一定要注意可能的信息嬗变，必要时需要对受众进行分析，以防出现意外情况。当然，有时信息嬗变也会给提出原始信息的中心节点带来好处，比如为某地区的经济复苏和发展带来重要机遇。

流言的嬗变原因其实并无特别方向可循，每个人都会从自身经历和知识结构来对流言进行解读，但并非所有解读了的流言，即嬗变的流言都能传播开来。从社会心理学的角度看，只有符合当时社会环境、文化背景的流言才能传播开来。也就是说，对于一个文化素养较高、社会环境开放的社会而言，社会成员拥有辨别真假信息的能力更强，他们更倾向于对流言进行深入思考和查证，而不会盲目相信并传播。这正对应了$\alpha_v'<\alpha'$的情形，即嬗变的信息并没有传播开来。

对于文化素养较低、自身生活环境相对封闭的社会环境而言，其社会成员可能缺乏辨别真假信息的能力，更容易受到流言的影响。他们可能没有充足的媒体素养和信息获取渠道（即使有也难以分辨真伪），容易被虚假信息所迷惑，并在没有进行深入思考和验证的情况下盲目传播一些嬗变了的信息。因此，提高社会成员的文化素养、媒体素养和信息甄别能力，加强信息教育和传媒道德建设，以及推动开放、包容的社会环境，都是减少流言传播的重要措施。通过这些努力，我们可以提高社会对流言的抵御能力，减少虚假信息的传播，促进更加健康和理性的信息传播环境。

事实上，即使是网络传播，由于存在“信息茧房”效应，人们接收的信息也是封闭的。这意味着人们在接收信息时往往更倾向于与自己观点相符合的信息，形成了一套信息过滤和筛选的机制，而一些社交平台算法推送机制加剧了这种机制。故此时其传播方式虽然名为“网络传播”，实质上仍呈现出传统群体传播的特征，并没有体现网络传播的便利和开放。理论上虽然在网络上能够接收到各种信息，但可能是因为他们所关注的社交圈子、媒体来源或网络平台都倾向于传播这一流言，从而形成了信息茧房。在这个封闭的信息环境中，人们很少接触到相反观点或权威机构的反驳，导致他们更容易相信并传播这一流言。所以，网络的发展并不一定会导致信息的多样化，很多时候是片面信息传播更加泛化。在这种条件下，盲目应用“网络传播”的理论进行分析很有可能得到与事实不符的结论。

5.3.6 中心化网络中心节点传播力对流言传播影响

当人们发布一条信息时，往往会由于对其内容特别是符号的不同解读而产生流言，这可以视为信息嬗变的来源之一。与人际传播、群体传播、去中心化的网络传播不同，大众传播往往带有很明确的目的性，比如通过传媒机构发布某个广告、做某项宣传等。然而，结果有时往往会事与愿违。前文从传播材料的角度对流言的产生和信息的嬗变做了分析，本节将利用中心化网络模型对信息嬗变的具体行为做定量研究。鉴于在中心化情形下，随机网络和规则格点网络中同一传染病模型中流言传播行为极为相似，此处仅以中心化的随机网络进行研究。事实上，在网络传播发达的今天，很多传媒机构也都是通过网络发布信息的，网络大V和传媒机构的界限越发模糊。为详细考察不同参数的影响，此处依然采用控制变量法进行研究。

本节我们主要研究在普通节点较低和较高的两种情况下，不同中心节点传播概率对应的信息传播情况，结果如图5-33和图5-34所示，其分别对应普通节点传播概率α'为0.01和0.1时的情形。我们这里将β'、α'_v、β'_v、λ分别设为0.05、0.2、0.025及0.001，并且将重心节点的度取为500。由这些结果可以看出，原始信息感染者I的变化曲线和中心节点传播概率α'_c密切相关，该值越小，原始节点所发出信息的影响越小。

决定变异态行为的是其传播概率α'_v和康复概率β'_v，因其不变，所以所有变异节点随时间变化关系在不同α'和α'_v下的行为非常类似，不过α'为0.01时的变异节点峰值要比其为0.1时的高。普通节点中表示在一次蒙特卡洛模拟中被感染态I感染的概率α'其实表示了普通大众对中心节点（即网络大V或传媒机构）所发出信息的感兴趣程度。这与α'_c不同，α'_c更多表示普通大众对中心节点的信任程度，α'_c越高代表着普通节点越信任中心节点。当α'为0.01相较于其为0.1时，意味着原始信息更不被人重视，随着时间推移，很快被人遗忘。

从图5-33和图5-34中可以看到，当α'为0.01和0.1时，流言传播行为和中心节点的影响力关系均不大，初始时变异态传播占据主导地位，之后康复态传播占据比较重要的位置。值得注意的是，随着α'_c的增加，感染态的传播效能在不断下降。在本模型中，如前所述，α'_c代表了中心节点受信任的程度，这里的信息是中心节点传播的，其受信任程度越高，则与之相连接的节点受其感染的概率越大，反之就越小。模拟结果显示了这一点。由于信息存在着一定的嬗变，嬗变信息往往更能引起人们的兴趣，从我们模拟的结果来看，在原始信息传播消失后，嬗变信息的传播占据了主要地位。

对比图5-33和图5-34也能看到，当其他参数一致时，α'=0.01时，感染者数量的峰值要小于α'=0.1时的响应情形。当群众对中心节点信息比较感兴趣时，其信息接收者就比较多，反之则比较少。变异态和康复态的变化趋势则并不十分明显。这表明它们更多地受到与之直接相关参数的影响。

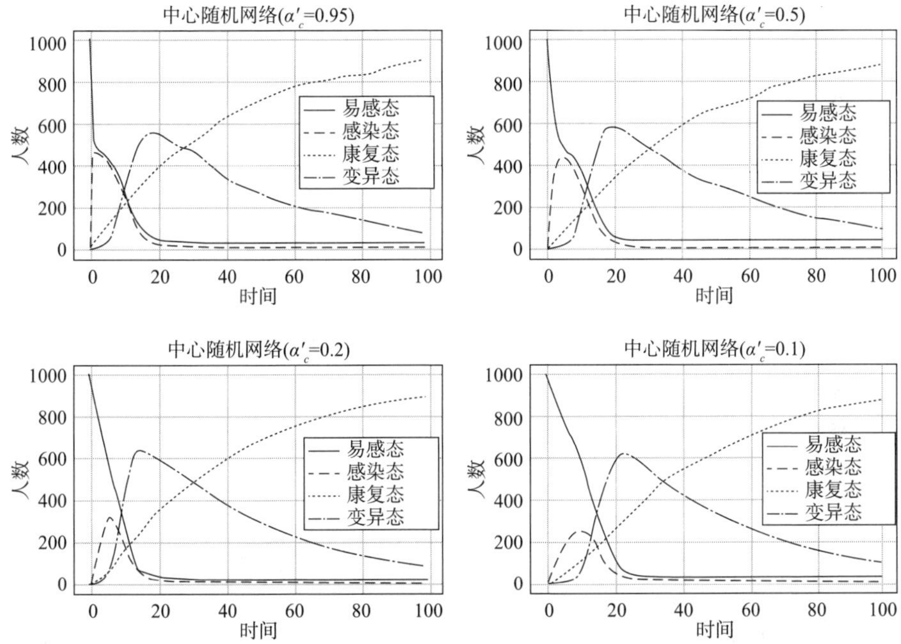

图5-33　感染者康复概率β'=0.05、普通节点传播概率α'=0.01、变异者传染概率α'_v=0.2、康复概率β'_v=0.025、自发变异率λ=0.001、中心节点度为500时，不同中心节点传染率下，中心随机网络中mSIRV模型中各状态人群数量在不同下随时间的变化关系

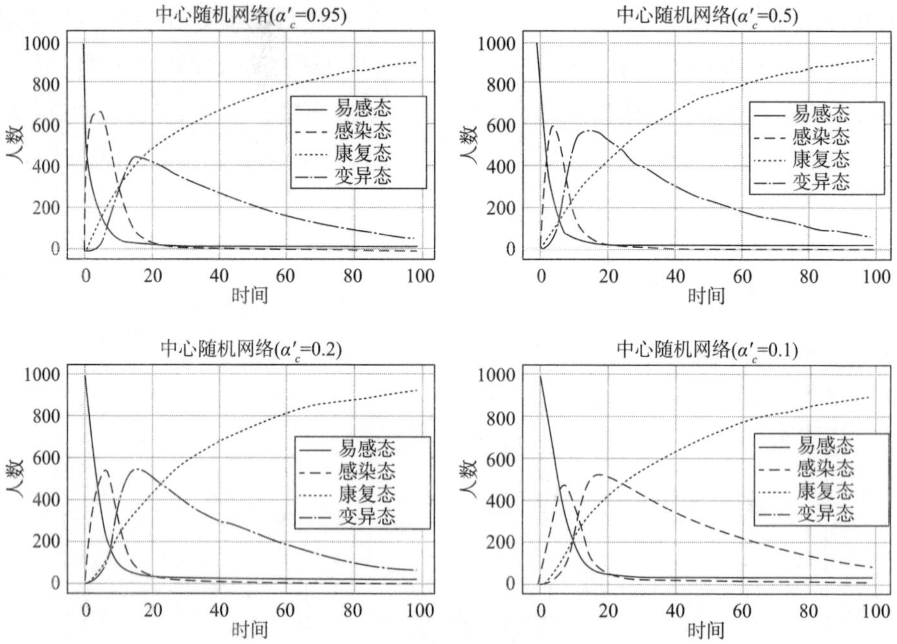

图5-34 普通节点传播概率 α'=0.1时，不同中心节点传染率下，中心随机网络中mSIRV模型中各状态人群数量在不同下随时间的变化关系（其余参数与图5-33相同）

5.3.7 中心化网络中变异节点传播力对流言传播的影响

不同的嬗变信息可能带来不同的结果，我们还比较了不同 α'_v 和 β'_v 取值对传播效果的影响，结果如图5-35和图5-36所示，其参数设置与 α'为0.1时基本保持一致，具体见图注。不同的 α'_v、β'_v 取值可以反映嬗变信息不同的影响程度。当 $\alpha'_v < \alpha'$时，这表明从原信息中解读出的信息更激不起人们的兴趣，如 α'_v 为0.05时，此时嬗变信息的影响力非常弱。事实上，不同的人群对信息有不同的解读，而大部分解读或者说误读很难与别人产生共鸣，从图5-35的模拟结果中可以看出，此时这类误读根本无须处理，其会自动消失。

随着 α'_v 的增加（这表明嬗变信息更符合群众的心理），其影响力开始上升。值得注意的是，即使是 α'_v 与 α'相等时，即群众对嬗变信息和原信息感兴趣程度相同时，嬗变信息也依然在低位传播，这说明信息的嬗变时间节点并未激发群众特别的兴趣，这也并不会对中心节点的宣传、传播目的造成特别的影响。其原因在于原始信息的先发优势，即原始信息已经在网络中建立了一定的传播基础和认可度，而没有激起人们特别兴趣的信息自然也很难得到更进一步的传播。

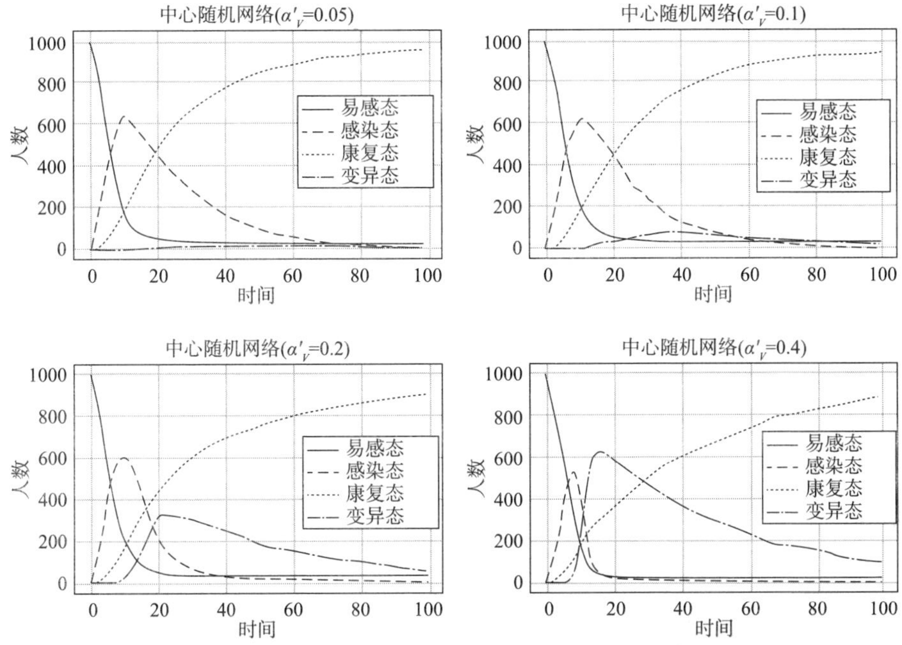

图5-35　感染者康复概率 β'=0.05、传播概率 α'=0.1，变异节点康复概率 β'_v=0.025，中心节点传染概率 α'_c=0.2，自发变异率 λ=0.001，中心节点度为500时，不同变异节点传染概率下中心随机网络中mSIRV模型中各状态人群数量在不同下随时间的变化关系

当 α'_v 明显高于 α' 时情况就有所不同，如 α'_v 为 $2\alpha'$ 以及 $4\alpha'$ 时（即 α'_v 为0.2和0.4时），变异节点的数量占比明显提高，特别是当 α'_v 为 $4\alpha'$ 时，原始节点的传播已经降至次要位置，其感染节点I的数量随时间变化关系跟 α'_v 相对较小时有明显不同。这说明被过分解读的信息（此处我们统称为“嬗变信息”）引起了人们更多的兴趣，获取了更多的关注，挤占了原始信息的传播空间，最后的结果就是嬗变信息在社会上占据了主流，且传播效果要远强于原始信息。

变异节点的康复概率 β'_v 也会对总体传播效果造成一定影响。如图5-36所示，此时原信息感染节点I随时间变化的曲线在不同的 β'_v 取值下非常相似，这说明变异节点康复概率对原始信息传播效果影响不大。对于变异节点V，即被嬗变信息影响的人而言，情况有所不同。从图5-36可以看出，随着 β'_v 的增大，其曲线峰值迅速减小，而随着时间变化，变异者数量也迅速趋于0。康复概率代表着信息持续影响的程度，β'_v 的增大说明其持续影响程度减弱，这与社会环境密切相关。

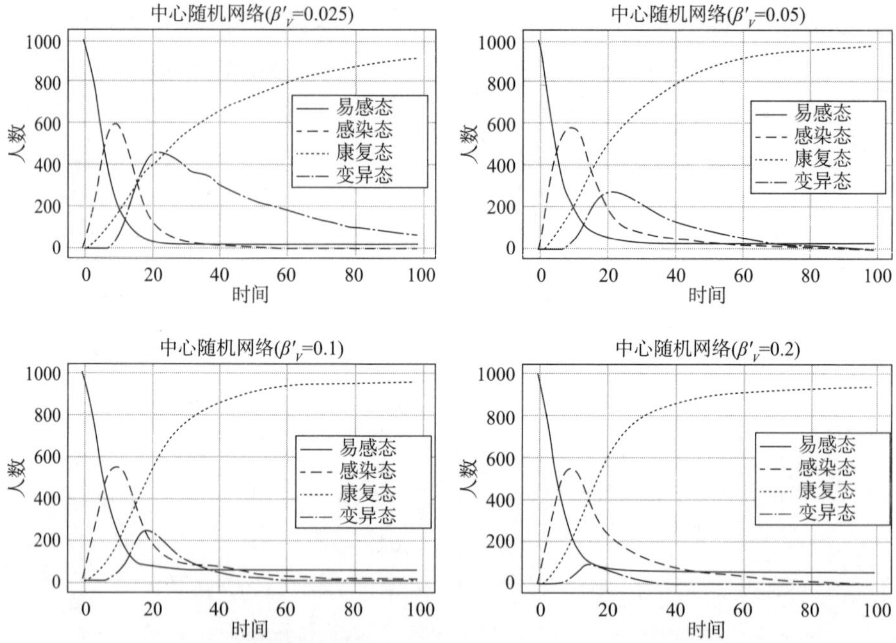

图5-36　变异节点传播概率 α'_v=0.2时，中心随机网络中mSIRV模型中各状态人群数量在不同变异节点康复率下随时间的变化关系（其余参数与图5-35相同）

为了便于研究，我们将α'_v和β'_v分开分析，而在实际生活中，二者并非完全独立。较高的感染率α'意味着人们对信息的兴趣很大，因此其往往对应较低的β'，即人们很难对其非常感兴趣的东西遗忘。考虑到这一因素，结合图5-35和图5-36来看，在中心节点（即大众传媒或网络大V）传播信息时，来自信息嬗变方面的最大威胁是，其中一部分内容可能会被误读为人们广泛感兴趣但与其传播目的无关甚至有害的信息，即α'_v相对较大而β'_v相对较小的变异信息。为避免这种情况存在，相关机构发布信息前应该做好调研工作，了解发布对象的社会环境、文化背景等与社会心理相关的因素。现代的信息传播方式多是网络传播，网络传播速度较传统传播更快，变异的信息也更多。如果仅从技术上对每个解读都加以限制，不符合网络传播的特点，也没有必要。因为图5-35的模拟结果显示，如果信息不符合传播目的的解读或不能激起人们广泛兴趣的话，其难以传播。如何知道变异的信息是否符合人们的兴趣，还应归结到对社会心理的把控上。

5.3.8 中心化网络中心节点度的大小对流言传播影响

由前文可知，中心节点的影响力主要体现在其度的大小上，因此本节也针对在存在信息嬗变时的中心节点影响力进行了研究，典型结果如图5-37所示，涉及参数设置见图注。由这些子图可以看出，原信息影响人数峰值（即mSIRV中的态）随着中心节点的度k的增加而明显增加，达峰时间也明显提前。这些现象与基本传染病模型有相似之处，不过由于变异的存在，I态人数随着时间的推移都迅速减小，而变异态V的人数开始增加，在达到峰值后其人数缓慢减少。值得一提的是，在k=4时，即中心节点的度和普通节点一致时，变异态V的峰值最高，影响力较k取100、500和900时都更高。此时，尽管中心节点并未真正起到中心节点的作用，但由其发出的消息所形成的嬗变信息却在随机网络中广泛传播，这表明，只要信息符合人们的需要、符合社会心理要求，就有可能传播开来，流言也许就这样向外传播。

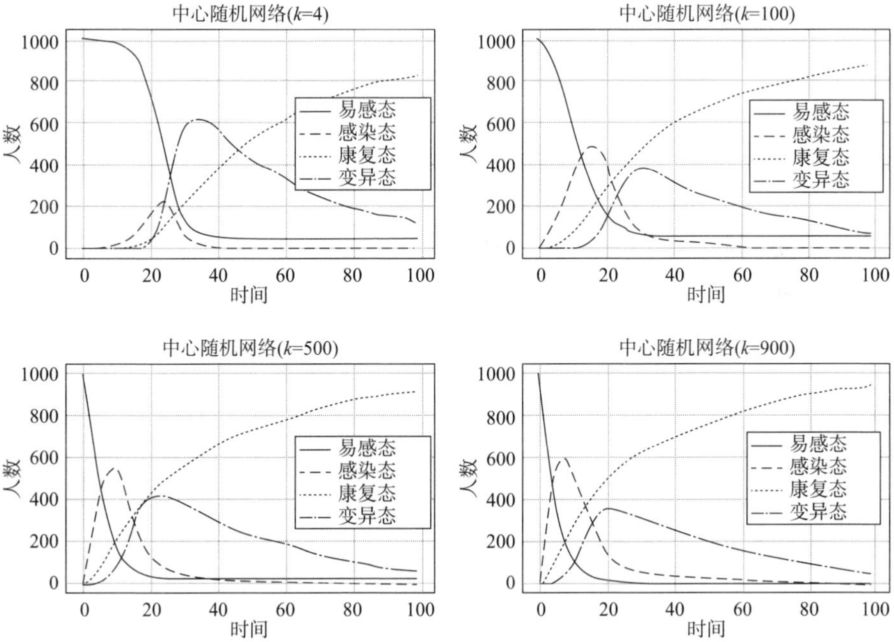

图5-37 感染者康复概率β'=0.05、传播概率α'=0.1，变异节点传播概率α'_v=0.2、康复概率β'_v=0.025，中心节点传染概率α'_c=0.95，自发变异率λ=0.001时，中心随机网络中mSIRV模型中各状态人群数量在中心节点不同度情况下随时间的变化关系

随着中心节点度的增加，变异态数量随时间变化关系变得相似。这说明当中

心节点真正起作用时，变异节点对社会的影响趋于一致，其主要原因在于社会结构。大众传媒机构、网络大V等中心节点凭借自身的影响力，将信息迅速传播出去，这很快吸引了大批受众，并在社会上形成一定的影响力。变异信息正是在其影响力下产生和传播的，当中心节点的度k高于一定程度时，即其真正起作用时，其产生的影响力也是相似的，那么当α'_v和β'_v不变时，变异态的影响也应该一致。这也说明，变异信息的主要影响力来源于α'_v和β'_v，即对原信息的解读更符合人们的社会心理时，这种解读（很可能是异化解读）将会广泛传播。

5.3.9 中心化网络中的时延效应和康复态感染时的流言传播

我们也在中心化网络框架下研究了不同变异态持续传播以及时延效应，结果分别如图5–38和图5–39所示，所用条件见相应图注。由图5–38可知，在不同的变异节点康复率下，原始信息影响的节点I的变化形式类似，但可以明显看出其随着β'_v的变化有着明显变化，影响一般持续时间随着β'_v的增大。但可以看出，当$\beta'_v=0.1$时，感染态I的影响程度还不如$\beta'_v=0.05$时。主要原因在于变异节点康复率以及康复态转为变异态都不会对感染态有直接影响。β'_v的增加意味着嬗变信息与社会需要无关，不过β'_v很大时，即变异信息很难在人群中持久传播时，变异信息的影响力将变得很微弱，此时整个网络中将充满原始信息，即感染态I的人数和持续时间将扩大，此对应$\beta'_v=0.2$的情形。

由图5–38还可以看出，能反映受嬗变信息影响的变异态V在存在康复态能够再次被感染的情况下的人数变化关系，可以看出随着β'_v的变化，变异态的影响力也有变化。与图5–32类似，当β'_v较小时，变异态在高位存在着波动平衡，这说明当变异信息符合社会心理需要时，其会长时间传播。当β'_v较大时，如$\beta'_v=0.1$时，其在达到峰值后不断减小，而当β'_v为0.2时，如前所述，变异信息几乎没有任何影响，这表明当社会环境不允许其传播时，其很难造成很大影响。这些特征和去中心化的均衡网络结果（图5–32）颇有相似之处，不同之处在于由于受中心节点的影响，感染态很快达到峰值，其实这也反映了传媒机构、网络大V等中心节点的影响。

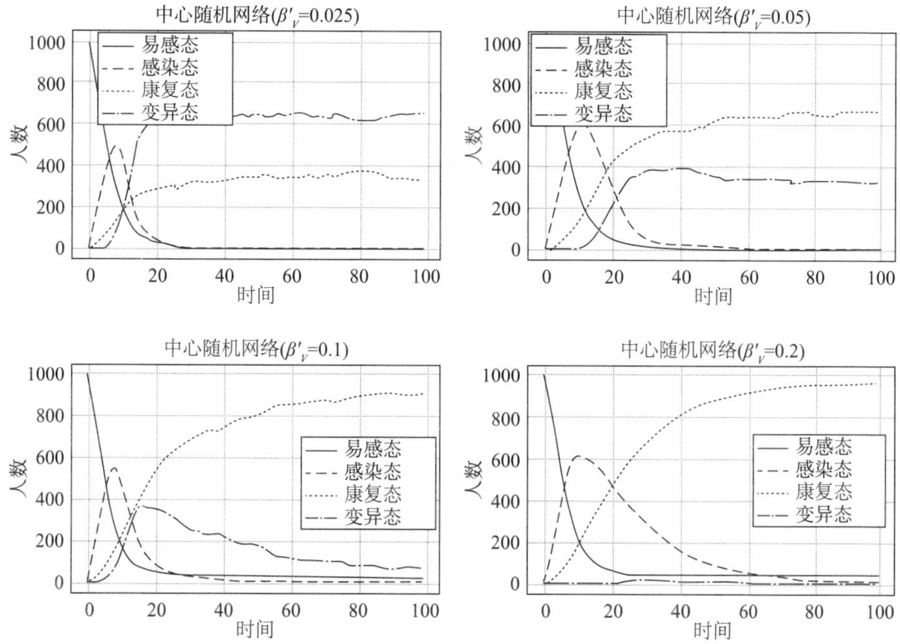

图5-38　感染者康复概率 β'=0.05、传播概率 α'=0.1，变异者传染概率 α'_V=0.2、自发变异率 λ=0.001时，康复态存在被变异态感染情况时（感染概率为0.1 α'_V），中心节点度 k=500，传播概率 α'_c=0.95，中心化随机网络中mSIRV模型中各状态人群数量在变异者不同康复概率下随时间的变化关系

图5-39展示的是存在时延效应时中心化网络情况下流言传播情形，这与去中心化随机网络结果（参见图5-31）有相似之处，如嬗变信息的影响力随着变异时间点的推迟而减弱。因为在网络传播的背景下人们接收的信息非常多，信息更新很快，很难长期关注某个信息。所以如果某个信息没有在第一时间被解读出嬗变信息，那么即使后面有人将其解读出新的信息，也很难再引起人们的兴趣；然而，一旦在第一时间解读出新信息，则很可能会影响原有信息的传播效果。

从传播学和社会心理学的角度来看，信息嬗变的原因之一可以归结为噪声，即信息传播过程中受众对原始信息的解读和传播者意图之间存在偏差，导致信息在传播过程中发生变异。这种偏差可能来自语言的多义性、信息的模糊性、个体的认知差异以及传播环境的影响等因素。语言和文字是非常灵活多样的工具，同样的信息可以被不同的人以不同的方式解读和理解，即使是信息发布者本人也无法完全控制受众对其信息的解读方式。正如前文所述，这种多义性和解读的差异性为信息嬗变提供了条件，甚至会导致流言的产生。

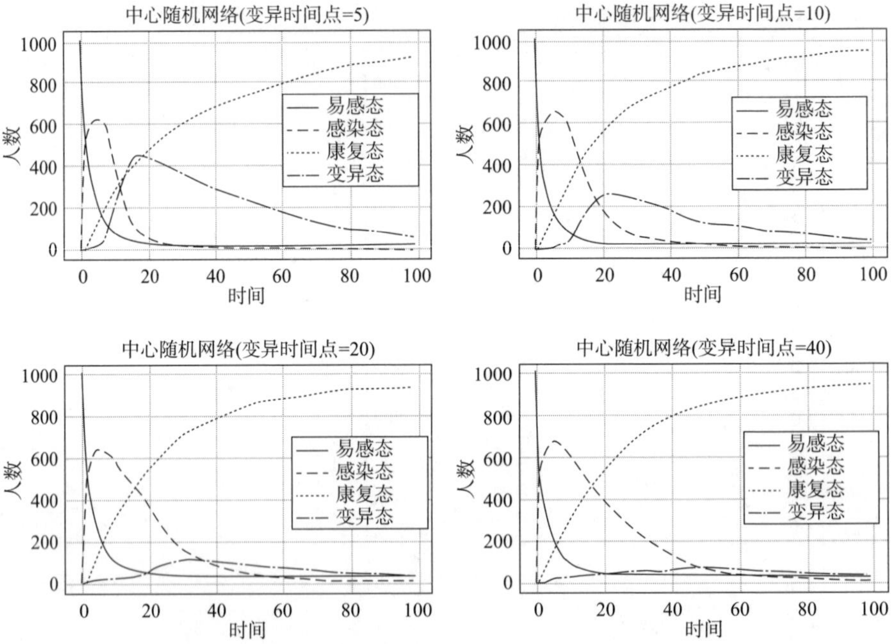

图5-39　感染者恢复概率 $\beta'=0.05$、传播概率 $\alpha'=0.1$、变异者恢复概率 $\beta_v'=0.025$，传染概率 $\alpha_v'=0.2$，自发变异率 $\lambda=0.001$ 时，中心节点度 $k=500$，传播概率 $\alpha_c'=0.95$，中心化均衡网络中mSIRV模型中各状态人群数量在不同变异时间点下随时间的变化关系

然而，流言之所以可怕，并不仅在于其缺乏事实根据，更重要的是其具有影响力。一个人的误读并不会带来太大的影响，因为不会有太多影响力，正如图5-35、图5-36所示，在 α'_v 很小（如 $\alpha'_v=0.05$）或 β'_v 较大的情况下（如 $\beta'_v=0.2$），嬗变信息并没有传播开来，换言之，其产生的社会影响很小。不过当这种误读被广泛传播并被大量人接受时，就可能对社会造成不良影响。从社会心理学和流言传播效果的角度看，流言往往能够触动人们的情绪、引发焦虑和恐慌，甚至导致社会动荡和不稳定。需要注意的是，只有符合当时社会环境和文化背景的嬗变信息或流言才能得到广泛传播。因此，对于传播机构而言，如果想要实现其传播信息的目的，就必须从社会心理学和新闻传播学等视角分析受众的心理状态和文化背景。同时，加强传媒机构的媒体素养和责任意识，改进信息发布的内容和方式，以减少误读和信息的扭曲传播。

5.4 考虑反对信息的蒙特卡洛模拟

信息传播并非总是顺利进行的，经常会遭遇到来自反对意见的信息的阻碍。这些反对信息可以是持有不同立场、观点或观念的信息，它们对原始信息的内容、真实性或可信度提出疑问或持有相反的意见。前文已经通过解微分方程组的方式讨论了反对信息对原有信息传播的阻碍作用，然而由于直接解微分方程组本身的限制，无法深入研究社会结构对反对信息作用。本节将运用蒙特卡洛方法对此进行模拟和分析。

5.4.1 模型的设置

采用蒙特卡洛方法模拟SIRV模型时，我们首先设定了节点属性，通过节点属性来反映社会中不同节点的性质，此处主要设置三类节点。第一类节点我们将其标注为“r”，代表其为S状态时接收到信息I及其变异信息V时容易变成R节点，此时的R节点代表对原传播信息及其不损害原信息目的的嬗变信息的反对；第二类为标注为“v”的节点，代表坚决支持信息发布者的节点，其可从I节点自发变为V节点，并且在变异信息V时很容易变成V节点，并且不易被R节点改变；第三类为普通节点，当其为S节点时，遇到I、V、R时会有相应概率变为对方状态。这种设置可以在一定程度上反映社会上不同观点的交锋以及社会不同阶层、不同团体的看法，比如r性质的节点，通过其容易变成R节点的表现，来体现信息反对者的特性，而v性质的节点则可体现出其信息支持者的特点。

从理论上看，信息的嬗变以及受嬗变信息影响的节点V也能表示对原信息的一种反对。需要注意的是，我们在前文中并没有排除嬗变信息是对原信息的反向解读这一可能性。在本节中，我们着重考虑对原信息的反对意见，同时也考虑信息的嬗变（此处特指正向嬗变），即在本节模拟中，我们模拟了包含原信息在内的三种信息的传播，根据SIRV模型进行蒙特卡洛模拟研究。

此处采用参量的含义与SIRV微分模型中所涉及的参量类似，不过，微分模型的参量反映的是一种变化系数，其难以精细地反映这些参量设定的原因，这与蒙特卡洛方法中系数的含义不同。例如，SIRV微分模型中的α_I表示易感节点S和感染态I相遇时转化为感染态的参数，其值完全可以大于1；而在蒙特卡洛模拟中，我们设定的相应参量α'则代表S节点与其邻接节点I在一次蒙特卡洛试探中变为I节点的概率，显然此时α'的值是小于等于1的。为体现这些参量的区别和联系，此处在SIRV中所涉及相应参量符号加上“′”以示区别。具体参量解释如下：

α'：S态节点与I态节点接触时，一次蒙特卡洛测试时转变为I态的概率，此概率只针对普通节点。

α'_v：普通节点与V态接触时，一次蒙特卡洛测试时转为V态的概率。

α'_c：感染态（或康复态）的中心节点向外传播时，一次蒙特卡洛测试时，普通S态节点转变为相应状态的概率；模拟代码中感染态和康复态涉及参量用了不同代码，但赋值都是一样的。

λ'：感染态在一次蒙特卡洛测试步骤中自发转变为变异态V的概率，该参数只适用于v节点，为反映v节点的特点，这里我们一般将其设为1。

γ'：普通节点感染态在一次蒙特卡洛测试步骤中，与变异态V接触时转化为该态的概率；对于属性为v的节点，此概率设定为1，故一般所述γ'指的是普通节点。

θ'_R：属性为r的易感态节点S，在一次蒙特卡洛测试中，与变异态或感染态接触时转化为康复态R的概率；该概率仅适用于非中心节点，对于中心节点我们将其分为两类：不会转为V和R的感染态I的节点（用以代指信息源）以及属性为r的节点（用以代表中心辟谣节点），前者不适用θ'_R，后者则直接将其赋值为1，以反映中心辟谣节点的工作特性。

θ'：普通节点接触到R节点时转化为R态的概率，在SIRV模型中可以视为对普通节点打预防针；对属性为v者不适用，而对于属性为r者，θ'取为1。

η'_V和η'_R：状态为V和R的节点在一次蒙特卡洛模拟中分别变为S态的概率；此处引入该参量是反映体系中的遗忘特性。

p_1和p_2：分别指节点中r属性和v属性的比例，具体实现时产生一个随机数，其小于p_1则该节点属性赋值为r，其在p_1~p_1+p_2时赋值为v，其余为普通节点；中心节点的属性另行制定。

模拟时依然采用Python模拟，设定的节点数定为1000，在模拟中心化网络中，一般设一个中心节点。

5.4.2 不考虑变异时均衡网络中的蒙特卡洛模拟

首先研究去中心化规则均衡网络中考虑反对信息时的信息传播情况。本节研究不考虑变异时的情形，此时我们只需将性质为v的节点占比设置为0即可。

首先，我们研究规则网络中的情形，即在网络时代之前传统社会结构中的情形。图5-40显示的是在这种网络架构中，不同状态的人群数量在不同θ'_R下的典型情形，具体参数设置参看其图注。这可以反映出在存在辟谣者的社会结构中，辟谣者敏锐度变化对流言传播的影响。由该图可以看出，变异态一直为0，反映了没有变异态的模型设定。随着θ'_R的增加，可以观察到在θ'_R较小（如其为0.01时）的情况下，流言传播较为活跃，在考察的时间段内，感染态I增加迅速，几乎没有看到康复态R。而随着θ'_R的增加，感染态I增速变缓，康复态随着时间的推移开始增多，并且可以看出θ'_R越大，康复态出现的时间越早，考察时间段内上升的高度越大。当θ'_R为0.4时，考察时间段内其最高值接近于考察节点最大值1000，与之相对应地，感染态I的峰值数量随着θ'_R的增加而下降，当θ'_R为0.4时，其最高值不足100。这说明当社会结构中存在一定数量的可能辟谣者时，这些辟谣者的敏感度对于遏制流言传播具有重要作用。他们在社会中起到了先知先觉的作用。我们所用的SIRV模型中的康复态R可以直接让易感态S变为R，这其实反映了一种预防作用。社会中潜在辟谣者（即属性为r的节点）的存在使流言的传播受到了遏制，预防机制的存在让流言难以进一步传播，更难以造成危害。

我们还研究了潜在辟谣者数量占比p_1对流言传播的影响，典型结果如图5-41所示，相关参数设置大体与图5-40相同，只是此时θ'_R保持为0.1，p_1是个变量，具体设置见其图注。由图5-41可以看出，随着p_1的增加，感染态的增长趋势被遏制，当p_1=0.01时，感染态在考察范围内的峰值可以达到400以上，而随着p_1的增加，其峰值也在减小，当p_1=0.2时，感染态最高数量甚至不到10。这说明有大量可能辟谣者存在时，流言几乎无法进行传播。

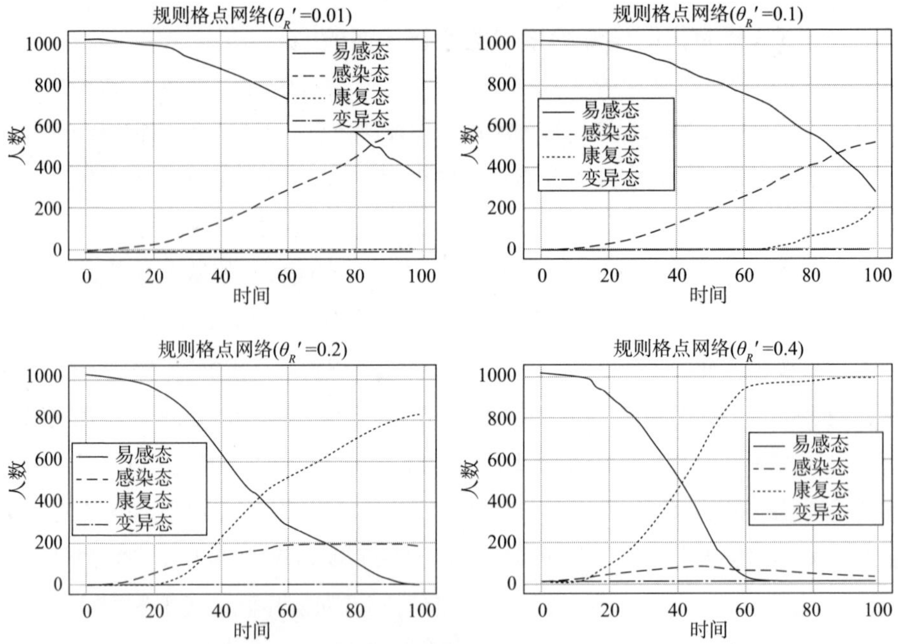

图5-40 α'=0.1、θ'=0.2、p_1=0.01、p_2=0、β'= 0.02、η_R=0.001时，规则均衡网络SIRV模型中各状态数量在不同θ'_R下随时间变化关系

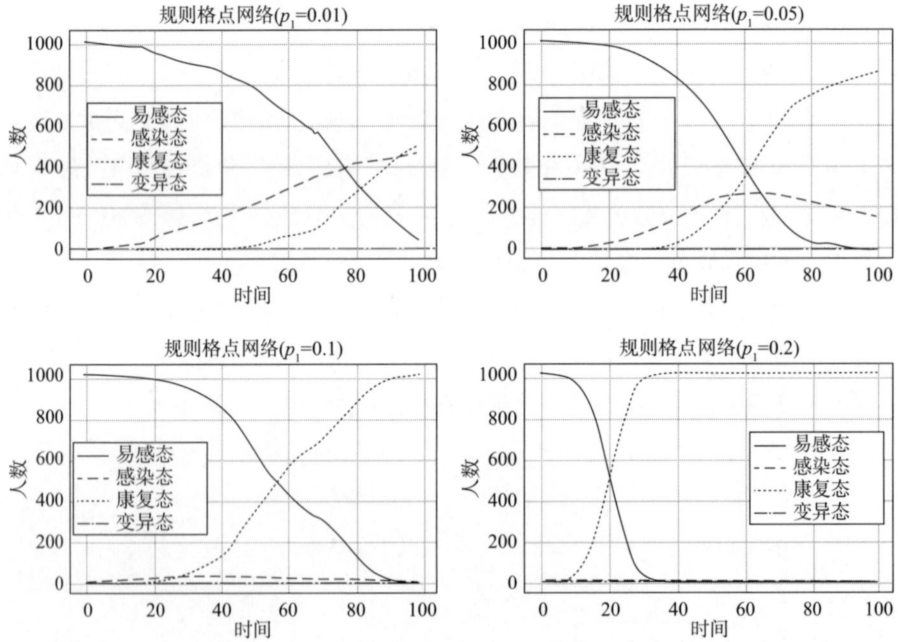

图5-41 α'=0.1、θ'=0.2、θ'_R=0.1、p_2=0、β'= 0.02、η_R=0.001时，规则均衡网络SIRV模型中各状态数量在不同p_1下随时间变化关系

综合图5-40和图5-41可以看出，当社会节点中潜在辟谣者数量占比（p_1）较大、辟谣者敏锐度较高（即θ'_R较大）时，流言传播将变得更加容易被遏制。在SIRV模型设定中，属性为r的节点，即潜在辟谣者是发出辟谣信息的源头。在实际社会生活中，这类节点其实代表了受教育程度较高、乐于助人，对社会中的谣言和误解有着较高的敏感度和洞察力，能够迅速识别并发布辟谣信息的一类人，这些人可以有效遏制流言的传播并减轻其对社会造成的负面影响，他们的专业知识、社交能力和影响力使他们成为社会中的舆论引导者和信息守护者。

除属性为r的节点外，普通节点对辟谣信息的接受态度也会影响流言的传播。图5-42显示的是规则均衡网络中SIRV模型下各状态人群数量在不同θ'下随时间的变化关系，其余参量见其图注。θ'反映的是一种预防效应，即在流言未传播时，对普通节点的预防，以防其被感染。这种预防的实施在本次蒙特卡洛模拟中，由属性为r的节点对普通节点实施。由其结果可以看出，当θ'较小时（如θ'=0.05），此时康复态增长比较缓慢，而感染态增加迅速；随着θ'的增加，一般而言康复态会迅速增加，θ'取0.2、0.4时确实比其为0.05时更满足该结论。但是θ'为0.1时，感染态增速比其为0.05时更为迅速，而康复态则在很长一段时间内增

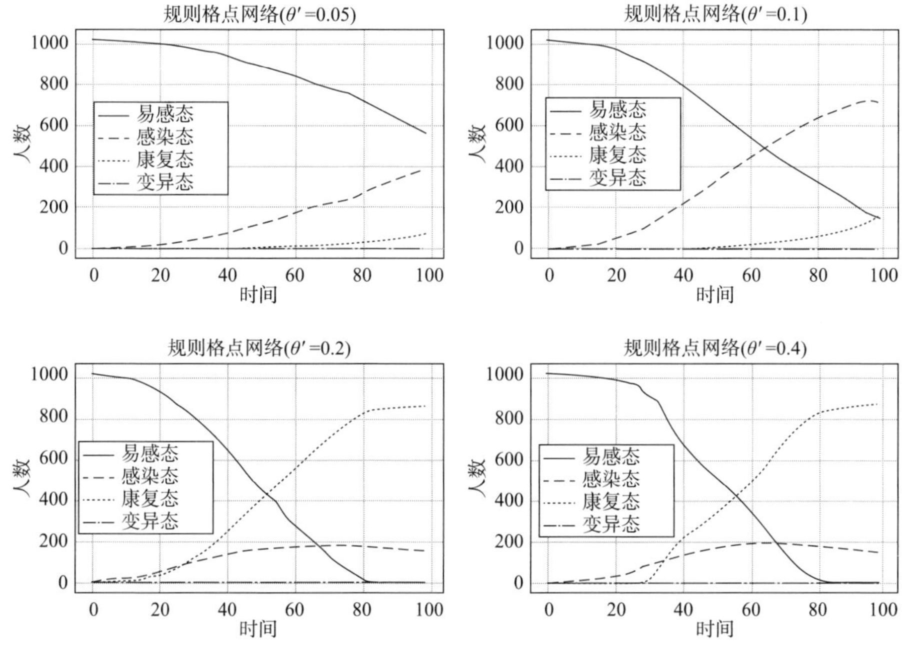

图5-42　α'=0.1、γ'=0.02、θ'_R=0.1、p_1=0.01、β'= 0.02、η_R=0.001时，规则均衡网络SIRV模型中各状态数量在不同θ'下随时间变化关系

速不明显；θ'为0.4时的情形则跟其为0.2时类似。其主要原因在于此时影响感染态增速的除θ'外，属性为r节点的数量及分布也起一定作用；当r节点数量较少且分布集中时，即原始辟谣者数量少且只集中一地时，由于网络结构的现实，其预防功能较弱。另一原因在于，蒙特卡洛模拟下，节点的行为属于一种概率行为，即使是高概率事件，也未必会发生。对于结构规则的格点网络而言，这种概率行为影响更大。

图5-43显示的是各状态人群数量在不同β'下随时间的变化关系。与θ'不同，β'反映的是感染态被感染之后，经与状态为康复态R节点接触在一次蒙特卡洛步骤中被治愈的概率。从图中可以看到，整体趋势上β'越大，感染态传播影响越小，康复态占比越大。然而，从图中可以看出，当β'为0.02时，感染态的影响要超过其为0.01时；而当β'为0.2时，其影响比β'为0.01时更大。其原因与θ'时的情形相同。事实上，每次模拟的具体情况都有所不同，正如前文所述，蒙特卡洛方法是一种概率模拟方法，正是这种概率的存在，使得同一模拟条件下，得到的结果可能不同，这也更类似于实际情况。

综合图5-42和图5-43可以得出结论：在规则均衡网络中，当普通节点对辟

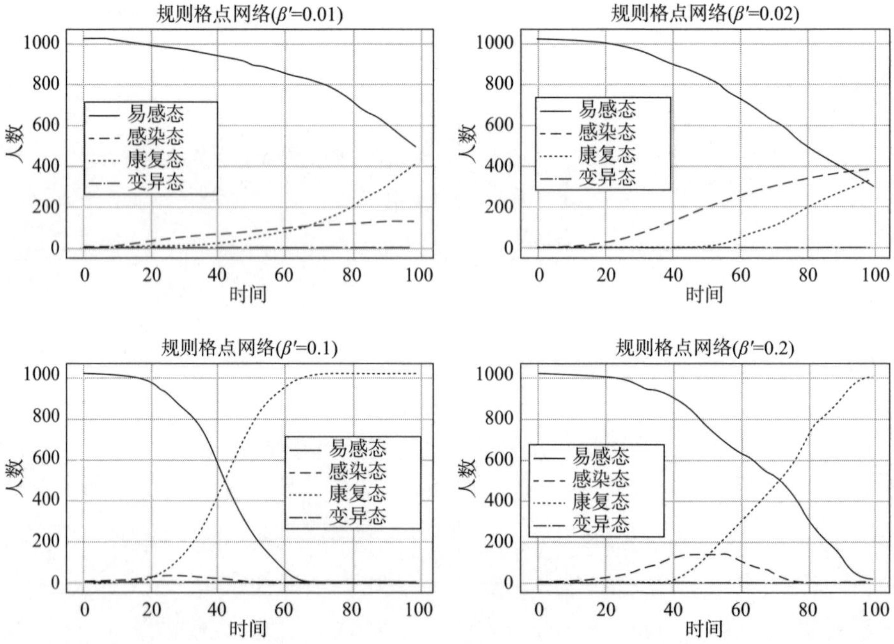

图5-43 α'=0.1、γ'=0.02、θ'=0.2、θ'_R=0.1、p_1=0.01、η_R=η_V=0.001时，规则均衡网络SIRV模型中各状态数量在不同β'下随时间变化关系

谣信息的接受态度较好，且属性为r的节点数量较多且分布较广时，流言传播更容易受到遏制，感染态人群数量下降，康复态人群数量增加。这也进一步证明了普通节点和潜在辟谣者在社会中的重要作用。在实际社会生活中，人们对流言的接受态度和对辟谣信息的认可程度会影响他们是否传播流言或者转发辟谣信息。因此，加强普通群众的意识教育，增强其对辟谣信息的接受度和认可度，对于遏制流言传播具有重要意义。

在前文的模拟中我们就已经看到了不同网络结构对信息传播的影响，即使是在没有中心节点的均衡网络中，由于网络结构的不同，信息传播行为也不一样。如前所述，我们用规则的格点网络来表示严谨、规则的传统社会结构，并以其为基础研究传统人际传播、群体传播，而以节点随机分布、节点链接随机分布的随机均衡网络来表示去中心化的网络传播结构。在随机均衡网络中，我们又模拟研究了前述情形。为了比较方便，随机网络中的节点平均度选取为4，这和规则网络相同。

首先是在随机均衡网络SIRV模型下不同状态人群数量随θ'_R的变化，具体结果如图5-44所示，其参数设置与图5-40所示的规则均衡网络相同。由图可以看出，在随机均衡网络中，随着表示潜在辟谣节点（即属性为r的节点）敏感度的参数θ'_R的增加，感染态影响呈下降趋势，而康复态R的影响呈上升趋势。不过θ'_R为0.1时感染态的影响力还不如其为0.2时，这点反映了蒙特卡洛方法的随机性。通过和图5-40相比，可以发现当θ'_R为0.01（即潜在辟谣节点敏感度较低）时，随机网络中感染态人数的增长速度较其在规则网络中快得多，这与我们在前文中得到的结果相同，反映出网络传播跨地域的性质使得其比传统人际传播、群体传播等形式的传播能力要大得多。同样我们还可以发现随着θ'_R的增加，感染态数量迅速达峰然后迅速趋于0，而且峰值较规则网络更小。这也反映出随着潜在辟谣者敏感度增加，其辟谣信息传播也会基于网络传播跨越地域的特点迅速传播，从而对流言起到了抑制作用。

图5-45显示的是潜在辟谣节点占比p_1在随机均衡网络中对流言传播的影响，具体参数设置与图5-41相同。可以看出此时当p_1占比不是很大时，其对各种状态人群数量的变化趋势影响不大，这点和规则网络有很大不同。原因在于网络传播的跨地域特征，信息可以迅速传播到不同地区的节点，如果p_1不是很大，网络传播的这种特性在信息传播中的作用更大。但当p_1较大时，即辟谣节点数量较多时（如p_1=0.2），感染态人群数量的峰值变得很小。即使是在网络传播中，人数的优势还是起到一定作用的。不过也可以看到，此时感染态影响力较规则网络中

要大。原因在于网络传播给各种信息以生存空间，即使流言在传统社会结构中没有容身之地，其在网络传播中也可找到共鸣者。

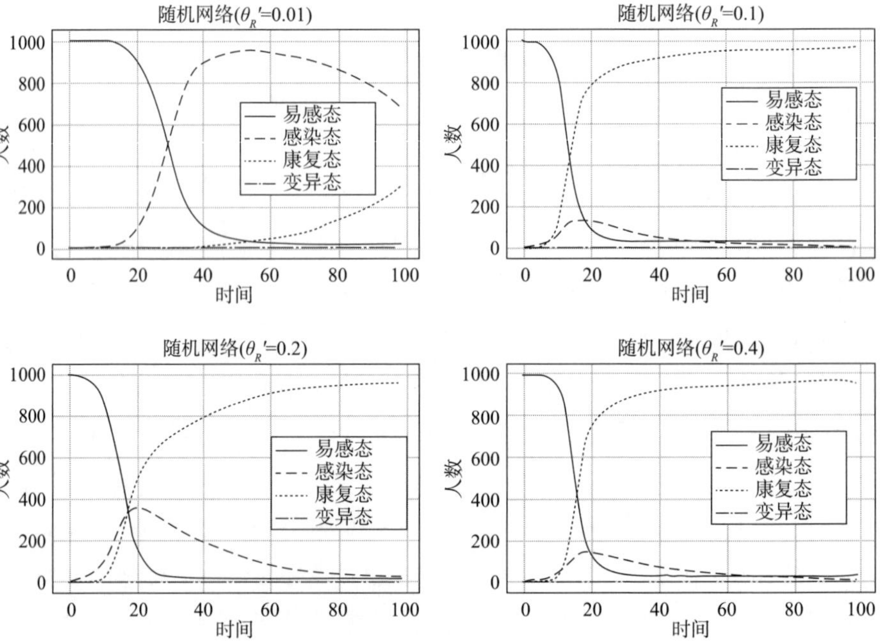

图5-44　α'=0.1、θ'=0.2、p_1=0.01、β'= 0.02、η_R=0.001时，随机均衡网络SIRV模型中各状态数量在不同θ'_R下随时间变化关系

辟谣节点的预防作用在随机均衡网络中也被研究。图5-46显示的是随机均衡网络中SIRV模型下不同状态人群数量变化趋势随反应预防作用参量θ'的变化规律，其参数选择和图5-42相同。由图5-46可以看出，随着θ'的增加，感染态的峰值一般呈减小趋势，不过θ'为0.05时的情形不如其为0.1时，这点与图5-42相似，其主要原因在于这两种情形下θ'相差不大，蒙特卡洛方法中的概率起主要作用，即这种行为只是一种波动，有时偶然性会对行为的影响较大。我们可以看出当θ'比较大时，在随机网络中其迅速达到峰值，然后逐渐趋于0；而在规则网络中其达峰时间较晚，持续时间较长。这点与前文所述结果相似，主要原因在于网络传播跨越时空的性质使其信息传播速度加快，而传统的社会结构依赖于口口相传的方式，其传播速度虽然慢但在没有干扰的情况下信息持续时间较长。

图5-47显示的是随机均衡网络SIRV模型下各状态数量在不同β'下随时间的变化关系。这显示的是对普通节点感染态I治疗情形，即让已受流言影响者变为康复态R的概率，这反映了R态对感染态的影响力。由图5-47可以看到，随着β'的增加，即R态影响力的增加，感染态的影响力受到削弱。不过β'为0.02时感染

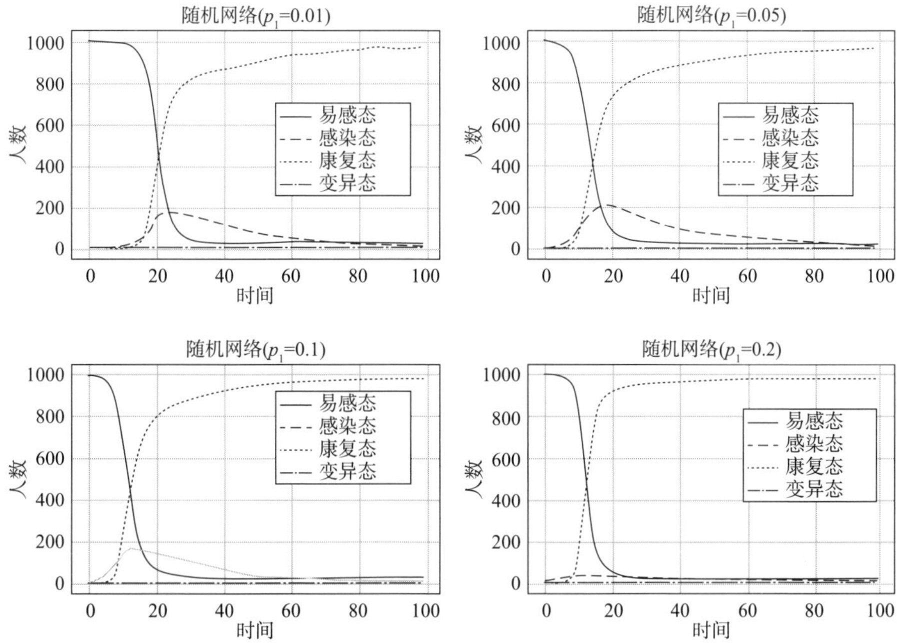

图5-45　α'=0.1、θ'=0.2、θ'_R=0.1、β'= 0.02、η_R=0.001时，随机均衡网络SIRV模型中各状态数量在不同p_1下随时间变化关系

态的峰值最小；在β'比较小时，感染态持续时间较长。当β'为0.1及0.2时，可以看到感染态迅速达到峰值，而后迅速趋近于0。对于康复态则随着β'的增加其达到最高值的时间就越短，而且维持在100%附近。这反映了康复态的影响力。跟规则神经网络的结果（图5-43）相比，可以看出在随机网络中感染态、康复态的增长都比较迅速，反映了网络传播信息传播速度快的特点。

由随机均衡网络的情形我们可以看出，社会节点的性质对流言的传播起着重要的作用。在网络传播时代，普通网民的认知力对于控制流言传播起着重要的作用。随着社交媒体和互联网的普及，每个人都有了发布和分享信息的平台，而这也增加了流言传播的风险和挑战。普通网民如果认知能力强，在接触到流言时，其会主动辟谣，这类似于属性为r的节点。由于网络传播的便捷和平等性，普通网民也可拥有与传统传播机构一样的技术手段，这时辟谣信息的传播也会变得迅捷。普通网民不同的知识结构和认知水平也会使他们在面对流言时有不同的态度，如果知识水平较高，即使被流言影响，也会有极大概率在接收到辟谣信息时转变过来。由此可见，遏制流言传播的有效途径在于提高网民的认知水平和高素质网民的参与度。

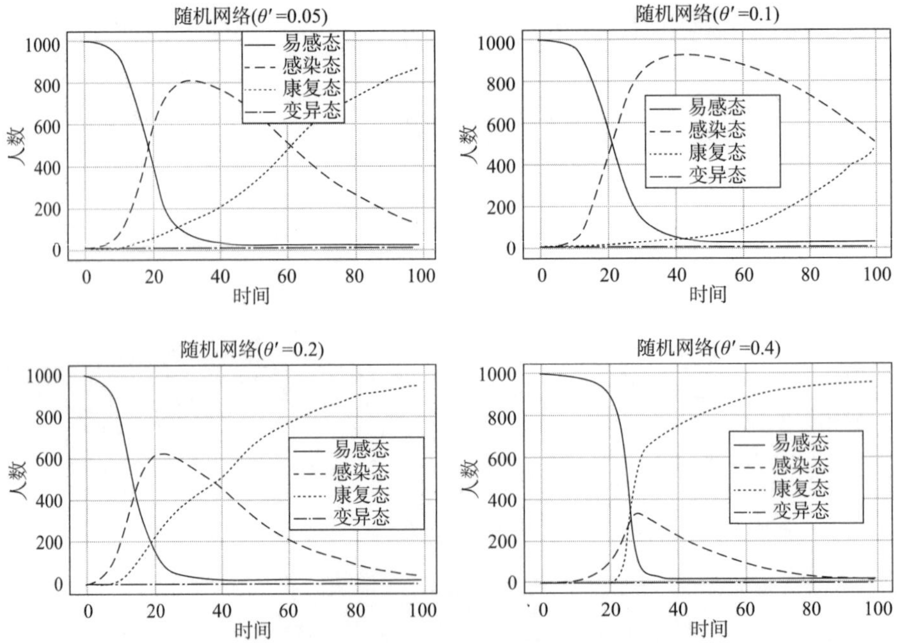

图5-46 α'=0.1、θ'_R=0.1、p_1=p_2=0.01、β'= 0.02、η_R=0.001时，随机均衡网络SIRV模型中各状态数量在不同θ'下随时间变化关系

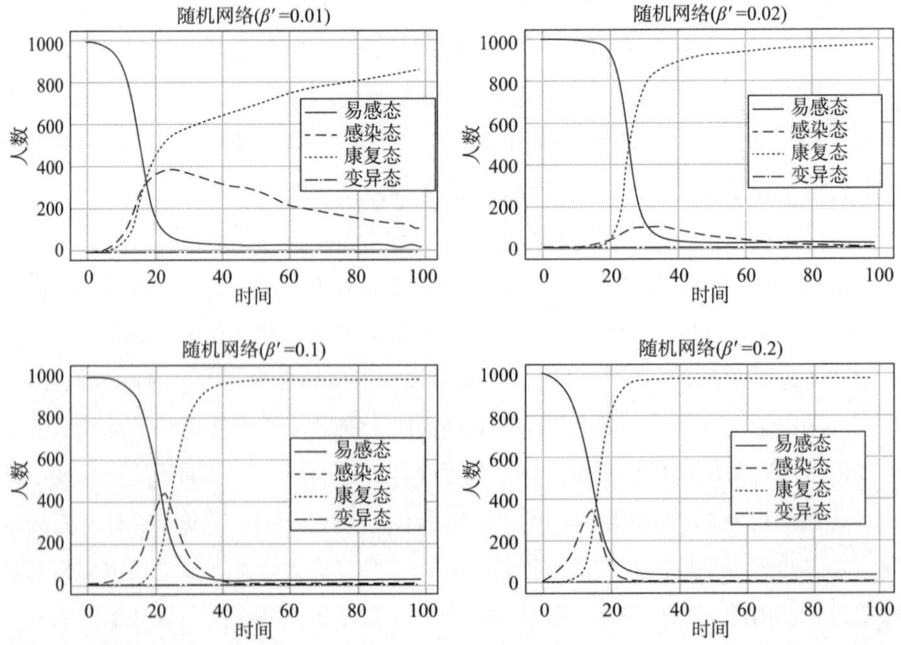

图5-47 α'=0.1、θ'=0.2、θ'_R=0.1、p_1=p_2=0.01、η_R=0.001时，随机均衡网络SIRV模型中各状态数量在不同β'下随时间变化关系

5.4.3 考虑变异时均衡网络中的蒙特卡洛模拟

本节研究在考虑变异时的均衡网络中流言传播行为，此时设只有属性为v的节点才能自发由感染态I转化为变异态V，属性为v和r的比例其实反映了社会中某种撕裂。由于教育背景、文化环境的差异，这两类人难以对某一信息达成一致。在本次模拟中，v代表易对传播信息的进行极端解释的一类人。由于SIRV模型下，随机均衡网络和规则网络中的行为和传统传染病模型并无特殊的区别，因此本节只考虑随机均衡网络，即主要研究网络传播的情形。

图5–48显示的是在考虑变异时在属性为v的节点不同占比p_2时各状态随时间变化关系，主要参数设置见其图注。由图5–48可以看出，此时感染态的影响随着p_2的增加而减少，这是自然的，因为很多感染态随着变异态V的影响而变成了变异态。不过，可以看出，当p_2很小时，即p_2=0.001时，此时变异态V依然保持在低位，这是因为属性为v的节点占比过少，而蒙特卡洛模拟为概率模拟，当其没有演化为变异态V时，则变异态的传播无从谈起。另外，我们还发现当p_2=p_1=0.01时，变异态的传播比p_2=2p_1=0.02时还要迅速。其主要原因也是在于蒙

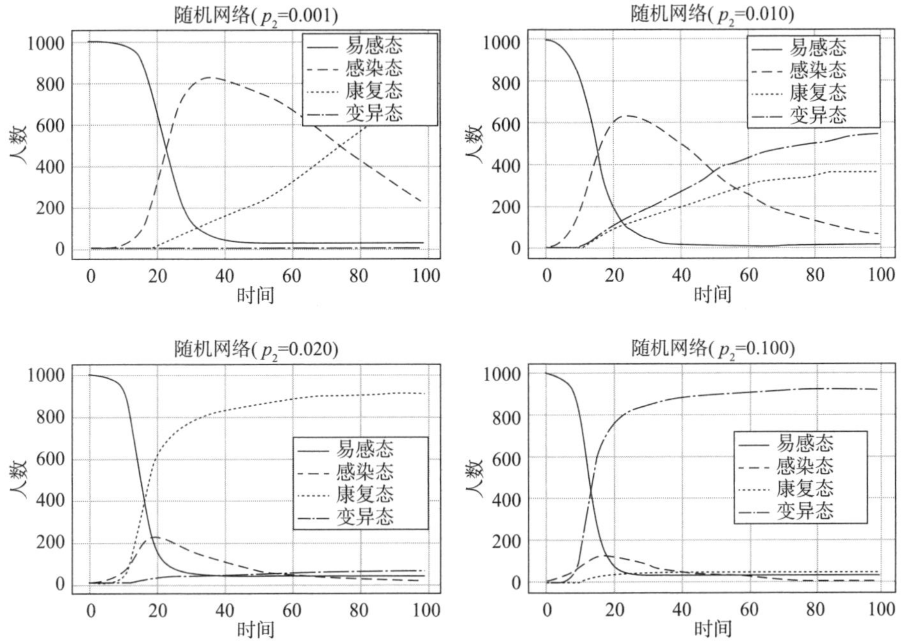

图5–48　α'=0.1、α'_V=0.2、λ'=0.1、β'=0.1、γ'=0.02、θ'=0.2、θ'_R=0.1、p_1=0.01、η_R=η_V=0.001、k=4时，随机均衡网络SIRV模型中各状态在不同p_2下随时间变化关系

特卡洛方法为概率模拟，p_2为0.02意味着大约有20个节点属性为v，这比属性为r的节点大约多10个，绝对数量有限。当其没有及时转化为变异态并向外传播时，则在易感态变为康复态R时，其很难再向外传播。不过当p_2较大时，比如p_2=0.4时，则很难看到康复态传播，感染态I迅速转变为变异态V，变异态V的占比保持在高位。

图5-49显示的是体现易变异节点（即属性为v的节点）敏感度的参量λ'取不同值时各状态人数随时间变化关系，主要参数设置见图注。从中可以看出，随着λ'的增加，感染态影响力呈上升趋势，与之相对应的是变异态也呈上升趋势，其主要原因在于，在我们模型的设定中，变异态的最初来源是感染态，感染态基数大，则变异态会比较多。此外，还可以看到当感染态和变异态影响力较大时，康复态的占比相对较小；随着时间的推移，感染态占比越来越小，最后稳定的是康复态和变异态。不过也应该看到λ'为0.2时，感染态和变异态的影响力要高于λ'为0.4时，这再次反映出蒙特卡洛模拟的特点，也反映出流言刚开始传播的时候非常重要，如果一开始有大量的变异态，则变异态占比会越发有优势，反之，若有大量康复态，则后期康复态占优势。

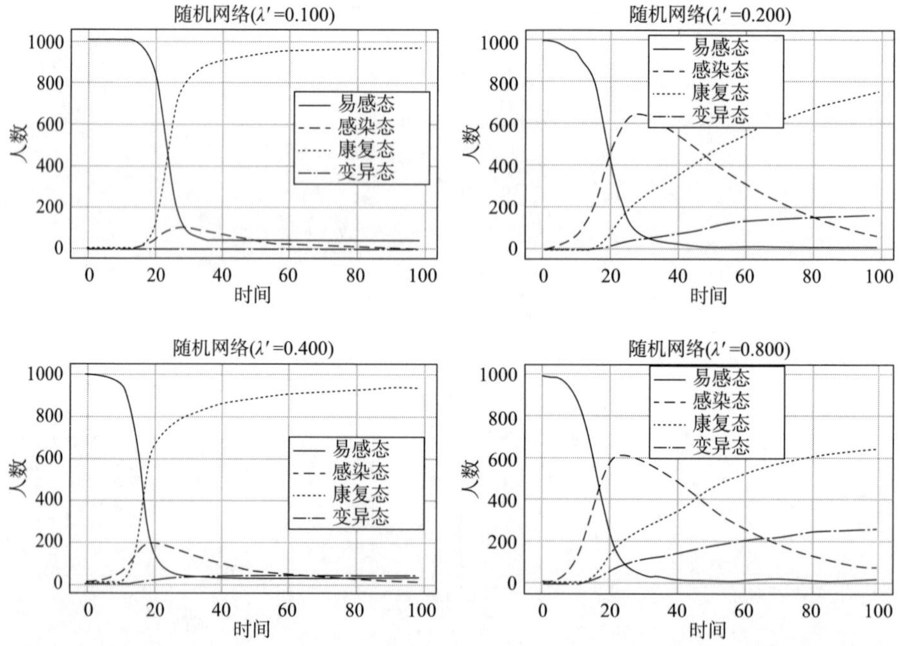

图5-49　α'=0.1、α'_V=0.2、β'=0.1、γ'=0.02、θ'=0.2、θ'_R=0.1、p_1=p_2=0.01、η_R=η_V=0.001、k=4时，随机均衡网络SIRV模型中各状态在不同λ'下随时间变化关系

我们还研究了在随机均衡网络中α'和α'_v取不同值时，SIRV模型下各状态人数随时间的变化关系，结果分别如图5-50和图5-51所示。从图中我们会发现一个较为特殊的现象，即均出现流言没有传播开来的情形。在模型设计时，假设初始状态只有一个节点是被感染节点I，其周围节点是否被感染完全是一个概率问题。需要考虑一种特殊情况，若其属性为v，则在一次模拟中很容易变为变异节点V，而变异节点V又有一定概率转变为S态，此时，流言便无法传播。又如，若初始感染节点I周围有属性为r的节点，该节点会由S态转化为R态，并有可能让原节点恢复为S态，而其本身则有一定概率恢复为S态。这些情况都不能让流言传播。上述模拟结果在现实生活中也有反映。流言信息源在宣传一番之后，周边与之交流的节点并未接受其观点，则流言的信息源随着时间推移，也不再传播该流言了。从这个角度看，若能找到易制造流言的信息源，对其加强防范和教育，将会将流言遏制在其未传播之时。

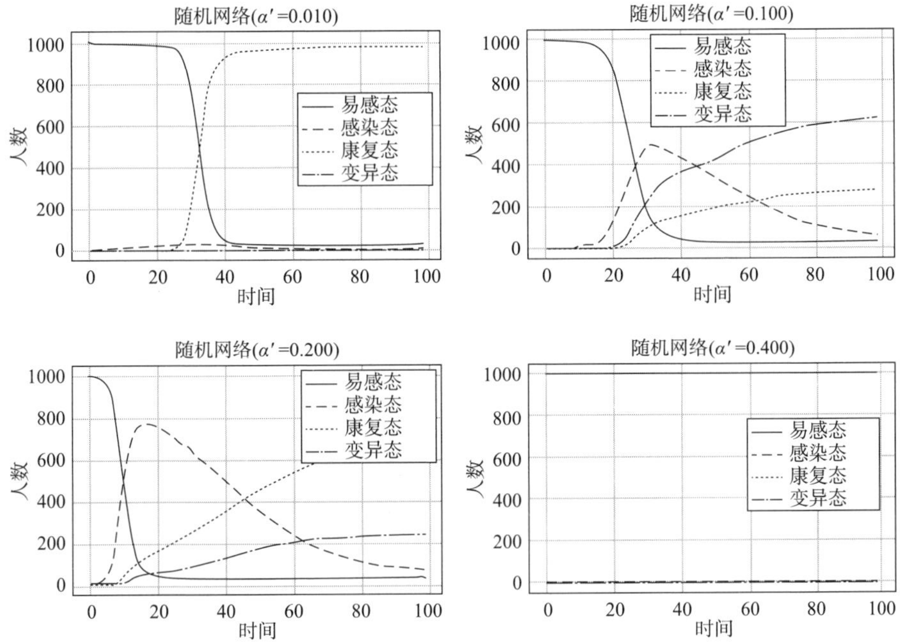

图5-50　α'_V=0.2、β'=0.1、λ'=0.1、γ'=0.02、θ'=0.2、θ'_R=0.1、p_1=p_2=0.01、η_R=η_V=0.001、k=4时，随机均衡网络SIRV模型中各状态在不同α'下随时间变化关系

除了这些特殊情况外，若流言传播出去，在图5-50中，我们会发现随着反映原始流言传播能力的参量α'的增加，感染态影响力扩大，不过这并不意味着变异态的影响力一定大。变异态V最初来源于感染态I，但康复态也可来源于感染

态I，所以二者之间存在着竞争。由于康复态的最初来源是遇到感染态的节点，并不一定直接来源于感染态，所以当α'较小时（如α'=0.01），康复态迅速增加，这反映出预防效果较好，而变异态和感染态影响力都较弱。当α'为0.1和0.2时，可以看出变异态和康复态的竞争非常明显，最终易感染S和感染态I的减小到低位，而人群中主要为康复态和变异态，这在某种程度上显示了社会在针对某一信息观点的分裂。注意到p_1和p_2相等，且分别仅为0.01，这说明属性为r的潜在辟谣者和属性为v的易变异者数量很少，但如图5-50和图5-51所示，最终康复态R和变异态V的占比要远超这些比例。信息观点的分裂可能会导致社会群体的不团结，为避免此类事件发生，加强舆论引导是必不可少的。

除特殊情况外，在图5-51中可以看到，随着α'_V的增加，即随着变异态对普通易感态S的影响的增加，变异态影响力一般呈增强趋势。但是当α'_V为0.4时，结果显示变异态影响力不如康复态。这依然反映了蒙特卡洛模拟的特点，从图中可以看出变异态出现时间较晚，说明康复态一开始占据了先机，最终的比例也较高。这也说明要及早针对流言开展预防工作，这有利于减弱其影响。

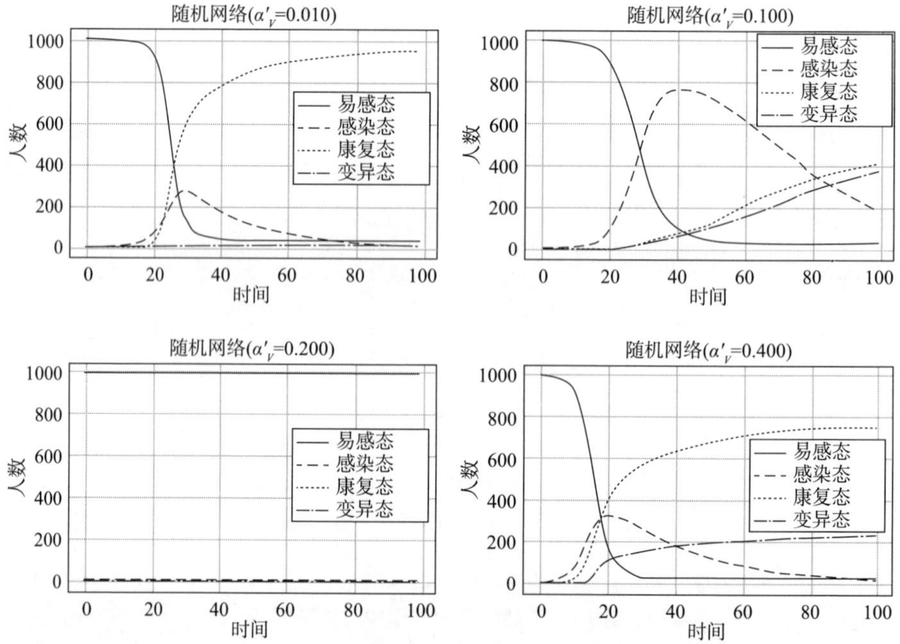

图5-51　α'=0.1、β'=0.1、λ'=0.1、γ'=0.02、θ'=0.2、θ'_R=0.1、p_1=p_2=0.01、η_R=η_V=0.001、k=4时，随机均衡网络SIRV模型中各状态在不同α'_V下随时间变化关系

图5-52展示的是在随机均衡网络中SIRV模型下各状态人数在不同γ'下随时

间变化的变化关系。由γ'的定义可知，其反映了变异态信息在感染态I中的影响。对于流言来说，不仅辟谣信息是影响其传播的因素，其变异化信息也会对其产生影响。由图5–52可以看到，随着γ'的增加，感染态的影响力呈现下降趋势，但变异态和康复态的竞争趋势并未随着γ'的增加而有明显的规律变化。我们可以看到，当γ'为0.02时，变异态数量一直在低位徘徊，而康复态R则增长迅速；而当γ'为0.01时，则趋势相反。在本模型中，γ'越大表明变异信息对感染态的影响越大，出现此结果显然是蒙特卡洛模拟时概率影响的。此外，还可看出当γ'较大时（如取0.1和0.4时），最终人群中主要剩下变异态和康复态以及少量易感态。在本模型中，这些易感态来源于康复态和变异态随着时间的遗忘等设定，即η_R和η_V设定，而最终变异态和康复态的对峙则再次说明在同时存在两种极端相左的意见时，社会上肯定会出现持此两种意见的人群，它们会形成稳定人群结构，这对社会团结不利。

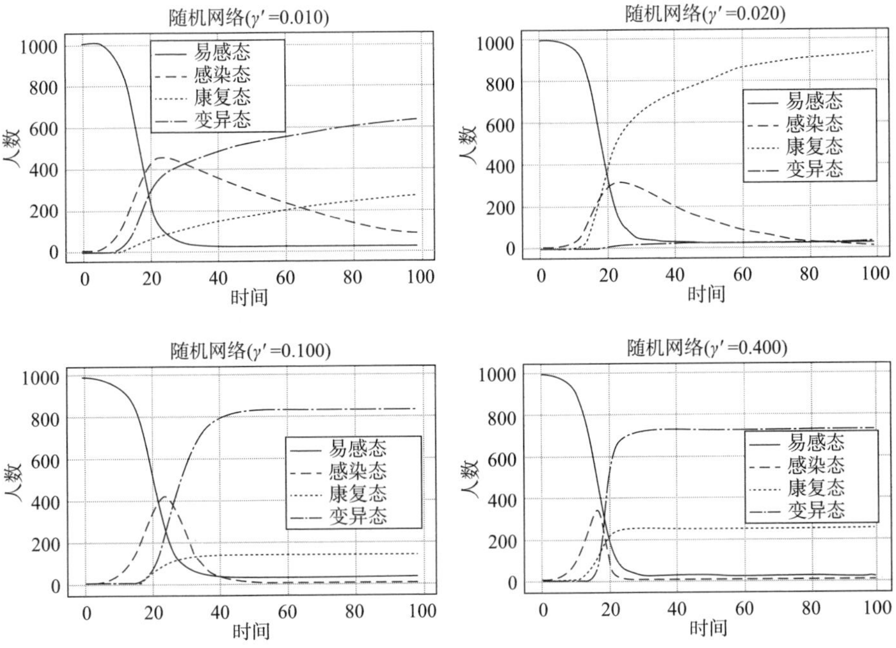

图5–52 α'=0.1、α'_V=0.2、λ'=0.1、β'=0.1、γ'=0.02、θ'=0.2、θ'_R=0.1、p_1=p_2=0.01、η_R=η_V=0.001、k=4时，随机均衡网络SIRV模型中各状态在不同γ'下随时间变化关系

由前面的模拟，我们还可看出蒙特卡洛模拟中的不确定性。正如前文所述，蒙特卡洛这种基于概率模拟的特性恰能反映社会生活中的不确定性，即使外部条件相同，也可能出现不同的结果。图5–53展示的是在同一条件模拟出的情形，

由此可以看出四次模拟会得到四次不同的结果，有时甚至没有看到信息的传播。之所以有如此大的偶然性，一个原因是我们在这个模型中假定，初始感染者只有1个，如同我们在前文所列极端情况，若该感染者康复而信息未能及时传播开来，则该信息将不会有影响。“万事开头难”，对流言传播而言依然如此，特别是在去中心化的网络中，普通节点难以有很大的影响力来传播消息。从新闻传播学角度看，流言能不能传播开关键是能不能让受众感兴趣。

一旦流言传播开来，如图5-53所示，则无论康复态还是变异态都会有增长，这至少表明有人对这类消息感兴趣，而且与之相关的辟谣或变异信息更让人感兴趣。某一条小消息，特别是流言等负面消息的传播，原消息看起来不起眼，但一旦变异引起争论，则很有可能引起很大的舆论。所以，控制流言最好的方法是在其还未传播开来时斩断传播途径，减少过多的讨论，因为容易变异或产生类似于辟谣的变异信息，引起舆论撕裂。这就要求网络监管部门加强巡查，及时发现不良信息。从图5-53可以看出，若辟谣信息早于变异信息，则其在后继发展中占据优势；反之，则危害更大的变异信息将占据主要地位。

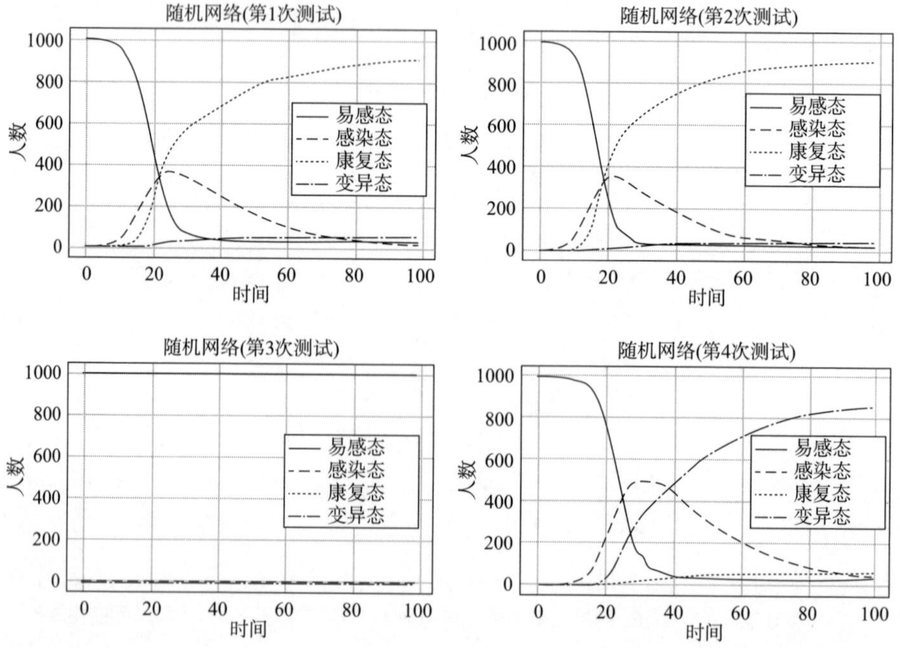

图5-53　$\alpha'=0.1$、$\alpha'_V=0.2$、$\beta'=0.1$、$\gamma'=0.02$、$\theta'=0.2$、$\theta'_R=0.1$、$p_1=p_2=0.01$、$\eta_R=\eta_V=0.001$、$k=4$时，随机均衡网络SIRV模型中在不同测试时各状态随时间变化关系

5.4.4 中心节点为信息传播节点时的蒙特卡洛模拟

本节主要讨论中心节点为初始感染节点时，不同参数下不同人群数量随时间变化的蒙特卡洛模拟。我们以此来模拟在普通群众中存在反对意见时中心节点所发出消息的传播情况。每种情况的参数设定见其图题。

图5-54展示的是中心节点的度k_C对其所传播信息的影响，随着k_C的增加，感染态的影响力增加迅速，这主要是由于中心节点对普通节点的巨大影响力。通常很多中心节点（如网络大V、传统媒体等）都有很多“粉丝”，这些人对中心节点比较信任，对中心节点发出的信息一开始采取相信状态。所以我们可以看到中心节点度增加时，感染态的快速增加。然而，由于社会中存在潜在反对者，即属性为r的节点，此处我们没有将其称为潜在辟谣者，主要原因在于对于机构传播者而言其发出的信息未必是流言。可以看出，在有潜在反对者时，若康复态R（此处即反对中心节点信息）增长较快，则感染态的数目回落较快，这反映了反对者信息对流言传播的干扰。若没有中心节点持续地输出，康复态和变异态最终将占据人群中的主要位置。若将变异态视为对中心节点的支持，则应重视信息刚传播时变异态的培养，只有这样，才能在后续占据主要地位。

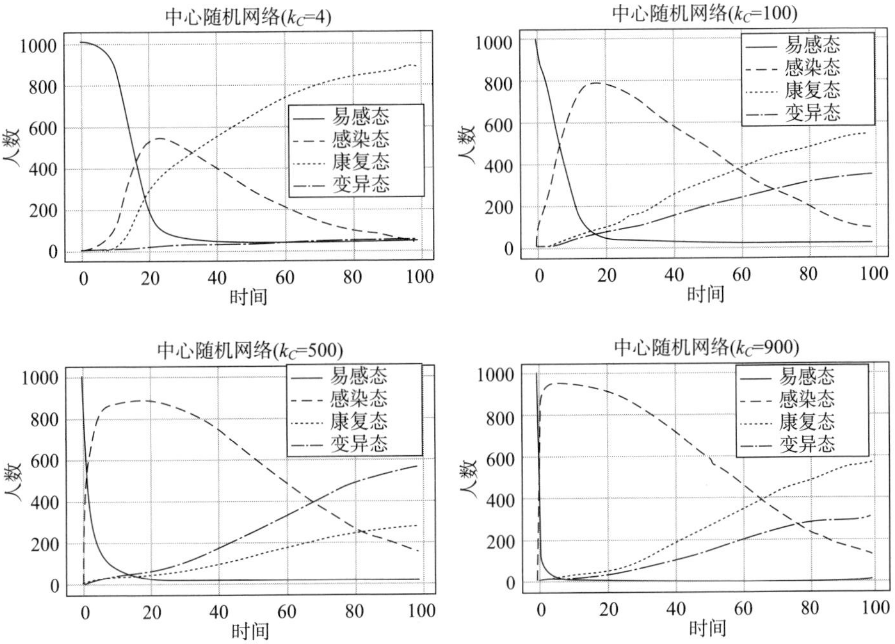

图5-54 中心节点为感染节点时，α'=0.1、α'_V=0.2、α'_C=0.95、λ'=0.1、β'=0.1、γ'=0.02、θ'=0.2、θ'_R=0.1、p_1=p_2=0.01、η_R=η_V=0.001、k=4时，中心化网络SIRV模型中各状态数量在不同中心度k_C下随时间变化关系

图5-55展示的是非中心节点的平均度k对传播的影响。这里我们考虑了一种极端情况便是平均度为1，即普通节点的传播途径几乎被斩断。在中心节点度k_C为500时，可以看出人群中几乎没有变异态和康复态，不过由于部分节点的度为0，即为孤立节点，中心节点的信息也没有影响到他们。这个极端情况说明，如果斩断普通节点的传播途径，中心节点的信息可以不受阻拦、不会变异地传播。根据新闻传播学和社会心理学的相关知识，在社会环境发生变化时，人们出于消除不确定性的目的迫切需要信息，这时流言将有可能传播，此时为保证中心节点信息准确无误传递给群众，有必要在特殊情况下切断互联网，以防流言蔓延，影响社会稳定。本模型模拟结果证实了这一说法。

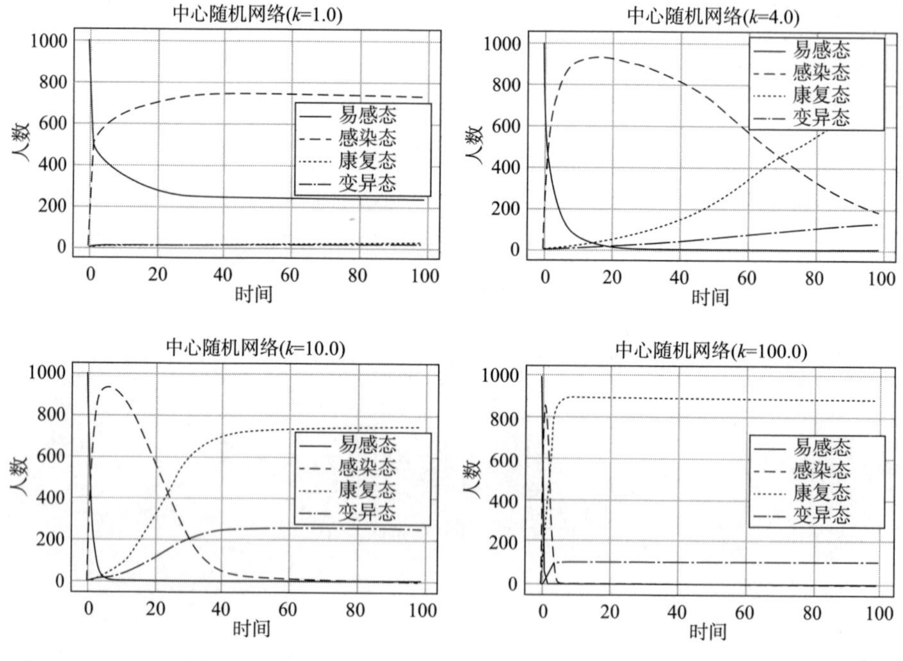

图5-55　中心节点为感染节点时，$\alpha'=0.1$、$\alpha'_V=0.2$、$\alpha'_C=0.95$、$\lambda'=0.1$、$\beta'=0.1$、$\gamma'=0.02$、$\theta'=0.2$、$\theta'_R=0.1$、$p_1=p_2=0.01$、$\eta_R=\eta_V=0.001$、$k_C=500$时，中心化网络SIRV模型中各状态数量在不同普通节点平均度k下随时间变化关系

当平均度k上升时，可以看到感染态S的影响力均随着时间呈现下降态势，而且随着k的增加，下降越迅速。这正如我们之前所述，由于网络传播的连通性和便捷性，k的增加意味着中心节点的影响力相对减弱，此时变异态和康复态均会出现并逐渐成为主导。在我们的参数设计下，康复态占据较高位置。由图结合之前分析结果可以看出，康复态和变异态的最终占比与其初始占比有密切关系。

如果将变异态视为中心节点支持者的话，则应在开始对其予以扶持，以占据主流舆论的位置。

我们还研究了潜在反对者在人群中占比p_1对中心节点传播信息的影响，典型结果如图5-56所示。在其他条件不变时，随着p_1的增加，感染态及变异态的影响力逐步得到减弱；与之相对应的是，康复态的影响力则不断增长。这说明随着潜在反对者的数量增加，中心节点的权威将会受到严重打击。

潜在反对者的数量占比本质上与社会结构、社会环境以及长期以来中心节点的影响有关，相对于信息传播而言，这相当于一个常数，其在短期内一般不容易变化。这也说明中心节点若要保证其信息顺利传播，则必须在平时维护其权威地位。要维护其权威，网络大V、传播机构等中心节点应该首先提供准确、有价值的信息，以增强其权威性和信任度。其次，与潜在反对者进行对话，积极交流并倾听他们的意见，努力解决分歧。最后，建立合作关系，与其他重要的社会节点合作，共同传播信息并推动共同的目标，增加中心节点的影响力。此外，努力与人群建立紧密的联系，增强在社会结构中的地位和影响力。这样中心节点才可以有效地维护其权威地位，确保信息的顺利传播。

图5-56　中心节点为感染节点时，$\alpha'=0.1$、$\alpha'_V=0.2$、$\alpha'_C=0.95$、$\lambda'=0.1$、$\beta'=0.1$、$\gamma'=0.02$、$\theta'=0.2$、$\theta'_R=0.1$、$p_2=0.01$、$\eta_R=\eta_V=0.001$、$k_C=500$、$k=4$时，中心化网络SIRV模型中各状态数量在不同p_1下随时间变化关系

潜在反对者敏感度的影响也被定量模拟分析。如前所述，我们这里用在一次蒙特卡洛模拟中产生R态的概率θ'_R来表示属性为r的潜在反对者的敏感度。在本模型中，只有属性为r的节点才是R态的最初来源。从图5-57中可以看出，θ'_R的变化对感染态S的变化影响并不明显，其原因在于，由于中心节点的影响力，与之相邻的节点在模拟刚开始便被感染，在大量感染者存在的情况下，少数潜在反对者的影响力在开始时根本显示不出来。不过由于康复态和变异态均依赖于感染者的存在，长期来看他们之间的人数比例更多地取决于其初始时的状态，在蒙特卡洛模拟时，在本模型设定下（即p_1和p_2相等，且都很小即均为0.01），这具有极大的偶然性。

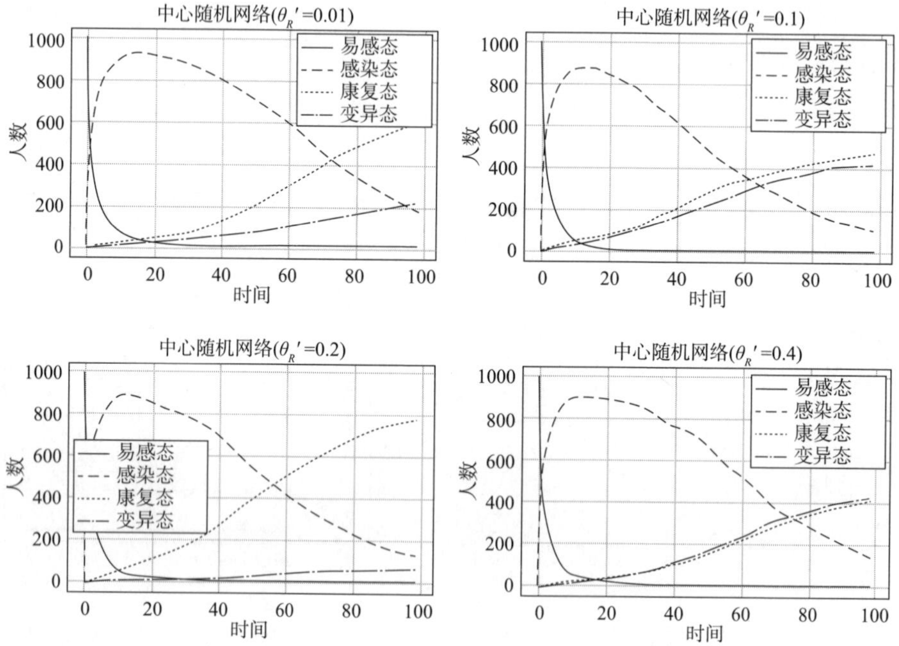

图5-57 中心节点为感染节点时，α'=0.1、α'_V=0.2、α'_C=0.95、λ'=0.1、β'=0.1、γ'=0.02、θ'=0.2、p_1=p_2=0.01、η_R=η_V=0.001、k_C=500、k=4时，中心化网络SIRV模型中各状态数量在不同θ'_R下随时间变化关系

我们也通过中心化网络SIRV模型下各状态数量在不同θ'下随时间的变化关系研究了康复态（即反对者）预防作用对中心节点传播信息的影响，结果如图5-58所示。可以看出，在不同的θ'下，感染态的行为高度相似，这说明康复态的预防作用对中心节点传播信息几乎没有影响。这是很显然的，因为预防作用主要针对的是易感态，而由于中心节点的影响力，很多易感态很快就变成感染

态。仍然值得注意的是康复态和变异态的相互关系，这和图5–57相似。随着时间推移，感染态占比将会越来越小，而康复态和变异态将占据主要位置。

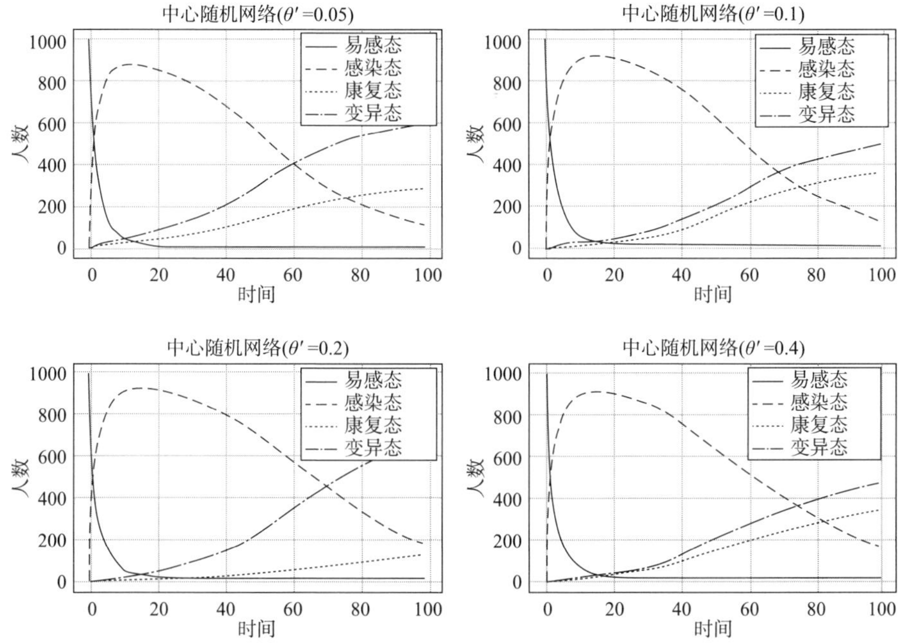

图5–58　中心节点为感染节点时，α'=0.1、α'_V=0.2、α'_C=0.95、λ'=0.1、β'=0.1、γ'=0.02、θ'_R=0.1、p_1=p_2=0.01、η_R=η_V=0.001、k_C=500、k=4时，中心化网络SIRV模型中各状态数量在不同θ'下随时间变化关系

我们还研究了康复态的“治疗”作用的影响，其通过设置参数β'的不同值来反映，典型结果如图5–59所示。由其可以看出随着β'的增加，感染人数过峰后下降速率越来越大，而康复态上升速率越来越快，比如在β'为0.1或0.2时，感染态迅速归为低位，而康复态占比近似于100%。原因在于β'表示的是康复态对感染态的作用，它的值越高，代表感染态接触到康复态所传递的反对中心节点的信息接收它的概率就越大；显然在社会上有大量感染态人群时，β'的增加意味着其转为康复态的概率越大。在我们设定的SIRV模型中，康复态会进一步影响其他感染态或者易感态，使之排斥中心节点所传递的信息。从本质上讲，β'的设定只是一种表象，真正决定其值的原因在于信息传播所在的社会环境和文化背景以及中心节点的信誉。如果网络大V、传播机构等中心节点所发出的信息并不与大众文化契合，那么在存在反对意见时，原先接受中心节点信息的人很有可能在态度上发生转变。

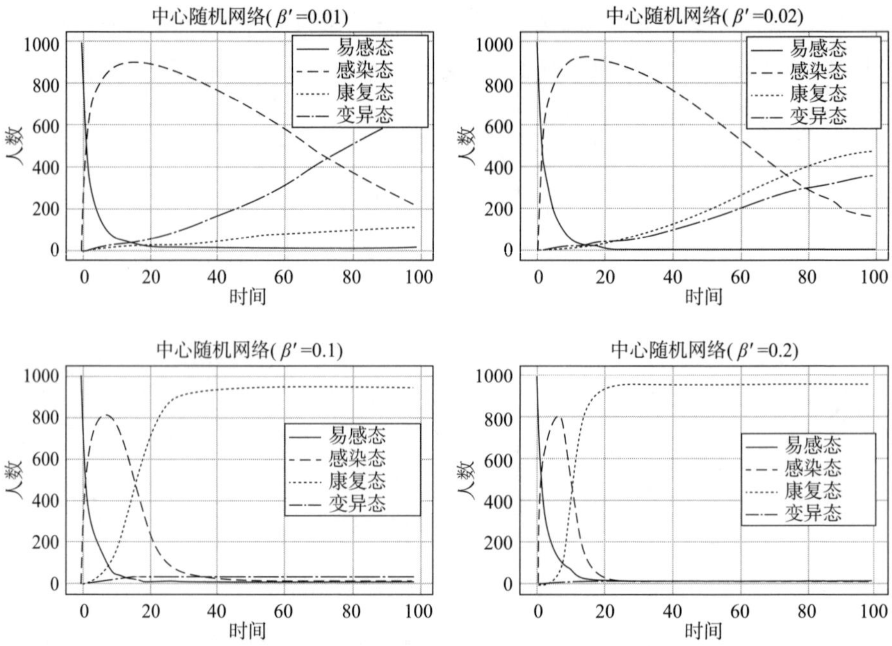

图5-59　中心节点为感染节点时，$\alpha'=0.1$、$\alpha'_V=0.2$、$\alpha'_C=0.95$、$\lambda'=0.1$、$\gamma'=0.02$、$\theta'=0.2$、$\theta'_R=0.1$、$p_1=p_2=0.01$、$\eta_R=\eta_V=0.001$、$k_C=500$、$k=4$时，中心化网络SIRV模型中各状态数量在不同β'下随时间变化关系

综合上述模拟结果可以看出，感染态占比在达到峰值后会下降，这是符合信息传播规律的。随着外在环境的变化和时间的推移，以及新的信息的加入，原来信息的关注度会逐步下降，大部分节点由于遗忘的作用，又变回易感态，等待下一个信息的到来。从图5-57和图5-58中可以看出，感染态虽然下降，但其持续时间已比较长，从理论上讲这是一种成功的传播，而从图5-59中可以看出，当β'较大时，感染态人数迅速降为低位，这不是一种成功的传播。中心节点若想实现成功传播，在维护自身信誉和权威的同时，也必须对社会中潜在反对者及其影响做出准确的评估，以提升传播效果。

此外，我们还会发现在中心节点为感染态，向外传播信息时，前述均衡网络中体现比较明显的概率效应在这里对感染态的数量变化随时间关系影响并不明显。主要原因在于，此时中心节点在一开始便影响了相当多的节点，这与普通节点的性质有明显不同，大量的邻接节点减少了偶然事件的影响。这也意味着，如果中心节点（如网络大V）是流言的制造者，一旦其将流言传出，短时期内就会造成很大的影响。

5.4.5 中心节点为潜在辟谣节点时的蒙特卡洛模拟

机构传播、网络大V的一个重要社会责任就是理清事实、及时辟谣，消除流言的影响。本节将机构传播者、网络大V等中心节点的属性设为r，以体现其辟谣者特性，并假定当遇到感染者或变异者时，该节点立即变成康复态，并对外施加影响。基于上述假定，我们通过蒙特卡洛模拟方法来模拟不同参数对流言传播的影响。具体参数设置见相应的图注。

首先，我们来看当中心节点属性为r时，中心节点的度k_C对各种不同状态人群数量的影响，典型结果如图5-60所示。由图可以看出，随着k_C的增长，感染态的峰值一般是向下降，然而可以看出当k_C=500时，感染态的影响力最大。其原因在于本模型设置与蒙特卡洛模拟引起的概率效应。模型中设定了一个初始感染节点，在本节模型的设定中其为普通节点，即该节点的度有限，这和前述概率效应相似。中心节点只有接触到流言时才能转化为康复态，其接触流言的时间带有

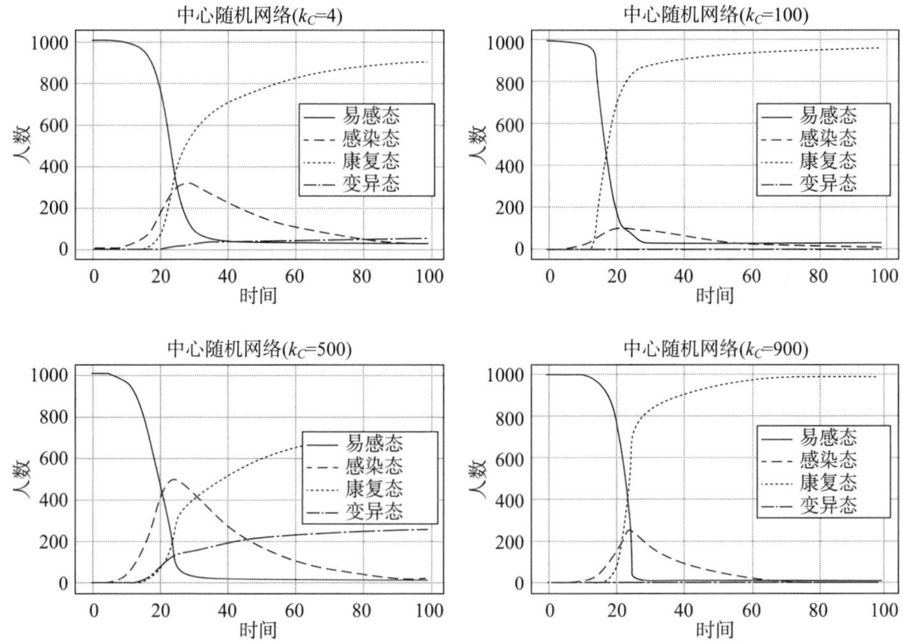

图5-60 中心节点属性为r时，α'=0.1、α'_V=0.2、α'_C=0.95、λ'=0.1、β'=0.1、γ'=0.02、θ'=0.2、θ'_R=0.1、p_1=p_2=0.01、η_R=η_V=0.001、k=4时，中心化网络SIRV模型中各状态数量在不同中心度k_C下随时间变化关系

偶然性，若接触流言较晚时，则流言影响力较大，中心节点影响力较弱。不过，一旦中心节点转为康复态，则流言信息的影响力将会被抑制。

图5-61显示的是SIRV模型下不同人群数量随潜在变异节点占比p_2不同而随时间的变化关系。可以明显地看出，随着p_2的增加，感染态峰值不断减小，且其人数均在低位运行。然而，影响感染态人数的原因除中心节点的抑制原因外，更重要的原因在于变异态的增长。p_2反映的是潜在变异态数目的占比，这类节点在本模型中可以认为是支持流言且对其进行极端化解释的节点。理论上这类数目越多对中心节点的辟谣作用削弱越厉害，即康复态数目越少，但从模拟结果可以看到，最终康复态和变异态的比例关系还是取决于它们在初始时间段内的状态。在我们的模型中，这是一个概率事件。为了提升辟谣的能力，传播机构和网络大V等负有更大义务辟谣的中心节点还是应该加强巡查，及时发现并对流言辟谣，以更好消除流言影响。

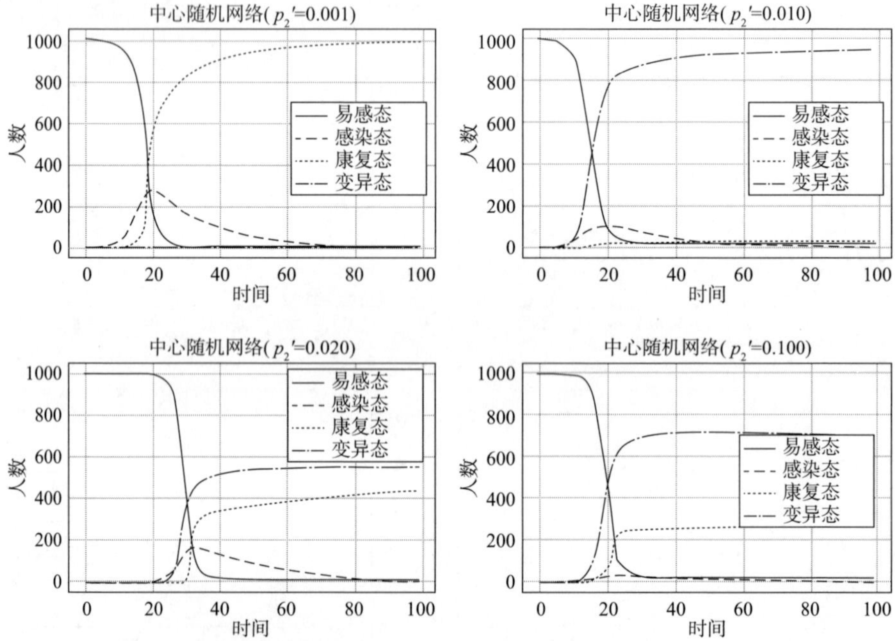

图5-61　中心节点属性为r时，$\alpha'=0.1$、$\alpha'_V=0.2$、$\alpha'_C=0.95$、$\lambda'=0.1$、$\beta'=0.1$、$\gamma'=0.02$、$\theta'=0.2$、$\theta'_R=0.1$、$p_1=0.01$、$\eta_R=\eta_V=0.001$、$k=4$，$k_C=500$时，中心化网络SIRV模型下各状态数量在不同p_2下随时间变化关系

流言在普通群众中的接受程度也会影响辟谣的效果。图5-62显示的是中心节点为潜在辟谣节点时，中心化网络SIRV模型下各状态数量在不同α'下随时间

变化关系。从中可以看出，随着α'的增加，感染态的影响力呈扩大趋势，这比较符合我们的预期。不过也应看出，当α'较小时，感染态和变异态的影响力甚至要大于康复态，这和人们的直觉有很大不同。究其原因在于，在我们模型的假设中，只有和感染态接触后，潜在反对者才转变为康复态，并对易感态传递预防信息。当α'较小时，流言信息传播较慢，但其变异后则传播迅速，一旦传播开来则干预措施将作用不太明显，这有一定的现实意义。一般有些流言开始时的传播较为隐蔽，不易被监管者发现，待其发酵、变异后，大量传播，则对社会造成冲击。反而，当α'较大时，中心节点可以迅速做出反应，消除其影响。

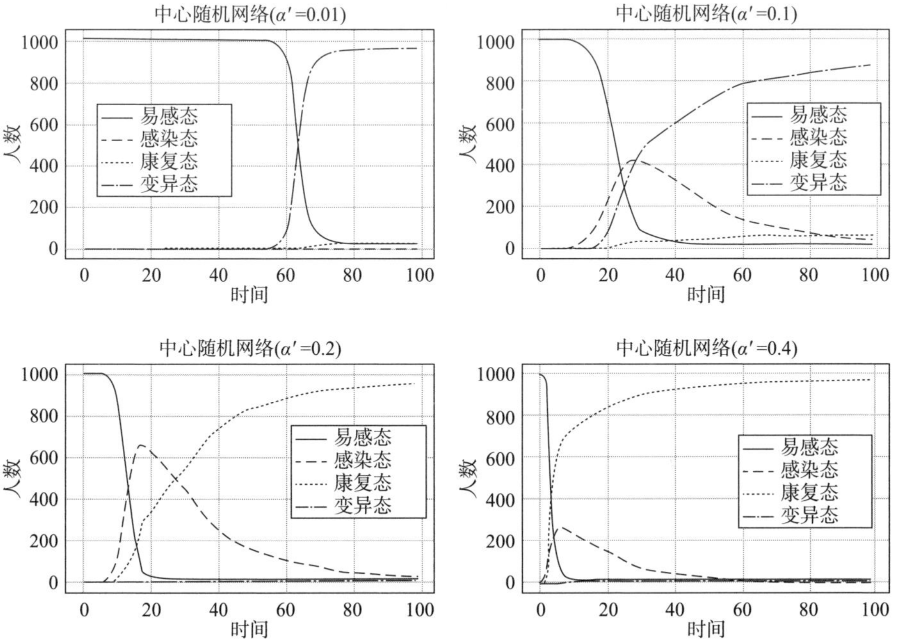

图5-62　中心节点属性为r时，α'_V=0.2、α'_C=0.95、λ'=0.1、β'=0.1、γ'=0.02、θ'=0.2、θ'_R=0.1、p_1=0.01、η_R=η_V=0.001、k=4、k_C=500时，中心化网络SIRV模型中各状态数量在不同α'下随时间变化关系

我们也研究了变异信息在群众中的接受程度对流言传播的影响。图5-63显示的是在不同α'_V时的情形，可以看到α'_V对感染态造成了很大的影响，但是感染态和变异态之和（这可认为是流言信息影响者）并未显示出很大的影响力，从康复态随时间变化关系可以看到，最终都是康复态占据主要地位。不过还可看到，α'_V较小时（如α'_V=0.01），感染态影响力最大。正如前面所述，由于设定初始状态只有一个节点被感染，所以究竟后续如何发展，仍具有很大的随机性。若中心节点接触其的时间较晚，则流言容易产生影响。如前所述，流言隐蔽传播时，中心节点不易发现它，往往会忽视其传播；当流言变异时，α'_V越大变异信息传播越快，此时更容易被中心节点发现，从而容易被治理。

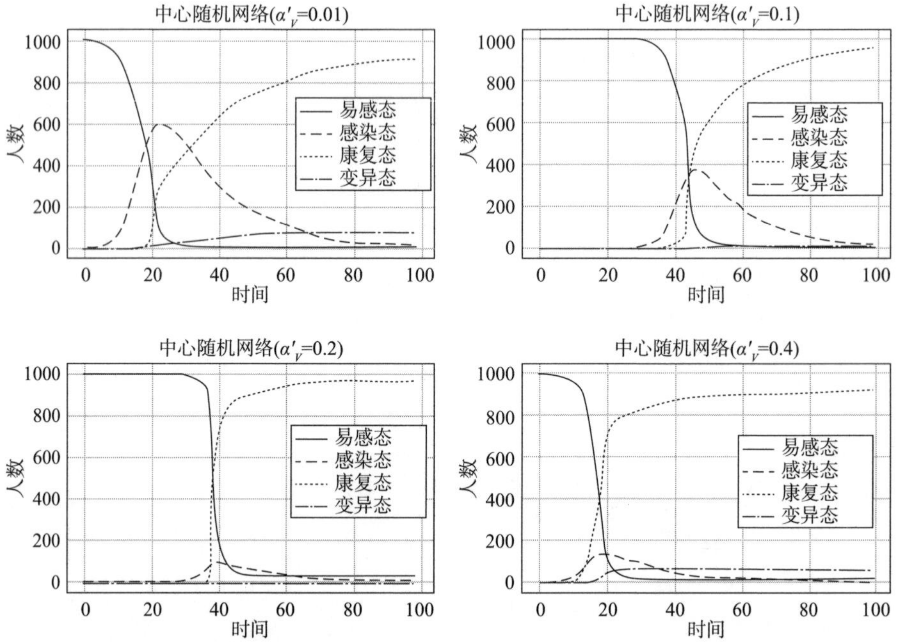

图5-63　中心节点属性为r时，$\alpha'=0.1$、$\alpha'_C=0.95$、$\lambda'=0.1$、$\beta'=0.1$、$\gamma'=0.02$、$\theta'=0.2$、$\theta'_R=0.1$、$p_1=0.01$、$\eta_R=\eta_V=0.001$、$k=4$、$k_C=500$时，中心化网络SIRV模型中各状态数量在不同α'_V下随时间变化关系

图5-64和图5-65展示的是变异信息对感染态的影响，其中前者反映的是变异态对周边感染态的直接影响，后者反映的是感染态自发变为变异态概率（即易变异节点敏感度）的影响。由图5-64可以看出，在设定的参数下，无论γ'取值如何，感染态影响力都不是很大，这其实反映了中心潜在辟谣节点和变异态的共同作用。我们可以看出，随着γ'的增加，变异态的影响力逐步扩大。在模型设定中，γ'反映了感染态和变异态接触后变成变异态的概率，其数值的增加说明变异信息对已接受流言信息节点的影响加大，故其增加则最终变异态人群数量增加。与α'_V不同，普通民众接受了流言之后，可能更容易对其某些变异信息感兴趣，因为前面所说的由易感态变为感染态就是第一个筛选过程，留下的人群可以在一定程度上被认为是缺乏辨别能力，所以更容易被变异信息进一步影响。在图5-64的设定中，变异信息对普通易感节点的影响力较原始流言更大，这在一

定程度上符合社会现实，因为人们对新奇的事情更感兴趣。故当变异态增加时，中心节点的辟谣作用就会被削弱。

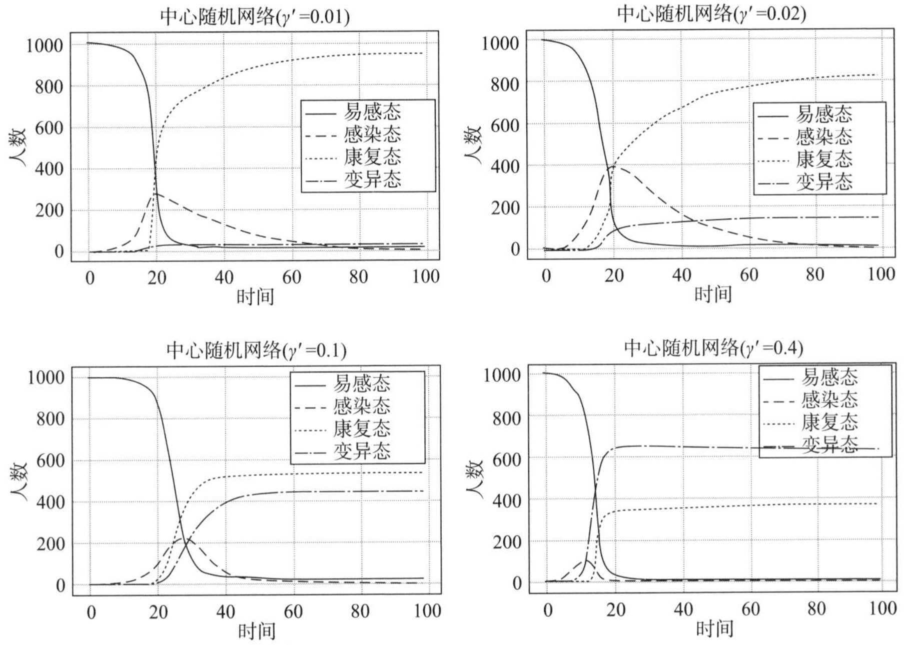

图5-64 中心节点属性为r时，α'=0.1、α'_V=0.2、α'_C=0.95、λ'=0.1、β'=0.1、θ'=0.2、θ'_R=0.1、p_1=0.01、$\eta_R=\eta_V$=0.001、k=4、k_C=500时，中心化网络SIRV模型中各状态数量在不同γ'下随时间变化关系

图5-65展示的是易变异节点敏感度对流言传播的影响。属性为v的易变异节点在本节模型中模拟了一种将流言（或者一般普通信息）做出虚假引申的角色。由图5-65可以看出，随着反映易变异节点敏感度的参量λ'的增加，变异态的影响力一般呈扩大趋势。不过本模拟具有随机性质，特别是只有一个初始流言传播节点时，随机性更强。在图5-65中，当λ'为0.4时变异节点影响力很弱，最终康复态在人群中占据主导地位。尽管无稽之谈看似没有市场，然而小概率事件也可能发生，一旦发生，很可能造成很坏的影响。

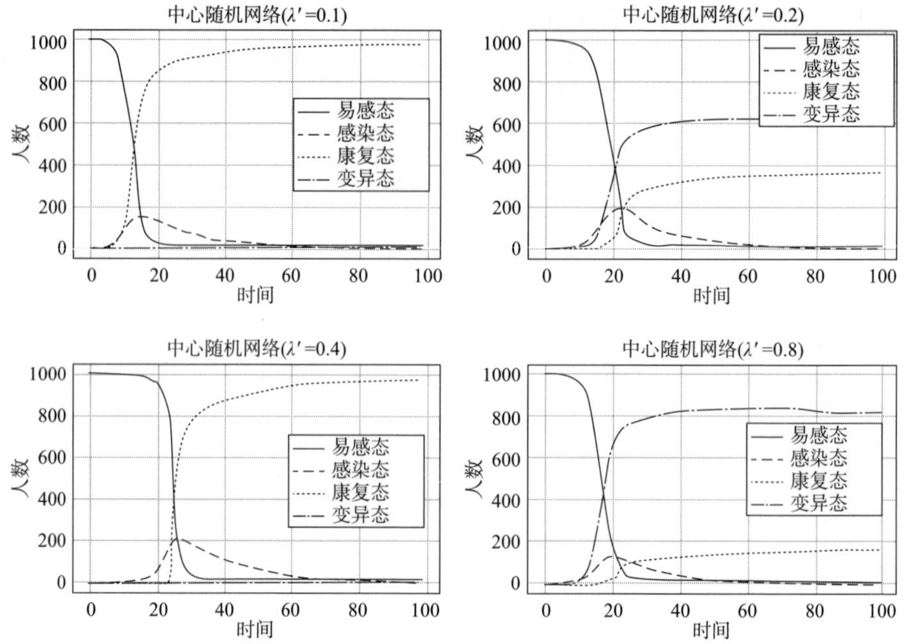

图5-65 中心节点属性为r时，$\alpha'=0.1$、$\alpha'_V=0.2$、$\alpha'_C=0.95$、$\gamma'=0.1$、$\beta'=0.1$、$\theta'=0.2$、$\theta'_R=0.1$、$p_1=0.01$、$\eta_R=\eta_V=0.001$、$k=4$、$k_C=500$时，中心化网络SIRV模型中各状态数量在不同λ'下随时间变化关系

小概率事件之所以会发生，原因在于我们在模型中采用的是概率模拟，而属性为v的节点在人群中的占比虽小，但并不为0，流言及其变异信息的传播概率虽小，但也不为0。当时机合适时，其就会传播。这种假设在真实世界中有其背景。

上述研究均建立在普通节点平均度k=4时的情形下。图5-66显示的是不同k下的流言传播情况，以此来展示普通节点平均度对中心节点为辟谣节点时网络中流言传播的影响。k=4时的情形先前我们已经模拟过很多次，但可以看出每次都不尽相同，这再次说明了蒙特卡洛的随机概率特性。当k=1时，可以看出，总体人群维持为易感态，这说明流言信息根本没有传递出来，多次模拟依然为类似结果。当社会环境发生重大变化时，比如出现群体性突发事件时，容易出现流言，此时切断信息网络传播途径，不失为一种恢复社会稳定的方法。我们还可以看到，随着k的增加，流言的影响减小，随着时间推移，人群中绝大部分为康复态，即对流言的反对态。这可以表明，当信息交流非常充分的时候，中心节点可以起到更好的辟谣作用。随着我国5G建设的完成，更多的人加入互联网，信息交流也更加通畅，根据图5-66的研究结果，我们可以相信在如今的社会环境下，机构媒体可以发挥更好的辟谣作用，而普通人在这种网络环境中可以学到更多的知识，最终有利于社会的进步。

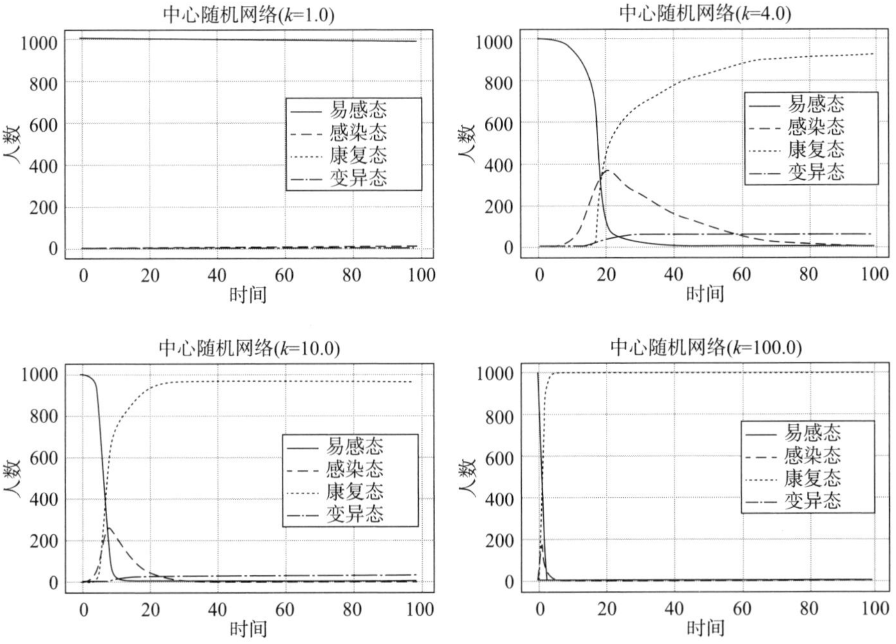

图5-66　中心节点属性为r时，$\alpha'=0.1$、$\alpha'_V=0.2$、$\alpha'_C=0.95$、$\lambda'=0.1$、$\beta'=0.1$、$\gamma'=0.02$、$\theta'=0.2$、$\theta'_R=0.1$、$p_1=p_2=0.01$、$\eta_R=\eta_V=0.001$、$k_C=500$时，中心化网络SIRV模型中各状态数量在不同普通节点平均度k下随时间变化关系

5.5　复杂网络模型评述

本章主要以蒙特卡洛模型在类似于Ising模型的网络结构上对流言的传播进行了研究，只将模拟对象简单分为了几类，比如康复态R、易感态S、感染态I等。实际生活中，人们会有各种不同的状态，简单分类只是对其不同状态的简化。这也就是说，本章模型没有将各种不同状态的人全部模拟出。事实上，也很难有一个模型模拟出所有人群，本书分类已经抓住了事物的主要矛盾了。

在我们的模拟中，也只是简单分析了几种相关信息的传播及影响，如感染态对应的原始信息、变异态对应的嬗变信息以及康复态对应的反对信息等。实际上，社会中存在着各种不同的信息，从内容上讲，这些信息可能互不关联。对于受众而言，其接受能力有限，感兴趣的方向不同；如果这些消息同时传播，受众可能只能选取其中一个自己最感兴趣的内容进行了解。然而，如果依次传播，负面消息将有可能广泛传播。这种看似无关信息间的相互干扰效果，本章也没有进行进一步模拟。主要原因在于算力有限，对于微分模型而言，无论多少节点其都将其当作模型中的一个参量，可以迅速地进行计算。而对于网络模型而言，节点数的增加将使模拟工作量呈现爆炸性质的增加。复杂网络模型计算用时较长是制约其发展的一个重要因素，这也使其在很长的一段时间内只能模拟一些简单的结果。

尽管如此，本章的模拟计算还是有效反映了真实世界中流言传播的随机现象。由这些结果可以看出，即使是外在条件相同，也可能会有各种不同的情形出现；还可以看出，对于绝大部分都没有问题的小概率事件，在偶然因素下也可能出现。

除了随机现象外，基于复杂网络模型的蒙特卡洛模型也可以有效模拟出规则网络和随机网络中的主要现象，这可以让我们能够仔细研究群体传播、人际传播等传播方式与网络传播的差异。通过随机网络来模拟网络传播，可以在其中加入中心节点来模拟再中心化的网络传播，这样就可以仔细分析在不同参数下同一信息及其变种、反对信息的传播方式和相互影响。值得注意的是，模型中的参数是可以调整的，其不同的取值可以代表不同的情形。通过优化这些参数的取值，就可以对流言的传播做出比较科学的预测，这便是复杂网络传播的优势所在。

随着现代计算技术的进步，模拟更复杂的模型也将成为现实。如果我们能够设定更多节点，对这些节点设计更符合实际需要的参数。那么，正如前所述，我们就可以模拟不同信息之间的相互影响，以及信息对社区群众心理、舆论的影响。这些基于复杂网络结构建立起来的模型也将为研究流言传播、预防流言传播危害，甚至指导机构传媒做出更大的贡献。

参考文献

[1]M. 麦考姆斯，T. 贝尔，郭镇之．大众传播的议程设置作用［J］．新闻大学，1999(2): 32–36.

[2]SCHRAMM W, PORTER W. 传播学概论［M］．2版．何道宽，译．北京：中国人民大学出版社，2011.

[3]丁立平．群体归因偏差及矫正策略［J］．郑州轻工业学院学报（社会科学版），2003(1): 67–69.

[4]任玉达．系统论视角下的群体传播问题探讨［J］．新闻世界，2013(8): 379–380.

[5]侯玉波．社会心理学［M］．4版．北京：北京大学出版社，2018.

[6]俞璟璐，俞景玮．传播是一个开放性的系统——传播系统理论初探［J］．新闻大学，1985(10): 90–94.

[7]刘保全．新闻标题乱象及防治［J］．新闻与写作，2015(11): 84–86.

[8]刘强．传播学受众理论论略［J］．西北师大学报(社会科学版). 1997(6): 97–101.

[9]刘玉梅．论传言、流言与谣言心理［J］．内蒙古农业大学学报（社会科学版），2009, 11(4): 289–290, 344.

[10]刘经纬．网络新媒体在“阿拉伯之春”运动中的作用与影响研究［D］．西安：西北大学，2014.

[11]叶中行．信息学基础［M］．2版．北京：高等教育出版社，2007.

[12]叶珲．浅议社会系统论在中国传播学实践中的指导作用［J］．新闻研究导刊，2014, 5(7): 167–168.

[13]吴梦丽，朱陈平．从伊辛模型到社会物理学［J］．现代物理知识，2016, 28(1): 48–53.

[14]周裕琼．谣言一定是洪水猛兽吗？——基于文献综述和实证研究的反思［J］．

国际新闻界, 2009(8): 51–54.
[15]周鹏云. 马克思主义认识论视野下的网络谣言成因研究 [J]. 哲学进展, 2022, 11(3): 303–307.
[16]姜波. "科学" 流言的特征、危害与应对 [J]. 哈尔滨师范大学社会科学学报, 2018, 9(6): 172–176.
[17]孔德轩, 吾买尔艾力·艾买提卡利. 系统论视域下的微博科学传播 [J]. 科技传播, 2013, 5(17): 21–22.
[18]岳欣. 霍夫兰德态度改变理论视域下评论信息对消费者矛盾态度的影响研究 [J]. 管理工程学报, 2022, 36(4): 36–49.
[19]张一笑. 基于伊辛模型的信息—流行病传播动力学 [D]. 广州: 暨南大学, 2021.
[20]张常珊. 国有传媒体制改革攻坚模式全面开启 [J]. 青年记者, 2015(25): 12–13.
[21]张惠. 论网络主流媒体的舆论引导 ——网络 "去中心化" 传播下的舆论调控对策 [D]. 合肥: 安徽大学, 2005.
[22]张芳, 司光亚, 罗批. 谣言传播模型研究综述 [J]. 复杂系统与复杂性科学, 2009, 6(4): 1–11.
[23]徐昕.编辑要做好宣传报道 "把关人" [N]. 贵州民族报,2021–03–15(A03).
[24]徐涵, 张庆. 复杂网络上传播动力学模型研究综述 [J]. 情报科学, 2020, 38(10): 159–167.
[25]李思洁. 中国传媒体制改革研究回顾 [J]. 新闻研究导刊, 2016, 7(16): 305.
[26]李悦. 粉丝群体极化的形成原因及引导策略研究 [D]. 长沙: 湖南大学, 2021.
[27]李智. 谣言、流言和传说——人类意义生产的三种非常信息传播形态 [J]. 北京行政学院学报, 2011(2): 115–119.
[28]林诏华. 复杂网络上的非马尔科夫社会传播研究 [D]. 上海: 华东师范大学, 2021.
[29]潘德宇. 谣言传播模型与特征融合检测方法研究 [D]. 南京: 南京邮电大学, 2021.
[30]王润. 互联网环境下流言与谣言概念刍议——基于Rumor词源的分析 [J]. 社会科学论坛, 2015(3): 238–243.

[31]王绮, 王德强. 谣言特征及与相关类似概念的异同辨析——浅论谣言与传言、流言、谎言的不同特征［J］. 新闻研究导刊, 2017, 8(6): 134–135, 141.

[32]王茜, 王婷婷. SIRS传染病模型的稳定性分析［J］. 首都师范大学学报（自然科学版）, 2016, 37(2): 5–11.

[33]秦斯. 网络谣言的传播特征及其应对策略研究——基于符号学研究视野［D］. 重庆: 重庆大学, 2015.

[34]秦有鹏. 三层耦合网络上的信息传播特性分析及其干预策略研究［D］. 西宁: 青海师范大学, 2022.

[35]程中兴. 谣言、流言研究——以话语为中心的社会互动分析［D］. 上海: 上海大学, 2007.

[36]符丽媛, 宋凌浩, 陆永贵, 等. 应用蒙特卡罗模拟开展传染病爆发早期预警的研究［J］. 口岸卫生控制, 2009, 14(2): 48–51.

[37]罗坤瑾. 控制论视域下的网络舆论传播［J］. 学术论坛, 2011, 34(5): 179–183.

[38]聂欣如, 陈红梅. "人内传播" 再商榷［J］. 上海大学学报（社会科学版）, 2018, 35(2): 109–120.

[39]胡正荣, 周亭. 传播学概论［M］. 北京: 高等教育出版社, 2017.

[40]莫凡. "传媒去中心化" 的走势［J］. 周口师范学院学报, 2007(1): 9–10.

[41]蓝梅, 周鸿雁. 维纳控制论对传播学的影响［J］. 科技传播, 2012(9): 3–4.

[42]郭庆光. 传播学教程［M］. 北京: 中国人民大学出版社, 1999.

[43]郭镇之. 乔治・格伯纳及其 "电视教养" 理论和 "文化指标" 研究［J］. 环球视窗, 2006(1): 48–50.

[44]郭镇之. 关于大众传播的议程设置功能［J］. 国际新闻界, 1997(3): 18–25.

[45]钱广贵. 中国传媒体制改革研究：从两分开到三分开［D］. 武汉: 武汉大学, 2010.

[46]陆雪, 孙蕾, 郑毅敏. 微博用户 "信息茧房" 效应及影响因素研究［J］. 中国市场, 2022(16): 191–193.

[47]隋岩, 李燕. 从谣言、流言的扩散机制看传播的风险［J］. 新闻大学, 2012 (1): 73–79.

[48]霍慧, 范以锦. "流言" ≠ "谣言"——公共危机事件中的 "流言" 传播［J］. 新闻与写作, 2010(8): 23–25.

[49]韩久全, 张进红. 流言与谣言的语用特征及嬗变机制［J］. 中国社会语言学,

2016(1): 78–85.

[50] 魏永征. 关于组织传播［J］. 新闻大学, 1997(3): 31–34.

[51] ALICKE M D, SEDIKIDES C. Self–enhancement and self–protection: What they are and what they do［J］. European Review of Social Psychology, 2009, 20(1): 1–48.

[52] BARRY A M. Perception theory［M］. Handbook of Visual Communication. New York: Routledge, 2004: 67–84.

[53] DALEY D J, KENDALL D G. Epidemics and rumours［J］. Nature, 1964, 204: 1118.

[54] DODGE K A, FRAME C L. Social cognitive biases and deficits in aggressive boys［J］. Child Development, 1982, 53(3): 620–635.

[55] FEATHER N T. Attribution of responsibility and valence of success and failure in relation to initial confidence and task performance［J］. Journal of Personality and Social Psychology, 1969, 13(2): 129–144.

[56] GALLAGHER S. Philosophical conceptions of the self: Implications for cognitive science［J］. Trends in Cognitive Sciences, 2000, 4(1): 14–21.

[57] GOFFMAN W, NEWILL V A. Generalization of epidemic theory: an application to the transmission of ideas［J］. Nature, 1964, 204: 225–228.

[58] GOLDSMITH E B, GOLDSMITH R E. Social influence and sustainability in households［J］. International Journal of Consumer Studies, 2011, 35(2): 117–121.

[59] GOSWAMY M, KUMAR A. Stochastic model for spread of rumour supported by a leader resulting in collective violence and planning of control measures［J/OL］. Mathematical Social Sciences, 1990, 19(1): 23–36.

[60] IONIŢĂ M, PĂSTAE V. Gerhard Maletzke's model of mass communication from the social communication perspective［J］. Bulletin of "Carol I" National Defence University, 2017(1): 48–53.

[61] LIU Y, DIAO S M, ZHU Y X, et al. SHIR competitive information diffusion model for online social media［J/OL］. Physica A: Statistical Mechanics and its Applications, 2016, 461: 543–553.

[62] MARKUS H R, KITAYAMA S. Culture and the self: Implications for cognition, emotion, and motivation［J］. Psychological Review, 1991, 98(2): 224–253.

[63] MASCRET N, REY O, DANTHONY S, et al. Relationship between perceived

physical self-concept and grade in physical education: The mediating role of test anxiety [J] . Psychology of Sport and Exercise, 2021, 56: 102016.

[64] MELLO I F, SQUILLANTE L, GOMES G O, et al. Epidemics, the Ising-model and percolation theory: A comprehensive review focused on Covid-19 [J/OL] . Physica A: Statistical Mechanics and its Applications, 2021, 573: 125963.

[65] MILGRAM S. Behavioral study of obedience [J] . The Journal of Abnormal and Social Psychology, 1963, 67(4): 371-378.

[66] NAGY N, SIMON P. Monte Carlo simulation and analytic approximation of epidemic processes on large networks [J/OL] . Open Mathematics, 2013, 11(4) [2022-12-29] .

[67] ROMAN N, ALKAZEMI M F, STEWART M C. Tweeting about terror: A World Systems Theory approach to comparing international newspaper coverage online [J/OL] . International Communication Gazette, 2020, 82(6): 507-525.

[68] STARNINI M, GLEESON J P, BOGUÑÁ M. Equivalence between Non-Markovian and Markovian Dynamics in Epidemic Spreading Processes [J/OL] . Physical Review Letters, 2017, 118(12): 128301.

[69] VAZQUEZ A. Epidemic outbreaks on structured populations [J/OL] . Journal of Theoretical Biology, 2007, 245(1): 125-129.

[70] WENXIU P. Analysis of New Media Communication Based on Lasswell’s “5W” Model [J/OL] . Journal of Educational and Social Research, 2015, 5(3): 245-250.

[71] YU P, WANG Z, SUN Y, et al. Risk Diffusion and Control under Uncertain Information Based on Hypernetwork [J/OL] . Mathematics, 2022, 10(22): 4344.

[72] ZHAO L, WANG J, CHEN Y, et al. SIHR rumor spreading model in social networks [J/OL] . Physica A: Statistical Mechanics and its Applications, 2012, 391(7): 2444-2453.

[73] ZHAO X, YU H, LI S, et al. Effects of memory on spreading processes in non-Markovian temporal networks based on simplicial complex [J/OL] . Physica A: Statistical Mechanics and its Applications, 2022, 606: 128073.